图 1-4 使用激光雷达绘制的点云地图

图 1-5 一个简单的路网图

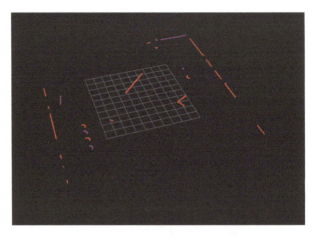

图 2-7 激光扫描结果

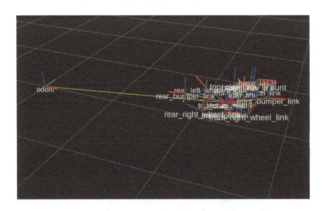

图 2-17 Rviz 下机器人的各个参考系可视化结果

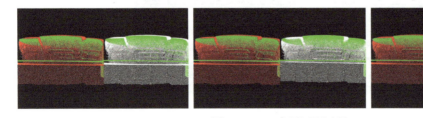

图 3-3 ICP 应用匹配过程

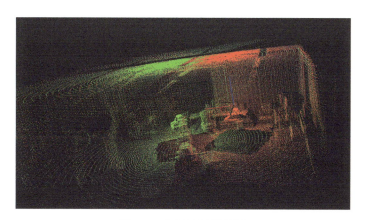

图 3-7 实例运行结果图

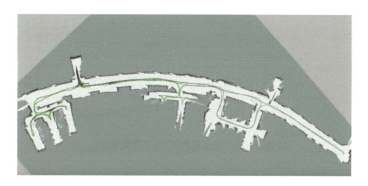

图 3-12 SLAM 示意图

图 5-5 通过调整参数，模型就能表现出不同的能力

图 6-25　同一个卷积层中各个卷积核的可视化效果

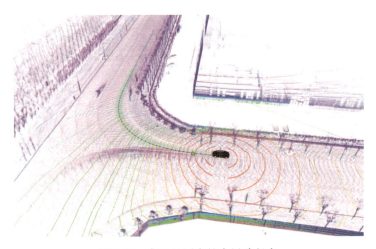

图 9-17　点云地图中的全局路径点

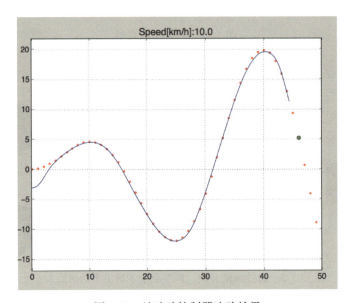

图 9-20　纯追踪控制器追踪效果

:: :: :: Theories and Practices of Self-Driving Vehicle :: :: ::

无人驾驶
原理与实践

申泽邦 雍宾宾 周庆国 李良 李冠憬◎编著

图书在版编目（CIP）数据

无人驾驶原理与实践 / 申泽邦等编著 . —北京：机械工业出版社，2019.1（2024.2重印）

ISBN 978-7-111-61499-9

I. 无… II. 申… III. 汽车驾驶 – 无人驾驶 – 研究 IV. U471.1

中国版本图书馆CIP数据核字（2018）第275930号

本书从原理到实践系统地介绍了无人驾驶汽车软件系统，包含无人驾驶系统的基本概念和原理，涵盖ROS编程、机器学习和深度学习等入门知识，以及广泛使用的环境感知、定位、传感器融合、路径规划、行为决策、动作规划和高级控制算法，同时介绍了深度强化学习、端到端无人驾驶等学术研究方向。

本书适合希望进入无人驾驶汽车行业的技术人员和高校学生作为技术入门书籍，亦可作为无人驾驶应用研究的工具书。

无人驾驶原理与实践

出版发行：机械工业出版社（北京市西城区百万庄大街22号 邮政编码：100037）				
责任编辑：佘　洁		责任校对：殷　虹		
印　　刷：北京捷迅佳彩印刷有限公司		版　次：2024年2月第1版第7次印刷		
开　　本：186mm×240mm　1/16		印　张：15.75		插　页：2
书　　号：ISBN 978-7-111-61499-9		定　价：69.00元		

客服电话：（010）88361066　68326294

版权所有·侵权必究
封底无防伪标均为盗版

Praise | 本书赞誉

近两年来，自动驾驶技术随着人工智能和汽车行业的飞速发展，逐渐成为业界焦点。自动驾驶技术是传统汽车产业与人工智能、物联网技术、高性能计算芯片等新兴科技深度融合的产物，其本质是汽车产业的升级。本书从自动驾驶的基本原理入手，到技术工程实践，深入浅出地阐述了自动驾驶系统级的核心技术要点，是学习、掌握自动驾驶技术不可多得的一本好书，推荐阅读。

小鹏汽车，自动驾驶部门副总监　肖志光

无人驾驶汽车是当下最热门的科技话题之一，热到似乎明年、下个月、明天我们就可以开上无人驾驶汽车，似乎我们许多人还没来得及成为一个司机，许多老司机就要被机器人抢走了工作。而事实上，又有多少人真正了解无人驾驶技术，了解它的分级、技术实现路径、技术成熟时间点。本书是一本非常好的技术入门读物，对于所有想了解自动驾驶技术，未来想从事自动驾驶相关工作的人来说，这都是一份很好的学习资料。

小鹏汽车，产品部副总裁　纪宇

本书理论和实践相结合，涵盖了无人/自动驾驶常用的内容与方向，丰富、翔实、分析透彻，可读性极强，是国内非常难得的一本中文无人驾驶系统性学习资料。

小鹏汽车，AI首席科学家　郭彦东

本书是自动驾驶专家的力作，强力推荐。

景驰科技，CEO　韩旭

无人驾驶作为改变人类出行方式的科技，逐渐成为新的风口。本书涵盖了无人驾驶技术的主要技术领域，并按照难易程度重新排序，由易到难循序渐进，很适合对自动驾驶技术感兴趣的读者阅读。

景驰科技，运营总监　陈云峰

无人驾驶无疑会是人类生活方式的重大变革,想要一窥行业究竟,不妨跟本书作者一起以通俗易懂的方式探索无人驾驶技术的当下与未来。

Kneron Inc,CEO　刘峻诚

With the development of sensor and AI technologies, autonomous driving is becoming a reality. Through integration and cooperation with the Internet of Things, autonomous vehicle will profoundly change our society in the near future. This book systematically introduces the key technologies of L4 autonomous driving. Focusing on both algorithm principles and practical applications, this book is a good choice for readers to quickly enter into this industry.

Autoware, Tier IV, Inc, President & CEO　武田一哉

50多年前的Apollo登月计划,人类踏出了探索未知月球的第一步。在未知前,人们无所畏惧,勇于探索,就如同今日在自动驾驶领域里,越来越多的科学家、工程师在探索着如何将人工智能、大数据、高性能计算芯片等先进技术,与传统的汽车行业进行深度融合,在进一步提升驾驶安全的前提下,解放人类的双手,让人类可以在运筹帷幄的同时仰望星空。本书作者在自动驾驶领域从事前瞻性的研究工作,不断累积、消化和整理经验与知识,并且出繁入简、深入浅出地将研究成果分享给各位有志于在自动驾驶领域不断探索的伙伴。自动驾驶技术依然挑战重重,但是未来却一片光明,与大家共勉,推荐阅读。

百度美国研究院,Apollo平台资深架构师　缪景皓

本书深入浅出地介绍了整个无人驾驶软件系统的基本原理和关键算法,并且带有大量实战用例,是无人驾驶的入门首选。

IEEE Fellow,圣塔克拉拉大学教授　林楠

这是我看过最系统、最全面,同时兼具实践案例的无人驾驶技术入门好书,强烈推荐给每位有志于投身无人驾驶产业的工程师。

Pix Moving 无人驾驶,CEO　喻川

无人驾驶是当前汽车工业的重要发展方向,而当前无人驾驶技术的入门门槛颇高,本书大大降低了读者开展无人驾驶研究和学习的成本,是一本"接地气"的无人驾驶技术书。

国家千人计划专家,神目科技,董事长　刘靖峰

Foreword 序

近年来，随着人工智能技术（尤其是深度神经网络）的发展，无人驾驶系统中的感知和综合决策等问题正在逐步得到解决。神经网络算法能够识别出物体的属性，并且能够在综合感知信息和定位结果之后做出类似于人类驾驶员的合理决策，这表明无人驾驶正在向我们走来。虽然通用人工智能仍然"遥远"，但可以预言，无人驾驶汽车将在不久的将来得到普及，而基于无人驾驶技术的世界也给了我们无限的想象空间。

我国无人驾驶汽车的研究起步较晚，关键理论研究薄弱，特别是相关专业人才比较欠缺。要加快国内无人驾驶的发展，就必须重视无人驾驶相关专业人才的培养。目前，国内无人驾驶相关的教程和书籍也比较欠缺，为了给广大初学者提供一本高质量的无人驾驶主题书籍，本书主要作者与国内一线无人驾驶科研团队负责人、一线新能源汽车厂商无人驾驶技术专家合作，共同编写了这本无人驾驶技术教材。本书有以下特点：

1）自成体系。本书的内容覆盖无人驾驶技术中的感知、规划和控制三大模块，对无人驾驶的整个技术栈进行了全面深入的介绍。

2）内容充实。本书既包括相关原理的讲解，又包括相应的实践代码。

3）适应面广。本书适用于希望进入无人驾驶汽车行业的技术人员和高校学生，既可作为入门书籍，也可作为无人驾驶应用研究的工具书籍。

本书的主要作者来自兰州大学未来计算研究院，所在团队的主要研究方向为深度学习、计算机视觉和自动驾驶技术。特别是团队成员申泽邦于2018年5月参加"快·开"全球无人驾驶挑战赛，获得全尺寸组第一名的成绩。该团队于2017年正式开始研究无人驾驶，是甘肃省第一个无人驾驶科研机构和创业团队，致力于推动西北地区无人驾驶学科和产业的发展。该团队在不到两年的时间完成了"从0到1"的突破，目前已经发展为以激光雷达、摄像头等多传感器融合和感知算法为特长，具备园区内L4级别无人驾驶系统研发能力的研究团队。同时国内一线无人驾驶科研团队负责人、一线新能源汽车厂商无人驾驶技术专家也为本书提供了相关的内容和技术支持，使得本书具有非常完善的知识结构。

潘毅

美国佐治亚州立大学计算机系校董教授，系主任

前　言 | Preface

随着近年来机器学习和强化学习理论的发展，众多研究领域和产业掀起了一场人工智能变革。其中，无人驾驶技术深受深度学习和计算机视觉发展的影响，其理论已经日趋成熟，正在向产业化落地迈进。

无人驾驶已经不再遥远。2017年4月，工业和信息化部、国家发展和改革委员会、科技部在印发的《汽车产业中长期发展规划》中提出：到2020年，汽车DA（驾驶辅助）、PA（部分自动驾驶）、CA（有条件自动驾驶）系统新车装配率超过50%，网联式驾驶辅助系统装配率达到10%，满足智慧交通城市建设需求。到2025年，汽车DA、PA、CA新车装配率达到80%，其中PA、CA级新车装配率达到25%，高度和完全自动驾驶汽车开始进入市场。

依托长期以来的技术积累和近期人工智能领域的突破，加之日趋成熟的政策，无人驾驶正在向人们走来。各大互联网公司和汽车巨头大量投入资源发展无人驾驶技术的事实表明，无人驾驶已经逐步成为信息产业和汽车行业的大势所趋。

与当前国内无人驾驶领域快速增长形成鲜明对比的是国内相关专业人才的欠缺，无人驾驶领域的顶尖人才仍然集中于欧洲、美国、日本等发达国家和地区。早在十几年前，美国国防部就举办了DARPA Grand Challenge无人驾驶挑战赛，当今全球最顶尖的无人驾驶团队和技术领袖多数是在该赛事中成名的。该比赛也催生了大量无人驾驶关键算法、无人驾驶系统设计理念等，可谓是现代无人驾驶的重要里程碑。相比之下，我国全自动无人驾驶汽车的研究起步晚，关键理论薄弱，专业人才欠缺。因此，要保持国内无人驾驶发展的后劲，就必须重视无人驾驶相关专业人才的培养。

本书即在此大背景下产生。无人驾驶是一个综合了多个学科的应用领域，这些学科包括机器人学、自动化控制、机器学习、机器视觉、移动通信、智能交通、车辆工程等。也正是由于无人驾驶的综合性，目前国内系统介绍无人驾驶的技术书籍相当匮乏。市面上现有的无人驾驶技术中文书籍多为科普类，读者很难通过其真正完成无人驾驶相关技术的理论入门和实战训练。本书旨在通过相对完整的无人驾驶理论介绍和简单易上手的实例帮助读者实现技术入门，让读者对无人驾驶软件系统的整个技术栈有一定的了解。

本书作者包括国内一线无人驾驶科研团队负责人、一线新能源汽车厂商无人驾驶技术专家，他们对整个无人驾驶技术栈有着全面深入的研究，同时拥有丰富的工业应用实践经验。通过本书，读者将系统学习并实战无人驾驶软件系统的感知、规划和控制基础算法，掌握 ROS 编程，学习并实践多传感器融合方法，学习机器学习、深度学习和强化学习等人工智能方法在无人驾驶中的应用，还将初步了解更接近工业应用的复杂方法。考虑到工业界多使用 Python 进行算法原型设计，使用 C++ 进行产品实现，故本书的实践部分采用 Python 和 C++ 两种编程语言。在阅读本书前，读者应当具备基础的 Python 或 C++ 编程能力，并且掌握基本的线性代数和概率论等数学知识。

本书适用于希望进入无人驾驶汽车行业的技术人员和高校学生，可作为技术入门书籍，亦可作为无人驾驶应用研究的工具书籍。本书提供了 ROS 编程、点云匹配定位、基于卡尔曼滤波和扩展卡尔曼滤波的传感器融合、机器学习图像识别、深度学习目标检测、优化轨迹的动作规划算法、纯追踪算法等大量编程实例，方便读者实践。配套源代码可从机工官网（www.cmpreading.com）下载。

本书从开始编写到出版历时近一年，在此感谢兰州大学未来计算研究院无人驾驶团队的王金强、肖子超、孙宇等人对内容的贡献，同时感谢黄航、漆昱涛等人对内容的审阅。限于作者的学识，加之编写经验不足，本书难免有疏漏之处，肯请各位同行和读者批评指正。

申泽邦　周庆国
2018 年 9 月

教学建议 | Suggestion

教学章节	教学要求	课时
第1章 初识无人驾驶系统	了解无人驾驶的基本概念和现状	2
	掌握无人驾驶系统的基本框架 了解环境感知、定位的概念 了解规划分层理念 了解基本的反馈控制理念	2
	掌握开发环境和工具的配置方法	2
第2章 ROS入门	掌握ROS的基本理念 掌握ROS的编程语法 熟练使用ROS下的多种可视化和调试工具	4
	实践基于Husky机器人的ROS简单编程和控制器	2
第3章 无人驾驶系统 的定位方法	了解无人车定位的基本原理	2
	掌握迭代最近点算法的基本原理	2
	掌握正态分布变换算法的基本原理 使用PCL库实践正态分布变换	3
	理解GPS和惯性组合导航的基本原理 理解SLAM定位方法	2
第4章 状态估计和 传感器融合	掌握卡尔曼滤波的基本原理及其在无人驾驶传感器融合中的作用 使用Python实现卡尔曼滤波器	2
	掌握基本的运动模型,以及扩展卡尔曼滤波的基本原理 使用Python实现扩展卡尔曼滤波器	2
	理解无损卡尔曼滤波的基本原理	1
第5章 机器学习和 神经网络基础	掌握机器学习和监督学习的基本概念 理解机器学习的方法	2
	掌握神经网络的基本原理 使用Keras实践神经网络	2
第6章 深度学习和 无人驾驶视觉感知	理解深度前馈神经网络 掌握深度学习中基本的正则化方法 实践基于神经网络的交通标志识别	4
	掌握卷积神经网络的基本原理 实践基于YOLO的车辆检测	2

⊖ 如采用本书作为高校相关专业无人驾驶课程的教材,可参考本建议安排授课内容。

(续)

教 学 章 节	教 学 要 求	课 时
第7章 迁移学习和端到端 无人驾驶	掌握迁移学习的基本原理 理解端到端无人驾驶的工作模式	1
	在模拟器下实践端到端无人驾驶	1
第8章 无人驾驶规划入门	理解无人驾驶系统的三层规划结构 掌握基于 A* 的规划方法	2
	理解无人驾驶行为规划层 掌握基于有限状态机的行为规划方法	2
	了解基于样条插值的路径生成方法，并通过 Python 实践基于 Frenet 坐标系的优化轨迹动作规划算法，实践最优轨迹动作优化算法	4
第9章 车辆模型和高级控制	了解运动学和动力学自行车模型 掌握反馈控制基本方法 掌握并实践 PID 控制器	2
	掌握并实践纯追踪轨迹追踪算法 理解模型预测控制的基本流程	4
第10章 深度强化学习及其 在自动驾驶中的应用	理解强化学习的基本概念和原理 掌握深度 Q 值网络算法 实践深度确定性策略梯度在 TORCS 中的应用	2
总课时		54

说明：本书作为无人驾驶技术入门和实践教材及工具书，建议学生具备基础的编程能力，同时掌握概率论、线性代数的基本知识，建议面向高年级计算机、自动化等方向本科及硕士研究生。

目录 | Contents

本书赞誉
序
前言
教学建议

第1章　初识无人驾驶系统 …… 1

1.1　什么是无人驾驶 …… 1
1.1.1　无人驾驶的分级标准 …… 2
1.1.2　无人驾驶到底有多难 …… 3

1.2　为什么需要无人驾驶 …… 5
1.2.1　提高道路交通安全 …… 5
1.2.2　缓解城市交通拥堵 …… 6
1.2.3　提升出行效率 …… 6
1.2.4　降低驾驶者的门槛 …… 6

1.3　无人驾驶系统的基本框架 …… 7
1.3.1　环境感知 …… 8
1.3.2　定位 …… 10
1.3.3　任务规划 …… 11
1.3.4　行为规划 …… 12
1.3.5　动作规划 …… 13
1.3.6　控制系统 …… 15
1.3.7　小结 …… 16

1.4　开发环境配置 …… 17
1.4.1　简单环境安装 …… 17
1.4.2　ROS 安装 …… 18
1.4.3　OpenCV 安装 …… 19

1.5　本章参考文献 …… 19

第2章　ROS 入门 …… 21

2.1　ROS 简介 …… 21
2.1.1　ROS 是什么 …… 21
2.1.2　ROS 的历史 …… 22
2.1.3　ROS 的特性 …… 22

2.2　ROS 的核心概念 …… 22
2.3　catkin 创建系统 …… 25
2.4　ROS 中的项目组织结构 …… 26
2.5　基于 Husky 模拟器的实践 …… 27
2.6　ROS 的基本编程 …… 30
2.6.1　ROS C++ 编程 …… 30
2.6.2　编写简单的发布和订阅程序 …… 32
2.6.3　ROS 中的参数服务 …… 34
2.6.4　基于 Husky 机器人的小案例 …… 35

2.7　ROS Service …… 39
2.8　ROS Action …… 42

2.9 ROS 中的常用工具 ……………… 43
　2.9.1　Rviz ……………………… 43
　2.9.2　rqt …………………………… 44
　2.9.3　TF 坐标转换系统 ………… 45
　2.9.4　URDF 和 SDF …………… 46
2.10 本章参考文献 ………………… 47

第 3 章　无人驾驶系统的定位方法 ……………………………… 48

3.1 实现定位的原理 ………………… 49
3.2 迭代最近点算法 ………………… 50
3.3 正态分布变换 …………………… 53
　3.3.1　NDT 算法介绍 …………… 54
　3.3.2　NDT 算法的基本步骤 …… 55
　3.3.3　NDT 算法的优点 ………… 55
　3.3.4　NDT 算法实例 …………… 57
3.4 基于 GPS + 惯性组合导航的定位系统 ……………………… 60
　3.4.1　定位原理 ………………… 61
　3.4.2　不同传感器的定位融合实现 …………………… 63
3.5 基于 SLAM 的定位系统 ……… 64
　3.5.1　SLAM 定位原理 ………… 65
　3.5.2　SLAM 应用 ……………… 67
3.6 本章参考文献 …………………… 69

第 4 章　状态估计和传感器融合 ……………………………… 70

4.1 卡尔曼滤波和状态估计 ………… 70
　4.1.1　背景知识 ………………… 70
　4.1.2　卡尔曼滤波 ……………… 71

　4.1.3　卡尔曼滤波在无人驾驶汽车感知模块中的应用 ………………… 74
4.2 高级运动模型和扩展卡尔曼滤波 ……………………………… 83
　4.2.1　应用于车辆追踪的高级运动模型 ……………… 83
　4.2.2　扩展卡尔曼滤波 ………… 85
4.3 无损卡尔曼滤波 ………………… 97
　4.3.1　运动模型 ………………… 98
　4.3.2　非线性过程模型和测量模型 …………………… 99
　4.3.3　无损变换 ………………… 99
　4.3.4　预测 ……………………… 100
　4.3.5　测量更新 ………………… 101
　4.3.6　小结 ……………………… 103
4.4 本章参考文献 …………………… 103

第 5 章　机器学习和神经网络基础 ……………………………… 104

5.1 机器学习的基本概念 …………… 105
5.2 监督学习 ………………………… 107
　5.2.1　经验风险最小化 ………… 107
　5.2.2　模型、过拟合和欠拟合 ………………………… 108
　5.2.3　"一定的算法"——梯度下降算法 …………… 110
　5.2.4　小结 ……………………… 111
5.3 神经网络基础 …………………… 111
　5.3.1　神经网络基本结构 ……… 112
　5.3.2　无限容量——拟合

　　　　　任意函数 …………… 114
　　5.3.3　前向传播 …………… 115
　　5.3.4　随机梯度下降 ……… 117
5.4　使用Keras实现神经网络 …… 118
　　5.4.1　数据准备 …………… 118
　　5.4.2　三层网络的小变动——
　　　　　深度前馈神经网络 … 122
　　5.4.3　小结 ………………… 125
5.5　本章参考文献 ………………… 125

第6章　深度学习和无人驾驶视觉感知 …………… 126

6.1　深度前馈神经网络——
　　　为什么要深 ………………… 126
　　6.1.1　大数据下的模型训练
　　　　　效率 ………………… 126
　　6.1.2　表示学习 …………… 127
6.2　应用于深度神经网络的正则化
　　　技术 ………………………… 128
　　6.2.1　数据集增强 ………… 129
　　6.2.2　提前终止 …………… 130
　　6.2.3　参数范数惩罚 ……… 130
　　6.2.4　Dropout技术 ……… 132
6.3　实战——交通标志识别 …… 133
　　6.3.1　BelgiumTS数据集 … 134
　　6.3.2　数据预处理 ………… 138
　　6.3.3　使用Keras构造并训练
　　　　　深度前馈网络 ……… 139
6.4　卷积神经网络入门 ………… 142
　　6.4.1　什么是卷积以及
　　　　　卷积的动机 ………… 142

　　6.4.2　稀疏交互 …………… 143
　　6.4.3　参数共享 …………… 145
　　6.4.4　等变表示 …………… 145
　　6.4.5　卷积神经网络 ……… 145
　　6.4.6　卷积的一些细节 …… 147
6.5　基于YOLO的车辆检测 …… 148
　　6.5.1　预训练分类网络 …… 150
　　6.5.2　训练检测网络 ……… 150
　　6.5.3　YOLO的损失函数 … 150
　　6.5.4　测试 ………………… 151
　　6.5.5　基于YOLO的车辆和
　　　　　行人检测 …………… 151
6.6　本章参考文献 ………………… 155

第7章　迁移学习和端到端无人驾驶 …………… 156

7.1　迁移学习 ……………………… 156
7.2　端到端无人驾驶 ……………… 158
7.3　端到端无人驾驶模拟 ………… 158
　　7.3.1　模拟器的选择 ……… 159
　　7.3.2　数据采集和处理 …… 159
　　7.3.3　深度神经网络模型
　　　　　构建 ………………… 160
7.4　本章小结 ……………………… 164
7.5　本章参考文献 ………………… 165

第8章　无人驾驶规划入门 …… 166

8.1　无人车路径规划和A*算法 … 166
　　8.1.1　有向图 ……………… 167
　　8.1.2　广度优先搜索算法 … 167
　　8.1.3　涉及的数据结构 …… 169

8.1.4　如何生成路线 …… 170
　　　8.1.5　有方向地进行搜索
　　　　　　（启发式） …… 170
　　　8.1.6　Dijkstra 算法 …… 172
　　　8.1.7　A*算法 …… 172
　8.2　分层有限状态机和无人车
　　　行为规划 …… 173
　　　8.2.1　无人车决策规划系统
　　　　　　设计准则 …… 174
　　　8.2.2　有限状态机 …… 174
　　　8.2.3　分层有限状态机 …… 176
　　　8.2.4　状态机在行为规划中的
　　　　　　使用 …… 176
　8.3　基于自由边界三次样条插值的
　　　无人车路径生成 …… 178
　　　8.3.1　三次样条插值 …… 179
　　　8.3.2　三次样条插值算法 …… 182
　　　8.3.3　使用 Python 实现三次
　　　　　　样条插值进行路径
　　　　　　生成 …… 184
　8.4　基于 Frenet 优化轨迹的无人车
　　　动作规划方法 …… 186
　　　8.4.1　为什么使用 Frenet
　　　　　　坐标系 …… 187
　　　8.4.2　Jerk 最小化和 5 次轨迹
　　　　　　多项式求解 …… 188
　　　8.4.3　碰撞避免 …… 192
　　　8.4.4　基于 Frenet 优化轨迹
　　　　　　的无人车动作规划
　　　　　　实例 …… 192
　8.5　本章参考文献 …… 197

第9章　车辆模型和高级控制 …… 198
　9.1　运动学自行车模型和动力学
　　　自行车模型 …… 198
　　　9.1.1　自行车模型 …… 199
　　　9.1.2　运动学自行车模型 …… 199
　　　9.1.3　动力学自行车模型 …… 200
　9.2　无人车控制入门 …… 201
　　　9.2.1　为什么需要控制
　　　　　　理论 …… 201
　　　9.2.2　PID 控制 …… 202
　9.3　基于运动学模型的模型预测
　　　控制 …… 210
　　　9.3.1　将 PID 控制应用于转向
　　　　　　控制存在的问题 …… 210
　　　9.3.2　预测模型 …… 211
　　　9.3.3　在线滚动优化 …… 212
　　　9.3.4　反馈校正 …… 213
　9.4　轨迹追踪 …… 214
　9.5　本章参考文献 …… 220

第10章　深度强化学习及其
　　　　在自动驾驶中的
　　　　应用 …… 221
　10.1　强化学习概述 …… 221
　10.2　强化学习原理及过程 …… 222
　　　10.2.1　马尔可夫决策过程 …… 222
　　　10.2.2　强化学习的目标及
　　　　　　　智能体的要素 …… 223
　　　10.2.3　值函数 …… 224
　10.3　近似价值函数 …… 225
　10.4　深度 Q 值网络算法 …… 226

10.4.1　Q_Learning 算法 … 226
10.4.2　DQN 算法 ………… 227
10.5　策略梯度 ……………………… 229
10.6　深度确定性策略梯度及
　　　TORCS 游戏的控制 ………… 230
　　10.6.1　TORCS 游戏简介 … 230
10.6.2　TORCS 游戏环境
　　　　安装 …………… 230
10.6.3　深度确定性策略
　　　　梯度算法 ……… 232
10.7　本章小结 …………… 235
10.8　本章参考文献 ……… 235

第 1 章
初识无人驾驶系统

近两年来随着无人驾驶技术突飞猛进，各大整车企业、无人驾驶系统解决方案提供商（如百度阿波罗、景驰等）也在不断努力，以将无人驾驶技术向商业化落地推进。显然，无人驾驶技术已经不再是遥不可及的"未来技术"。无人驾驶技术范畴不仅仅涉及车辆控制、路径规划、感知融合等领域，还涉及人工智能、机器学习、深度学习、强化学习等前沿领域，无人驾驶在未来的 5～10 年里必将掀起一场新的技术和市场革命。

站在工程应用的角度，学习和实践无人驾驶系统中的各种基本算法是非常有必要的。本章为无人驾驶系统概述，主要介绍无人车以及无人驾驶系统的概念、无人驾驶技术的意义、无人驾驶技术的发展历程以及现代无人驾驶系统的体系结构。通过本书，读者会对当前流行的无人驾驶系统和算法体系等有一个清晰、完整的理解。

1.1 什么是无人驾驶

无人驾驶汽车（Self-Driving Car）也称为无人车、自动驾驶汽车，是指车辆能够依据自身对周围环境条件的感知、理解，自行进行运动控制，且能达到人类驾驶员驾驶水平。

无人驾驶系统包含的技术范畴很广，是一门交叉学科，包含多传感器融合技术、信号处理技术、通信技术、人工智能技术，计算机技术等。若用一句话来概述无人驾驶系统技术，即"通过多种车载传感器（如摄像头、激光雷达、毫米波雷达、GPS、惯性传感器等）来识别车辆所处的周边环境和状态，并根据所获得的环境信息（包括道路信息、交通信息、车辆位置和障碍物信息等）自主做出分析和判断，从而自主地控制车辆运动，最终实现无人驾驶"。

1.1.1 无人驾驶的分级标准

在车辆智能化的分级中，工业界目前有两套标准，一套是由美国交通部下属的国家高速公路安全管理局（National Highway Traffic Safety Administration，NHTSA）制定的，另一套是由国际汽车工程师协会（Society of Automotive Engineer，SAE）制定的。两者的 L0、L1、L2 的分类都是相同的，不同之处在于 NHTSA 的 L4 被 SAE 细分为 L4 和 L5。考虑到国内多采用 SAE 标准，本书将采用 SAE 标准介绍。图 1-1 是 SAE 的分级标准[1]。

等级	名称	转向、加减速控制	对环境的观察	激烈驾驶的应对	应对工况
L0	人工驾驶	驾驶员	驾驶员	驾驶员	—
L1	辅助驾驶	驾驶员+系统	驾驶员	驾驶员	部分
L2	半自动驾驶	系统	驾驶员	驾驶员	部分
L3	自动驾驶	系统	系统	驾驶员	部分
L4	高度自动驾驶	系统	系统	系统	部分
L5	全自动驾驶	系统	系统	系统	全部

图 1-1 SAE 无人驾驶系统分级机制

其中，L0 级即完全由人类驾驶员驾驶车辆。

L1 又称为辅助驾驶，增加了预警提示类的 ADAS 功能，包括车道偏离预警（Lane Departure Warning，LDW）、前撞预警（Forward Collision Warning，FCW）、盲点检测（Blind Spot Detection，BSD）预警等，主要是预警提示，并无主动干预功能。

L2 称为半自动驾驶或者部分自动驾驶，这类系统已经具备了干预辅助类的 ADAS 功能，包括自适应巡航控制（Adaptive Cruise Control，ACC）、紧急自动刹车（Autonomous Emergency Braking，AEB）、车道保持辅助（Lane Keeping Assist，LKA）等，这个等级的车辆已经实现在高速公路上自主加速，或在紧急时刻自主刹车等功能，能达到进行简单的自动控制操作的程度。

从 L2 到 L3，无人驾驶系统的能力发生了本质的改变，L2 及以下还是由人来监控驾驶环境，并且需要人来直接进行车辆控制；而 L3 级被称为自动驾驶，这个等级下的无人驾驶系统已经具备了综合干预辅助类功能，包括自动加速、自动刹车、自动转向等，处于 L3 级的车辆系统已经能够依靠自身传感器来感知周围驾驶环境，但是监控任务仍然需要人类驾驶员来主导，在紧急情况下仍然需要人类驾驶员进行干预。

L4 又称为高度自动驾驶，是指在限定区域或限定环境下（如固定园区、封闭、半封闭高速公路等环境下），可以实现由车辆完全感知环境，并在紧急情况下进行自主干预，无须人类驾驶员进行任何干预动作。在 L4 级中，车辆可以没有方向盘、油门、刹车踏板，但其只能限定在特殊场景和环境下应用。L4 和 L3 的最主要区别在于是否仍然需要人类干预，L4 的无人车能够在紧急情况下自行解决问题，而 L3 的无人车在此情况下则需要人类驾驶员的介入。

L5 即全自动驾驶，L5 不需要驾驶员，也不需要任何人来干预方向盘和油门、刹车等，也不局限于特定场景的驾驶，可以适应任意场景和环境下的自动驾驶。

目前大多数无人驾驶创业公司、整车厂等仍然处于 L2 到 L4 级别无人驾驶技术阶段，即无人驾驶原型车仅能够在特定的限制区域（如封闭或半封闭园区内、路况非常良好的部分高速路段等）测试，并且需要车上安全员随时进行介入。很多互联网公司（如百度、Waymo、Uber、景驰、小马等）均在测试和研发 L4 级别的无人驾驶系统，但是在本书撰写之时，L4 级无人驾驶仍然还有大量的实际问题需要解决，包括技术、成本、量产、法律法规、市场等。一些公司宣称已经实现了在特定园区内的 L4 无人驾驶，这其实是带有一定迷惑性的，一方面，这些固定园区的场景规模一般较小，场景简单，不会覆盖到红绿灯、各种复杂标志标线、大量行人穿过马路等现实的复杂场景，仅仅能够在园区进行无人驾驶的 demo 并没有达到真正的 L4 水准；另一方面，就无人驾驶的区域而言，显然开放、复杂路段的无人驾驶要比封闭、半封闭环境下的无人驾驶复杂得多，无人驾驶技术存在一种"长尾效应"，即最后 5% 需要解决的技术问题可能需要花费 95% 以上的精力；再者，目前 L4 级无人驾驶技术主要基于高精度地图（HD Map）实现，构建高精度地图需要较高成本，并且可适用范围有限，即在没有绘制高精度地图或地图基本元素变化很大的地方，无人驾驶系统几乎完全不能运行，这也是为什么当前无人驾驶初创公司展示的案例多为精心设计的场地演示，而非在普通公共道路上的真实实际应用。这也引出了我们马上要展开的一个话题——实现真实公共道路的无人驾驶技术到底有多困难？

1.1.2 无人驾驶到底有多难

在讨论运行在公共道路上可靠的无人驾驶系统的实现有多困难之前，我们先来看一幅公共道路的交通状况图，图 1-2 是比较常见的路况。

在这种路况下没有清晰的道路线，路人、自行车、三轮车、动物甚至是马车均为道路交通的参与者，这个例子看起来似乎比较极端，但是这种路况在发展中国家是普

图1-2 某交通路况

遍存在的,中国的城市公共道路设施(道路线、交通标识、红绿灯)虽然相对完善,但是在诸如乡村、县城等区域,交通的参与者种类也会很多而且情况复杂,每个个体的行为都难以预估。对于这类复杂的交通场景,任何一个训练有素的、清醒的人类驾驶员都能够轻松解决这些问题并且顺利完成驾驶任务。但是对于无人驾驶系统而言,要处理这类场景就现阶段而言非常困难,这些复杂、变化多端的交通状况是实现全自动驾驶之路的最大障碍之一。

无人驾驶的第二个难点则是由人类的法规和制度带来的。道路交通在不同的国家和地区呈现出各种各样的状态,如英国的驾驶习惯是左侧行驶,而中国的驾驶习惯是右侧行驶。并且,不同国家都有不同类型、符号的交通信号标志,其表示的含义也大为不同。这也就意味着,并不存在全球通用的无人驾驶系统,不同国家的道路法规、习俗都不尽相同,因此,无人驾驶系统也需要做"本地化",如果全球通用,那么这个技术的成本、系统复杂性可谓是相当高了,也不现实。

第三个障碍则来源于人们对于机器的"高期望"。人类能够容忍自身犯错,但是对于机器犯错容忍度却极低,而在第一点提到的复杂多变的驾驶场景下,无人车难免会犯错,比如在光线条件非常差的情况下识别不出路人,或者高精度地图里没有包含刚刚施工完成(但确实已经通车)的路段等,事实是当前的技术和算法(无论是机器人学科的理论还是人工智能方向的方法)都还远远无法满足大众对于无人车的高期望。

第四个障碍来源于无人车的成本。经过百余年的发展,汽车工业已经将传统汽车的成本压缩到了极致,人们只需要几万元就能获得一辆汽车以及各种配置。但是无人驾驶系统为汽车引入了一笔不小的额外成本,其中包括各种新的传感器设备、计算设备、软件研发成本等，以目前在无人车的感知中应用最广泛的激光雷达为例，满足L4级别的激光雷达售价普遍在10万美元以上，仅仅这些传感器的硬件成本就已经远远超出了绝大多数车辆自身的价格了，而如何降低成本实现量产也是目前推动无人车商业化落地的一个重要研究课题。

当然，在无人驾驶技术的道路上障碍还有很多。例如，无人驾驶法规急需完善、高昂的研发投入、安全性问题、复杂场景的感知、人工智能技术难题、量产规模等。无人驾驶技术在当前仍然充满挑战，换句话说，我们在无人驾驶领域仍然还有大量的技术研究工作要做，对于希望进入无人驾驶领域的读者而言，仍然有巨大的可以有所作为的空间。

1.2 为什么需要无人驾驶

无人驾驶技术之所以能够带来社会变革，其根本原因在于高度的无人驾驶能够从根本上改变人们的出行方式和生活方式，使人们的出行、生活方式更加智能化。研究表明，无人驾驶技术能够提高道路交通安全，以及缓解城市交通拥堵问题，随着无人驾驶技术在各个领域的应用，还将催生出一批新的产业链，创造大量的就业机会。

1.2.1 提高道路交通安全

2015年，全美约有35 092人死于车祸[2]，而在中国大约为26万人。我们以驾驶人口比例来估算的话，平均每行驶14 000多万千米就会发生一次事故死亡事件，人类驾驶员在一年发生车祸并死亡的平均概率为0.011%，在一生中发生车祸并死亡的平均概率为0.88%。同时，每年约有260万人在道路交通事故中受伤。这也涉及数十亿美元的汽车修理费（仅限于免赔额）。如果我们能够减少25%的事故发生，将为社会节省一大笔费用开支。

引发道路交通事故的四大原因如下：
- 驾驶员分心，注意力不集中。
- 超速。
- 酒后驾驶。
- 鲁莽驾驶。

但对于无人车，则不会存在上述问题。无人驾驶系统不会分心，人类坐在无人车上不管是发短信还是吃东西都不会影响车辆行驶。无人车也不会因为乘客赶时间而超速驾驶，它会严格按照交通法规非常平顺合理地将乘客送至目的地。无人车不会饮酒，也没有兴趣在公路上莽撞行驶、开"斗气车"等。种种研究表明，高度的无人驾驶系统能够大大提高道路交通的安全性，减少道路交通事故的发生[5]。

1.2.2 缓解城市交通拥堵

交通拥堵几乎是所有大城市面临的问题，无人驾驶汽车的广泛使用将在很大程度上缓解城市交通拥堵问题，因为它能完全克服人为因素，使得城市交通运行效率最高。在大数据分析调度下，未来无人驾驶能够做到：

- 快速了解拥堵情况，及时调整线路。
- 避免大量人为因素如加塞等导致的不合理拥堵。
- 潮汐公路的动态分段使用。

当然，对交通拥堵的缓解还是要看其在不同场景下的具体应用。

举个例子，在堵车的情况下，很多时候会因为他人加塞导致道路更加拥堵，无人驾驶则不会莽撞加塞，而是会依据一定规则、顺序依次排队通过，这就可以大大减轻拥堵的程度，提高人们的出行效率。无人驾驶汽车还可以根据实时路况自动调整路线，在最短的时间内安全地把乘客送到目的地。数据表明，美国的平均通勤时间为 50 分钟，待自动驾驶普及后，人们将能空闲出大量额外时间来处理其他事情，而不是无奈地被堵在路上。

1.2.3 提升出行效率

对有人驾驶的出行服务运营，我们经常会遇到司机拒载、叫不到车、司机文明素质低等情况。而在无人驾驶的出行服务运营中，无人驾驶车辆不会发生拒载乘客的情况，只要有派单就按调度需要接送，也不会因为路程短而不愿意载客；另外，也会减少夜晚开车的安全事故发生，如减少疲劳驾驶、酒后驾驶、车辆抢劫等情况。在无人驾驶运营方面，除了补充能源的情况，车辆会 24 小时待命，无论老、弱、病、残、孕都可享受无人驾驶出行服务带来的安全和便利，因为不需要驾驶员，也会相应节省一大笔人力成本，进而摊薄出行费用，这些都可以极大地提升车辆运营的效率，进而提升人们的出行效率，改变人们的出行方式和生活方式。

1.2.4 降低驾驶者的门槛

以往申请驾驶证时，有关部门对驾驶者的年龄、身体状况等方面会有较为严格的要求。例如，低龄、超龄人士就不允许申请驾驶证，而身体有残障的人士则要进行多方面的评估。而无人驾驶汽车的出现让汽车驾驶申请门槛大为降低，在完全自动驾驶阶段甚至无须申请，这对驾驶技术不过关的人来说是个福音。无论是对交通管理部门的影响还是对汽车驾驶者的影响，无人驾驶汽车的意义都是巨大的。

当然，在当前的技术情况下，最初的无人驾驶技术很可能仍然需要车主具备必要的无人驾驶监管资格，从而确保在极端情况下的安全。随着技术的发展，我们相信无人驾驶会越来越成熟，越来越完善，最终实现全社会完全无人驾驶的终极目标，让传统出行变成一种新型服务或移动生活空间，而不是困难和不便。

1.3 无人驾驶系统的基本框架

无人驾驶系统的核心可以概述为三个部分：感知（Perception）、规划（Planning）和控制（Control），这三部分的交互及其与车辆传感器硬件、环境的交互如图1-3所示。

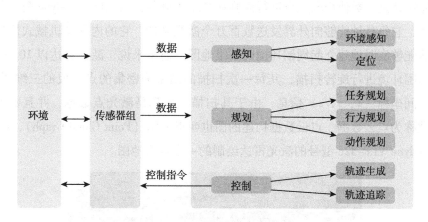

图1-3 无人驾驶系统的基本框架

由图1-3可知，无人驾驶软件系统实际上是一个分层的结构，感知、规划、控制模块各自发挥不同的作用并相互影响。下面详细了解这三层的功能。

感知是指无人驾驶系统从环境中收集信息并从中提取相关知识的能力。其中，环境感知（Environmental Perception）特指对于环境的场景理解能力，如障碍物的类型、道路标志及标线、行人车辆的检测、交通信号等数据的语义分类。定位（Localization）是对感知结果的后处理，通过定位功能从而帮助无人车了解其相对于所处环境的位置。

规划是指无人车为了到达某一目的地而做出决策和计划的过程。对于无人驾驶车辆而言，这个过程通常包括从起始地到达目的地，同时要避开障碍物，并且不断优化行车路线轨迹和行为,以保证乘车的安全舒适。规划层通常又被细分为任务规划(Mission Planning)、行为规划(Behavioral Planning)和动作规划(Motion Planning)三层[3]。

控制是指无人车精准地执行规划好的动作、路线的能力,及时地给予车辆执行机构合适的油门、方向、刹车信号等,以保障无人车能按预期行驶。

1.3.1 环境感知

为了确保无人车对环境的理解和把握,无人驾驶系统的环境感知部分通常需要获取大量的周围环境信息,具体来说包括行人、车辆的位置和速度,以及下一时刻可能的行为、可行驶的区域、对交通规则的理解等。无人车通常是通过融合激光雷达(Lidar)、摄像头(Camera)、毫米波雷达(Millimeter Wave Radar)等多种传感器的数据来获取这些信息的[4],本节简要地介绍一下激光雷达和摄像头在无人驾驶感知系统中的应用。

激光雷达是一类使用激光束进行探测和测距的设备,如美国 Velodyne 公司的 64 线激光雷达,它每秒钟能够向外界发送数百万个激光脉冲,它的内部是机械式旋转结构。激光雷达能够实时地建立起周围环境的三维地图,通常来说,激光雷达以 10Hz 左右的频率对周围环境进行旋转扫描,其每一次扫描的结果为密集的点构成的三维图,每个点具备空间坐标 (x, y, z) 信息,由于其扫描结果都是激光点数据,并且数量巨大,所以又被称为点云数据,点云数据构建的图也叫点云图(Point Cloud Graph),图 1-4 是使用 Velodyne VLP-32c 型号的激光雷达绘制的一个点云地图。

图 1-4 使用激光雷达绘制的点云地图

目前，激光雷达因其测量的高度可靠性、精确性，仍是无人驾驶系统中最重要的传感器之一。但是并不意味着在任意场景中激光雷达的表现都是完美的，如在开阔地带，由于缺乏特征点，会存在点云过于稀疏，甚至丢失点的问题；对于不规则的物体表面，使用激光雷达也比较难辨别其特征模式；在诸如大雨、大雾这类天气情况下，激光雷达的精度和准确度也会受到很大影响。

对于激光点云数据的处理，通常我们会进行两步操作：分割（Segmentation）和分类（Classification）。其中，分割是为了将点云图中离散的点使用聚类算法重新分组，使其聚合成一个个整体，而分类则是区分出这些整体属于哪一种类别，如属于行人类、车辆类或者其他障碍物类等。

在完成了对点云的目标分割以后，分割出来的目标还需要被正确地分类。在这个环节中可以借鉴机器学习的分类算法，如支持向量机（Support Vector Machine，SVM）、决策树、K均值（K-means）等算法，以对聚类的特征进行分类。最近几年由于深度学习的发展，业界开始使用卷积神经网络（Convolutional Neural Network，CNN）来对三维的点云聚类进行分类，然而，无论是基于提取特征的SVM方法还是基于原始点云的CNN方法，由于激光雷达点云本身解析度低，对于反射点稀疏的目标（比如行人、自行车等），基于点云的分类并不可靠，所以在实践中我们往往融合激光雷达和摄像头传感器，既利用摄像头的高分辨率来对目标进行分类，又利用激光雷达的可靠性对障碍物进行检测和测距，融合两者的优点最终完成环境感知。

在无人驾驶系统中，我们通常使用视觉传感器来完成对道路的检测，以及车辆、交通标志等的检测、识别和分类。道路的检测包含对车道线的检测（Lane Detection）、可行驶区域的检测（Drivable Area Detection）。检测任务还包括对其他车辆的检测（Vehicle Detection）、行人检测（Pedestrian Detection）、交通标志和信号的检测（Traffic Sign Detection）等，以及对所有交通参与者的检测、识别和分类。

车道线的检测涉及两个方面：第一是识别车道线，对于弯曲的车道线，能够计算其曲率，即弯曲的弧度，以决定方向盘的控制角度；第二是确定车辆自身相对于车道线的偏移（即无人车自身在车道线的哪个位置）。一种方法是提取一些车道的特征，包括边缘特征（如索贝尔算子，通常是通过求取边缘线的梯度，即边缘像素的变化率来检测车道线）、车道线的颜色特征等，然后再使用多项式拟合车道线的像素，最后基于多项式以及当前摄像头在车上挂载的位置，确定前方车道线的曲率和车辆相对于车道的偏离位置。

对于可行驶区域的检测，目前的一种做法是采用深度学习神经网络对场景进行像素分割，即通过训练一个像素级分类的深度神经网络，完成对图像中可行驶区域的分割。

1.3.2 定位

在无人车感知层面，定位的重要性不言而喻，无人车需要知道自己相对于外界环境的精确位置。在城市复杂道路行驶场景下，定位位置的精度要求误差不超过 10cm，如果定位位置偏差过大，那么在城市道路行驶中，车辆轮胎就很容易在行驶过程中擦到路牙、刮蹭到护栏等，甚至会引发爆胎等车辆驾驶安全问题和交通安全事故。尽管在车辆自动驾驶中会利用自动避障功能以辅助安全，但也不能保证百分百地避障成功，并且对于路牙这种道路障碍特征，在某些情况下，由于盲区、软件故障等原因，传感器也不一定能保证百分百检测到。因此，在无人车技术的发展过程中，无论是从硬件层面还是软件层面，定位精度的提高都具有很重要的意义。

目前使用最广泛的无人车定位方法包括融合全球定位系统（Global Positioning System，GPS）和惯性导航系统（Inertial Navigation System，INS）的定位方法，其中，GPS 的定位精度由器件成本决定，一般在几十米到几厘米级别之间，精度越高，GPS 和惯性导航等传感器的价格也就相对越昂贵。融合 GPS/INS 的定位方法在 GPS 信号缺失、微弱的情况下，如地下停车场、密集高楼的市区等场景，也不容易做到高精度定位，因此也只能适用于部分场景（如开阔、信号良好环境下）的无人驾驶定位任务。

地图辅助类定位算法是另一类广泛使用的无人车定位算法，同步定位与地图构建（Simultaneous Localization And Mapping，SLAM）是这类算法的代表，SLAM 的目标即构建地图的同时使用该地图进行定位，SLAM 通过利用传感器（包括摄像头、激光雷达等）已经观测到的环境特征，确定当前车辆的位置以及当前观测目标的位置，这是一个利用以往的先验概率分布和当前的观测值来估计当前位置的过程，我们通常使用的方法包括贝叶斯滤波器（Bayesian Filter）、卡尔曼滤波器（Kalman Filter）、扩展卡尔曼滤波器（Extended Kalman Filter）以及粒子滤波器（Particle Filter）等，这些方法都是基于概率和统计原理的定位技术。

SLAM 是机器人定位领域的研究热点，在特定场景下的低速自动驾驶定位的应用过程中也有较多现实的实例，如园区无人摆渡车、无人清洁扫地车，甚至是扫地机器人、Boston Dynamics 制造的机械大狗等场景，都广泛使用了 SLAM 技术。实际上，在此类特殊场景的应用中，我们并不是在定位的同时实时建图，而是事先使用传感器如激光雷达、视觉摄像头等对运行环境区域进行了 SLAM 地图的构建，然后在构建好的 SLAM

地图的基础上实现定位、路径规划等其他进一步的操作。

在有了一部分点云地图之后，还可以通过程序和人工处理的方法将一些"语义"元素添加到地图中（如车道线的标注、交通信号标志标线、红绿灯位置、当前路段的交通规则等），这个包含了语义元素的地图就是我们无人驾驶领域常说的"高精度地图"。在实际定位的时候，使用3D激光雷达的扫描数据和事先构建的高精度地图进行点云匹配，以确定无人车在地图中具体位置的这类方法被统称为扫描匹配（Scan Matching）方法，其中最常见的方法是迭代最近点（Iterative Closest Point，ICP），该方法基于当前扫描和目标扫描的距离度量来完成点云配准。除此以外，正态分布变换（Normal Distributions Transform，NDT）也是进行点云配准的常用方法，它是基于点云特征直方图来实现配准的一种算法。基于点云配准的定位方法也能实现10cm以内的定位精度，本书后文将会讲解基于正态分布变换的点云定位方法。

虽然点云配准能够给出较高精度的无人车相对于地图的全局定位，但是这类方法过于依赖事先构建好的高精度地图。另外，由于高精度地图构建成本较高，并且点云匹配计算开销也非常大（例如Velodyne-32c每秒产生高达120万个点数据），以及车辆在高速行驶的过程中对计算、控制的实时性要求较高，因此，在高速行驶无人驾驶场景中使用点云匹配的方法相对来说成本过高。

1.3.3 任务规划

无人驾驶规划系统的分层结构设计源于美国2007年举办的DAPRA城市挑战赛，从参赛队伍已发表的论文来看，在比赛中多数参赛队都将无人车的规划模块分为三层结构设计：任务规划、行为规划和动作规划。其中，任务规划通常也被称为路径规划或者路由规划（Route Planning），其对应着相对顶层、全局的路径规划，如起点到终点的路径选择。

我们也可以把道路系统简化成有向图网络（Directed Graph Network），这个有向图网络能够表示道路和道路之间的连接情况、通行规则、道路的路宽等各种信息，其本质上就是前面提到的高精度地图的"语义"部分，这个有向图网络也被称为路网图（Route Network Graph），如图1-5所示。

上述路网图中的每一条有向边都是带权重的，因此，无人车的路径规划问题就转化为在路网图中，为了让车辆达到某个目标地（通常来说是从A地到B地），基于某种方法选取最优（即代价最小）路径的过程，那么规划问题就演变成了一个有向图搜索问题。传统的算法如迪可斯特朗算法（Dijkstra's Algorithm）、A*算法（A* Algorithm）、

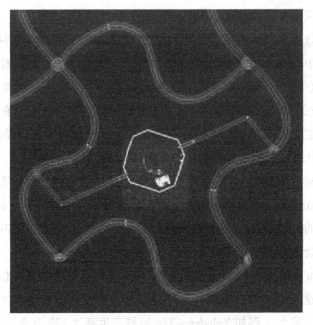

图 1-5 一个简单的路网图

D*等算法，主要用于计算离散图的最优路径搜索，被广泛应用于搜索路网图中代价最小路径的场景中。

1.3.4 行为规划

行为规划有时也被称为决策制定（Decision Maker），其主要任务是根据任务规划的目标和对当前环境的感知（例如，其他车辆、行人的位置和行为，当前的交通规则等），做出下一步无人车需要执行的决策和动作，可以把这一层模块所起的作用理解为车辆驾驶员的决策系统，驾驶员根据目标和当前的交通情况决定是跟车还是超车、是停车等行人通过还是绕过行人等。

行为规划实现的一种方法是使用包含大量动作短语的复杂有限状态机（Finite State Machine，FSM）。有限状态机即从一个简单的起始状态出发，根据不同的驾驶场景跳转到不同的动作状态，同时将要执行的动作传递给下层的动作规划层。图 1-6 是一个简单的有限状态机。

如图 1-6 所示，每个状态都是对车辆动作的一个决策过程，状态和状态之间存在一些跳转条件，某些状态可以自循环（比如图中的循迹状态和等待状态）。虽然有限状态机（FSM）是目前无人车上采用的主流行为决策方法，但 FSM 仍然存在着很多局限性：

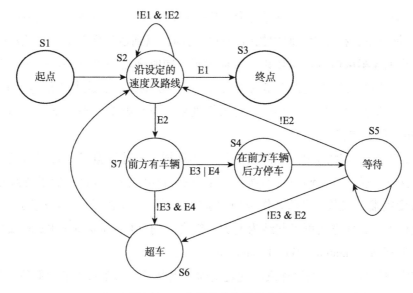

图 1-6 一个简单的有限状态机

- 首先，要实现复杂的行为决策，需要人工设计大量有效的状态。
- 其次，车辆有可能会碰到有限状态机没有考虑过的状态，因此状态机的扩展也成为问题。
- 另外，如果有限状态机没有设计死锁保护，车辆甚至可能陷入某种死锁状态[8]。

1.3.5 动作规划

通过规划一系列的执行动作以达到某种目的（例如避障）的处理过程被称为动作规划。通常来说，有两个指标可用来考量动作规划算法的性能：计算效率（Computational Efficiency）和完整性（Completeness）。所谓计算效率，即完成一次动作规划的计算处理效率，动作规划算法的计算效率在很大程度上取决于配置空间（Configuration Space）。如果一个动作规划算法能够在问题有解的情况下在有限时间内返回一个解，并且能够在无解的情况下返回无解，那么我们称该动作规划算法是完整的。

配置空间：一个定义了机器人所有可能配置的集合，它定义了机器人所能够运动的维度，对于最简单的二维离散问题，它的配置空间就是 $[x, y]$，无人车的配置空间可以非常复杂，这取决于所使用的运动规划算法。

在引入了配置空间的概念以后，无人车的动作规划就变成了：在给定一个初始配置（Start Configuration）、一个目标配置（Goal Configuration）以及若干约束条件（Constraint）的情况下，在配置空间中找出一系列的动作以到达目标配置，这些动作的执行结果就是将无人车从初始配置转移至目标配置，同时满足约束条件。在无人车这个应用场景中，初始配置通常是无人车的当前状态（当前的位置、速度和角速度等），目标配置则来源于动作规划的上一层——行为规划层，而约束条件则是车辆的运动学限制（最大转角、最大加速度等）。

显然，若在高维度的配置空间中进行动作规划，其计算量是非常巨大的，为了确保规划算法的完整性，我们不得不搜索几乎所有可能路径，这就形成了连续动作规划中的"维度灾难"问题。目前动作规划中解决该问题的核心理念是将连续空间模型转换成离散模型，具体方法可以归纳为两类：组合规划（Combinatorial Planning）方法和基于采样的规划（Sampling-Based Planning）方法。

动作规划的组合方法通过连续的配置空间找到路径，而无须借助近似值。基于这个属性，它们可以被称为精确算法。组合方法通过对规划问题建立离散表示来找到完整的解，如在 DARPA 城市挑战赛中，CMU 的无人车（BOSS）就使用了这类动作规划算法，其中，首先使用路径规划器生成备选的路径和目标点，如图 1-7 所示，然后通过优化算法选择最优的路径；另一种离散化的方法是网格分解方法（Grid Decomposition Approach），在将配置空间网格化以后，使用离散图搜索算法（如 A* 等）找到一条优化路径[7]。

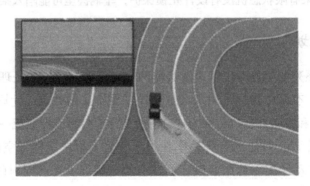

图 1-7 动作规划中的组合方法

基于采样的方法由于其概率完整性而被广泛使用，最常见的算法如 PRM（Probabilistic Roadmap）、RRT（Rapidly-Exploring Random Tree）和 FMT（Fast-Marching Tree）。在无人车的应用中，状态采样方法需要考虑两个状态的控制约束，同时还需要一个能够有效地查询采样状态和父状态是否可达的方法。后文我们将详细介绍基于 Frenet 坐标系的轨迹优化方法，它是一种基于采样的动作规划算法。

1.3.6 控制系统

作为无人车系统的最底层,控制系统层旨在将规划好的动作在车辆控制层面实现,所以控制模块的评价指标即为控制的精准度。控制系统内部会存在测量反馈,控制器通过比较车辆的测量和预期来输出相应的控制动作,这一过程称为反馈控制(Feedback Control)。

反馈控制被广泛地应用于自动化控制领域,其中最典型的反馈控制器当属 PID 控制器(Proportional-Integral-Derivative Controller),PID 控制器的控制原理基于一个单纯的误差信号,这个误差信号由三项构成,即误差的比例(Proportion)、误差的积分(Integral)和误差的微分(Derivative)。PID 控制器实现简单、性能稳定,因此目前仍然是工业界最广泛使用的控制器,但是作为纯反馈控制器,PID 控制器在无人车控制中(特别是高速运动的过程中)存在一定的问题:PID 控制器是单纯基于当前误差反馈的,由于制动机构的延迟性,在高速运动场景下会给控制本身带来非常大的延迟影响,而由于 PID 内部不存在系统模型,故其不能对延迟建模,为了解决这一问题,我们引入基于模型预测的控制方法。

模型预测控制(Model Predictive Control,MPC)是指借助车辆运动模型来预测未来一个时间段的运动,并通过不断优化控制参数来拟合这一系列运动的方法,通常模型预测的时间段较短[6]。模型预测控制由四部分组成,分别是:

- 预测模型:基于当前的状态和控制输入来预测未来一段时间内状态的模型,在无人车系统中,通常是指车辆的运动学/动力学模型。
- 反馈校正:对模型施加了反馈校正的过程,使预测控制具有很强的抗扰动和克服系统不确定性的能力。
- 滚动优化:滚动地优化控制序列,以得到与参考轨迹最接近的预测序列。
- 参考轨迹:即设定的轨迹。

图 1-8 是模型预测控制(MPC)的基本结构图,由于模型预测控制基于运动模型进行优化,PID 控制中的控制时延问题可以在建立模型时考虑进去,所以模型预测控制在无人车控制中具有较高的应用价值。

无人车控制的另外两个问题是轨迹生

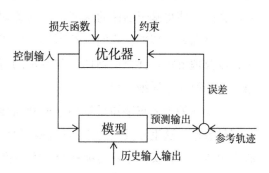

图 1-8 模型预测控制的基本结构

成（Trajectory Generation）和轨迹跟踪（Trajectory Tracking）。轨迹生成是指找到一组控制输入 $u(t)$，使得预期的输出结果为目标状态的轨迹 $x(t)$，其中，车辆的运动学/动力学约束是整个轨迹生成的约束条件，当一条轨迹 $x(t)$ 不存在对应的控制输入 $u(t)$ 使其能够满足车辆动力学约束时，我们称这个轨迹是不可达的。目前在无人车领域中使用的轨迹生成方法通常都是基于车辆动力学模型的。

轨迹跟踪主要分为两类方法：基于几何路径跟踪方法和基于模型的跟踪方法。基于模型的方法通常使用车辆的运动学和动力学模型来实现，其中，运动学模型在低速状态下效果好，而基于动力学模型的控制器在高速场景下跟踪效果更好，但是在较大加速度以及路径曲率过大的情况下效果一般。几何路径跟踪方法使用简单的几何关系来导出转向控制规则，这类方法利用前视距离（Look Ahead Distance）来测量车辆前方的误差，其复杂度也是从简单的圆弧计算到更复杂的几何定理，如向量跟踪法。

本书后文将介绍最常用的几何路径跟踪算法，如纯追踪（Pure Pursuit）算法。纯追踪算法的实现比较简单，是广泛使用的轨迹跟踪算法。纯追踪算法的输入是一系列路径点（Waypoint），它通过计算一条曲线来实现让车辆从当前位置移动到目标位置。纯追踪算法的关键在于选择路径中位于车辆前方一段距离（前视距离）的目标点，让车辆跟踪这个目标点，随着车辆自身的移动，前视目标点也随之移动，从而使得车辆沿着一系列轨迹点行驶，这种循迹的方法有点像人类驾驶员开车的场景，因为我们开车的时候也总是盯着道路前方一段距离来控制方向，从而让车到达前方的那个位置。

1.3.7 小结

本节概述了无人驾驶系统的基本框架，讲解了无人驾驶软件系统的三层结构：感知、规划和控制。从某种程度而言，无人车在这种分层体系下可以被看作一个"载人机器人"，通过感知环境、定位来执行一系列任务规划和控制运动。近年来由于深度学习的突破，使得基于图像的深度学习的感知技术在环境感知中也发挥了越来越重要的作用，借助人工智能，我们已经不再局限于感知障碍物，而逐渐变成理解障碍物是什么，以及理解场景甚至预测场景和目标的行为，关于机器学习和深度学习的内容将在第 5 章和第 6 章详细介绍。

在实际的无人车感知系统中，通常需要融合激光雷达、摄像头和毫米波雷达等多种测量数据，这里涉及到的卡尔曼滤波算法、扩展卡尔曼滤波算法等融合算法，以及激光雷达、摄像头的坐标转换概念，本书将在第 4 章中详细介绍。

无人车和机器人的定位方法众多，目前主流的方法之一是使用"GPS + 惯性导航系统"的融合方法，二是基于 Lidar（激光雷达）点云扫描匹配的方法，这些方法将在第 3 章中详细介绍。

规划模块内部也被分成三层：任务规划（也被称为路径规划）、行为规划和动作规划。本书将介绍基于离散路径搜索算法的任务规划方法。在行为规划中，我们将重点了解有限状态机（FSM）在行为决策中的应用。在动作规划算法层，将介绍基于 Frenet 坐标系的优化轨迹规划方法，这些方法将在第 8 章中详细介绍。

关于控制模块，无人驾驶系统往往会使用基于模型预测的控制方法，但是在了解模型预测控制算法之前，作为对基础反馈控制的了解，我们仍然会详细介绍 PID 控制器。我们会学习两个简单的车辆模型——运动学自行车模型和动力学自行车模型，控制模块的具体内容详见本书的第 9 章。

虽然将无人车理解为另一种意义上的机器人，使用机器人开发的思维处理无人车系统是目前工业界的普遍做法，但是也不乏一些单纯使用人工智能来完成无人驾驶技术的案例。其中基于深度学习的端到端（End to End）无人驾驶和基于强化学习的驾驶智能体是目前研究的热点，本书将在第 7 章和第 10 章详细介绍这两类方法。

1.4 开发环境配置

本书提供了大量可运行的代码，以供读者在理解概念后进行实际操作。这些代码的实现会依赖一定的环境，这里我们将指导安装运行代码所需的各种环境，推荐系统为 Ubuntu-16.04。

1.4.1 简单环境安装

Ubuntu-16.04 本身包含 Python 2.7 环境。为了方便读者理解，本书大量代码使用 Python 2.7，少量代码采用 C++。pip 是一个现代的、通用的 Python 包管理工具，安装命令如下：

```
$ sudo apt-get install python-pip
```

安装 scipy 和 numpy：

```
$ sudo apt-get install python-scipy python-numpy
```

使用 pip 安装本书代码涉及的包：

```
$ sudo pip install scikit-image scikit-learn sympy jupyter numdifftools plotly pandas
```

安装 moviepy 并且配置 ffmpeg 库：

```
$ sudo pip install moviepy
$ cd into the chapter_6/3rdparty/
$ cp ffmpeg-linux64-v3.3.1 ~/.imageio/ffmpeg/
```

安装 matplotlib-2.0.2 版本：

```
$ sudo pip install matplotlib==2.0.2
$ sudo pip install seaborn
```

安装 Keras-2.0.0 版本：

```
$ sudo pip install -U --pre keras==2.0.0
```

安装 TensorFlow-1.6.0 版本：

```
$ sudo pip install tensorflow==1.6.0
```

这里的 TensorFlow 安装的是 CPU 版本，如果想要安装 GPU 版本的 TensorFlow，可参考下面的链接：http://wiki.jikexueyuan.com/project/tensorflow-zh/get_started/os_setup.html。

1.4.2　ROS 安装

由于系统是 Ubuntu-16.04，所以我们要安装的 ROS 版本为 Kinetic，具体的安装步骤如下。

第一步，安装源：

```
$ sudo sh -c 'echo "deb http://packages.ros.org/ros/ubuntu (lsb_release -sc) main"
    > /etc/apt/sources.list.d/ros-latest.list'
```

如果下载速度很慢，可以考虑更换其他源，源地址可参考链接：http://wiki.ros.org/ROS/Installation/UbuntuMirrors。

第二步，设置密钥：

```
$ sudo apt-key adv --keyserver hkp://ha.pool.sks-keyservers.net:80 --recv-key
    421C365BD9FF1F717815A3895523BAEEB01FA116
```

第三步，更新：

```
$ sudo apt-get update
```

第四步，安装 ROS：

```
$ sudo apt-get install ros-kinetic-desktop
```

第五步，安装 rosdep：

```
$ sudo rosdep init
$ rosdep update
```

第六步，设置环境：

```
$ echo "source /opt/ros/kinetic/setup.bash" >> ~/.bashrc
$ source ~/.bashrc
```

1.4.3 OpenCV 安装

第一步，安装依赖环境：

```
$ sudo apt-get install build-essential ke git libgtk2.0-dev pkg-config libavcodec-dev libavformat-dev libswscale-dev python-dev python-numpy libtbb2 libtbb-dev libjpeg-dev libpng-dev libtiff-dev libjasper-dev libdc1394-22-dev
```

第二步，到下载页面下载安装包，然后解压。官网链接为：https://opencv.org/。

第三步，源码安装。

- 创建临时区域

```
$ cd ~/opencv
$ mkdir build
$ cd build
```

- 配置

```
$ cmake -D CMAKE_BUILD_TYPE=Release -D CMAKE_INSTALL_PREFIX=/usr/local ..
```

- 创建

```
$ make -j7
```

- 安装

```
$ sudo make install
```

1.5 本章参考文献

[1] Taxonomy and Definitions for Terms Related to On-Road Motor Vehicle Automated Driving Systems[EB/OL]. https://www.sae.org/standards/content/j3016_201401/.

[2] 美国国家公路交通安全局. TRAFFIC SAFETY FACTS 2015[R]. 2015.

[3] Pendleton S, Andersen H, Du X, et al. Perception, Planning, Control, and Coordination for Autonomous Vehicles[J]. Machines, 2017, 5(1):6.

[4] 王世峰, 戴祥, 徐宁, 等. 无人驾驶汽车环境感知技术综述[J]. 长春理工大学学报(自然科学版), 2017, 40(1):1-6.

[5] 潘福全, 亓荣杰, 张璇, 等. 无人驾驶汽车研究综述与发展展望[J]. 科技创新与应用, 2017(2):27-28.

[6] Camacho D E F, Bordons D C. Model Predictive Control[M]. London: Springer, 2007:575-615.

[7] Urmson C, Anhalt J, Bagnell D, et al. Autonomous Driving in Urban Environments: Boss and The Urban Challenge[J]. Journal of Field Robotics, 2008, 25(8):425-466.

[8] Furda A, Vlacic L. Towards Increased Road Safety: Real-Time Decision Making for Driverless City Vehicles[C]. IEEE International Conference on Systems, Man and Cybernetics, 2009:2421-2426.

第 2 章 ROS 入门

ROS[1]（Robot Operating System）是目前使用最广泛的一种开源机器人软件平台，它的诞生极大地提升了机器人系统开发的效率[2]。目前，部分无人驾驶系统的软件实现仍然依赖于 ROS 平台。对于高速自动驾驶开发，ROS 的实时性略显不足，但由于 ROS 具有强大的系统底层通信功能，以及来自世界各地的优秀工程师的共同维护，在无人驾驶底层系统的实现上，ROS 仍然是开源框架中最好的选择，诸如百度 Apollo、Autoware、Udacity 等无人驾驶车辆原型都是基于 ROS 开发的。百度 Apollo 在 ROS 平台的基础上增加了实时性的框架，以满足高速自动驾驶实时控制的需求。同时，ROS2 已经开始在积极探索和开发实时性系统通信功能，以进一步满足高速自动驾驶开发需求。

2.1 ROS 简介

2.1.1 ROS 是什么

ROS 即机器人操作系统，包括[6]：
- 通信平台：ROS 提供了一种发布/订阅式的通信框架，用以简单、快速地构建分布式计算系统[3]。
- 工具：ROS 提供了大量可视化、调试等工具组合，用以配置、启动、自检、调试、可视化、仿真、登录、测试、终止分布式计算系统。
- 能力：具有控制、规划、预测、定位操纵等功能。
- 平台支持：ROS 的发展依托于一个强大的社区。wiki.ros.org 尤其关注 ROS 的兼容性和支持文档，它提供了一套"一站式"方案使得用户能够快速搜索并学习来自全球开发者数以千计的 ROS 程序包。

2.1.2 ROS 的历史

ROS 起源于 2007 年斯坦福大学人工智能实验室的 STAIR 项目与机器人技术公司 Willow Garage 的个人机器人项目（Personal Robots Program）之间的合作，2008 年之后由 Willow Garage 来推动，如今已被许多学校、公司研发机构等使用，为机器人编程提供了快速方法和标准。

2.1.3 ROS 的特性

ROS 的特性如下：

- 点对点设计：ROS 的点对点设计，以及服务和节点管理器等机制，可以实现很好的分布式网络运算拓扑结构，能够适应多机器人遇到的挑战。
- 分布式设计：程序可以在多台网络计算机中运行和通信。
- 多语言：ROS 现在支持多种语言，如 C++、Python、Octave 和 LISP，也包含其他语言的多种接口实现。语言无关的消息处理让多种语言可以自由混合和匹配使用。
- 轻量级：鼓励将所有驱动和算法逐渐发展成为与 ROS 没有依赖的单独的库。ROS 建立的系统具有模块化的特点，各模块中的代码可以单独编译，而且编译使用的 CMake 工具使它很容易就实现精简的理念。
- 免费且开源：大多数的 ROS 源代码都是公开发布的。

2.2 ROS 的核心概念

需要理解的 ROS 核心概念包括[4]：

- Master（主节点）
- Node（节点）
- Topic（话题）
- Message（消息）

1. Master（主节点）

ROS Master 用于管理各节点间的通信，它通过 RPC[7]（Remote Procedure Call，远程过程调用）提供了节点的登记列表和对其他计算资源信息的查找。如果没有 Master，其他节点通信时将无法找到与之交互的节点交换消息或调用服务。但有了 Master，在某些方面又增加了系统的风险，如节点都通过 Master 来管理和调用服务，一旦 Master 崩溃，其他所有节点都会受到影响。因此，在 ROS2 版本中提出了一种新的消息通信架构——DDS[8]（Data Distribution Service），它用于解决此类问题，以及实现实时传输。启动 Master 的命令如下：

```
roscore
```

2. Node（节点）

节点又被称为"软件模块"，是一些独立编译、执行运算任务的进程。通常情况下，ROS 利用规模可增长的方式使代码模块化：一个系统就是由很多节点组成的。我们使用"节点"使得基于 ROS 的系统在运行的时候更加形象化：当许多节点同时运行时，可以很方便地将点对点通信绘制成一个图表，在这个图表中，进程就是图中的节点，而点对点的连接关系就是其中的连接线。使用如下指令运行节点：

```
rosrun package_name node_name
```

查看激活节点列表：

```
rosnode list
```

列出节点信息：

```
rosnode info node_name
```

"杀死"指定运行节点：

```
rosnode kill node_name
```

在节点崩溃又不运行的情况下，使用此命令清除节点注册信息，可以清理节点运行环境：

```
rosnode cleanup
```

列出运行在指定计算机上的节点信息，或者列出机名：

```
rosnode machine machine-name
```

3. Topic（话题）

在 ROS 中，消息以发布/订阅的方式进行传递。一个节点可以在一个给定的主题中发布消息，另一个节点针对某个主题关注与订阅特定类型的数据，可能同时有多个节点发布或者订阅同一个主题的消息。总体上，发布者和订阅者不必了解彼此的存在。想象一下我们在论坛里发帖子，帖子的主题就是一个 Topic，发帖人发帖后，每个参与讨论的人就是一个 Node，所有的言论都发布在这个 Topic 之下。有的人发表一些言论，这就是 Node 发布一些 Message 到 Topic 上；有的人回复某些言论，写下自己的见解，对方就可以收到回复通知，对于对方来说，这就是消息通知订阅。发布和订阅是完全独立的对象操作。查看激活话题：

```
rostopic list -v
```

显示一个 Topic 的实时内容：

```
rostopic echo /topic_name
```

把 bagfile 里的 Topic 数据输出到指定 csv 格式的文件中，并使用 Excel 绘图功能，将其轨迹、路线等画出来，提高数据可视化程度，特别适合于路径、GPS 轨迹等：

```
rostopic echo -b bagfile.bag -p /topic_name > data.csv
```

如图 2-1 所示就是通过 Topic 输出的 csv 文件，使用 Excel 这样简单的工具即可完成复杂的轨迹复现功能，非常实用。

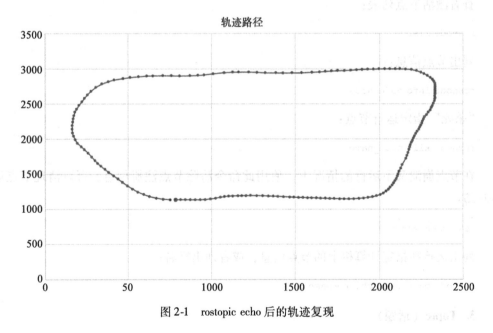

图 2-1　rostopic echo 后的轨迹复现

显示话题相关信息：

```
rostopic info /topic_name
```

显示 Topic 发布频率，在查看传感器数据发布频率是否符合期望时很有用：

```
rostopic hz /topic_name
```

发布数据到指定的 Topic 上，在调试数据时很有用：

```
rostopic pub /topic type args
```

4. Message（消息）

消息是用来定义话题类型的数据结构，它支持整型、浮点型、布尔型、字符串等一系列数据结构，格式为 *.msg 文件。

查看话题所承载的消息类型：

```
rostopic type /topic_name
```

也可用此命令继续深入查看 Message 信息：

```
rosmsg info message_type
```

列出所有 Message：

```
rosmsg list
```

显示 Message 内的字段定义：

```
rosmsg show message_name
```

2.3　catkin 创建系统

catkin 是 ROS 的编译与构建系统，用来生成可执行文件、库和接口。首先进入工作区：

```
cd ~/catkin_ws
```

创建一个 ROS 包，其中 depend 是依赖库的名字：

```
catkin_create_pkg package_name depend1 depend2 depend3
```

每当创建完一个新包，编译之后都需要使用如下 source 命令更新环境：

```
source devel/setup.bash
```

catkin_make 是一个命令行工具，用于 catkin 环境下包的编译。

catkin 创建的工作区包含以下三个文件夹：

- src：用来存放源码的文件夹，主要用于操作者进行编码。
- build：用来存放编译时的缓存文件和一些中间文件。

- devel（development）：开发目录，存放一些安装之前的目标构建文件。

详细说明可参见 http://wiki.ros.org/catkin/workspaces。

2.4 ROS 中的项目组织结构

ROS 软件使用包（package）进行组织，通常包含以下内容：

- /src：源代码。
- /msg：定义各种 message 文件。
- /srv：定义各种 service 文件。
- /launch：包含用于启动节点的 launch 文件。
- /config：包含配置文件，加载一些动态配置参数等。
- /test：ROS 测试文件。
- /include/_package_name_：C++ 头文件。
- /doc：包含文档文件。
- package.xml：编译、运行、版权等信息。
- CMakeLists.txt：CMakefile 构建文件。

1. package.xml

这个文件定义了包的属性，包括：

- 包的名称
- 版本号
- 作者
- 协议
- 对其他包的依赖

……

代码清单2-1　一个简单的 package 信息

```
<?xml version="1.0"?>
<package format="2">
    <name>ros_practice</name>
    <version>0.0.1</version>
    <description>The ros_practice package</description>
    <maintainer email="your-email@gmail.com">Adam</maintainer>
    <license>MIT</license>
    <buildtool_depend>catkin</buildtool_depend>
    <build_depend>roscpp</build_depend>
```

```
    <build_depend>sensor_msgs</build_depend>
    <build_export_depend>roscpp</build_export_depend>
    <build_export_depend>sensor_msgs</build_export_depend>
    <exec_depend>roscpp</exec_depend>
    <exec_depend>sensor_msgs</exec_depend>
</package>
```

在这个例子中，我们使用了 roscpp 的客户端库，同时使用了一个 sensor_msgs 消息。

2. CMakeLists.txt

CMakeLists.txt 文件是 CMake 构建系统的输入，在这里我们不会详细讨论 CMake 的写法（因为它本身可以很复杂），只需大致熟悉一下常用的 CMake 语法：

- cmake_minimum_required：需要的 CMake 最低版本。
- project()：包的名称。
- find_package()：查找构建时需要的其他 CMake/catkin 包。
- add_message_files()/ add_service_files()/add_action_files()：生成 Message/Service/Action。
- generate_messages()：调用消息生成。
- catkin_package()：指定包的构建信息。
- add_library()/add_executable()/target_link_libraries()：添加用于构建的库、可执行代码和目标链接库。
- install()：安装规则。

2.5 基于 Husky 模拟器的实践

Husky 是 Clearpath 公司生产的中型移动轮式室外型无人车（Unmanned Ground Vehicle，UGV）开发平台，它配置了 Lidar、GPS、IMU 等传感器，全面兼容 ROS[5]。实物如图 2-2 所示。

我们使用 Husky 模拟器来实践 ROS 编程。Husky 与我们关注的无人车比较相似，是一种基于 Gazebo[9] 物理仿真环境的工具。Gazebo 是 ROS 中的一款机器人仿真平台软件，基于 ODE 物理引擎，可以模拟机器人以及环境中的很多物理特性。Husky 模拟器的安装请参考 http://wiki.ros.org/husky_gazebo/Tutorials/Simulating%20Husky。

图 2-2 Husky 实物拍摄

注意 如果 ROS Kinetic 使用 apt 安装 Husky 模拟器存在问题的话，请参考 https://answers.ros.org/question/256756/how-to-install-husky-simulator-in-kinetic/。

使用 roslaunch 启动 Husky 模拟器，并启动一个空的仿真环境：

```
roslaunch husky_gazebo husky_empty_world.launch
```

roslaunch 是 ROS 中启动多个节点的机制。launch 文件是 ROS 提供的可以同时运行多个节点的文件，以一种特殊的 XML 格式编写，以 .launch 结尾。

运行模拟器后使用 rqt_graph 查看正在运行的节点和话题，如图 2-3 所示。

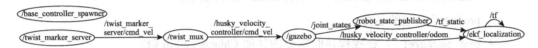

图 2-3 运行模拟器后使用 rqt_graph 查看正在运行的节点和话题

我们发现 /gazebo 节点订阅了一个 /cmd_vel 话题，使用如下指令查看话题信息：

```
rostopic info /husky_velocity_controller/cmd_vel
```

代码清单 2-2 使用 rostopic info /husky_velocity_controller/cmd_vel 得到信息

```
Type: geometry_msgs/Twist

Publishers:
 * /twist_mux (http://adam:40181/)

Subscribers:
 * /gazebo (http://adam:35678/)
```

这个话题里的消息为 geometry_msgs/Twist，ROS 中通常使用 geometry_msgs/Twist 消息类型来发布运动命令。控制命令会被基本的控制器节点使用。话题 /cmd_vel 的全名为 "command velocity"。控制器节点订阅 /cmd_vel 话题，并将里面的运动命令（Twist 消息）通过 PID 控制算法转换成电机控制信号。

```
rosmsg show geometry_msgs/Twist
```

代码清单 2-3 使用 rosmsg show geometry_msgs/Twist 查看消息的格式

```
geometry_msgs/Vector3 linear
    float64 x
    float64 y
    float64 z
geometry_msgs/Vector3 angular
```

```
float64 x
float64 y
float64 z
```

其中，linear 表示线速度（单位：m/s），angular 表示角速度（单位：rad/s）。

下面我们在指令行中通过向/husky_velocity_controller/cmd_vel 发送 Twist 消息来驱动小车，让它以 4 m/s 的线速度和 0.5 rad/s 的角速度运动：

```
rostopic pub -r 10 /husky_velocity_controller/cmd_vel geometry_msgs/Twist '{linear:
    {x: 4, y: 0, z: 0}, angular: {x: 0, y: 0, z: 0.5}}'
```

我们还可以直接向/cmd_vel 主题发消息来控制小车（可以试试 rostopic info/cmd_vel 查看订阅它的节点）：

```
rostopic pub -r 10  /cmd_vel geometry_msgs/Twist '{linear: {x: 4, y: 0, z: 0}, angu-
    lar: {x: 0, y: 0, z: 0.5}}'
```

接下来使用手柄控制 Husky 机器人。我们使用 teleop_twist_joy 包来实现手柄数据转换为 Twist 指令，并将 Twist 发布到/cmd_vel 主题，启动 teleop_twist_joy 下的 launch 文件：

```
roslaunch teleop_twist_joy teleop.launch
```

代码清单 2-4　启动 launch 文件后会在终端打印如下信息

```
PARAMETERS
 * /joy_node/autorepeat_rate: 20
 * /joy_node/deadzone: 0.3
 * /joy_node/dev: /dev/input/js0
 * /rosdistro: kinetic
 * /rosversion: 1.12.12
 * /teleop_twist_joy/axis_angular: 0
 * /teleop_twist_joy/axis_linear: 1
 * /teleop_twist_joy/enable_button: 8
 * /teleop_twist_joy/enable_turbo_button: 10
 * /teleop_twist_joy/scale_angular: 0.4
 * /teleop_twist_joy/scale_linear: 0.7
 * /teleop_twist_joy/scale_linear_turbo: 1.5

NODES
    joy_node (joy/joy_node)
    teleop_twist_joy (teleop_twist_joy/teleop_node)
```

NODES 表示启动了 joy_node 和 teleop_twist_joy 两个节点，它们分别位于 joy 和 teleop_twist_joy 两个包中，上面是启动文件的参数信息，着重讨论以下三个参数。

代码清单 2-5　启动文件的三个参数

```
 * /teleop_twist_joy/axis_angular: 0
```

```
     * /teleop_twist_joy/axis_linear: 1
     * /teleop_twist_joy/enable_button: 8
```

enable_button 表示必须按下该按键（8 号按键，对应手柄上的 back 键）才能控制，前面两个分别表示轴的角速度和线速度的按钮（对应手柄上的左摇杆）。

注意：Husky 作为一种轮式机器人，能够控制的只有 x 方向的速度（前向）和 z 方向的角速度（Yaw，偏航角速度），可通过启动 rqt_graph 命令来查看当前所有节点及话题的有向图，如图 2-4 所示。

```
rosrun rqt_graph rqt_graph
```

图 2-4 此时的 rqt_graph

至此，命令行下的 ROS 操作指令已描述完，后文将开始 ROS 编程实践。

2.6 ROS 的基本编程

前文讨论了 ROS 的核心概念以及命令行的基本操作，本节将通过 Husky 模拟器完成一个简易的 ROS 包，通过实例描述 ROS 下 CMakeList 文件的语法，然后使用 Rviz 可视化激光扫描的结果。

ROS 程序可以由多种语言编写，由于 C++ 更贴近于无人车工程实践，因此本节从 C++ 入手开始学习 ROS 编程。

2.6.1 ROS C++ 编程

下面是使用 ROS C++ 库编写的一个 hello world 程序。

代码清单 2-6　使用 ROS C++ 库编写的一个 hello world 程序

```cpp
#include <ros/ros.h>

int main(int argc, char** argv)
{
    ros::init(argc, argv, "hello_world");       //初始化 Node
    ros::NodeHandle nodeHandle;                 //定义节点句柄
    ros::Rate loopRate(10);                     //ROS 频率控制
    unsigned int count = 0;
```

```
    while (ros::ok()) {
        ROS_INFO_STREAM("Hello World " << count);  //info信息打印
        ros::spinOnce();
        loopRate.sleep();
        count ++;
    }
    return 0;
}
```

接下来看一下程序含义。引入 ROS 的头文件：

```
#include <ros/ros.h>
```

初始化 ROS 节点：

```
ros::init(argc, argv, "hello_world");
```

每个 ROS 节点都应该最先调用该方法，这个节点被命名为 hello_world。为进程节点创建句柄：

```
ros::NodeHandle nodeHandle;
```

第一个创建的 NodeHandle 会对节点进行初始化，最后一个销毁的 NodeHandle 则会释放该节点所占用的所有资源。指定循环的频率：

```
ros::Rate loopRate(10);
```

ros::Rate 是一个用于以指定的频率循环的辅助类，例子中循环频率是 10Hz。循环语句如下：

```
while(ros::ok()){...}
```

这条语句会以之前在 Rate 对象中指定的频率循环执行，其中 ros::ok() 会在 ROS 节点结束运行时返回 false 从而终止循环。在如下几种情况下 ros::ok() 会返回 false：
- SIGINT 被触发（Ctrl – C）。
- 被另一同名节点"踢"出 ROS 网络。
- ros::shutdown() 被程序的另一部分调用。
- 节点中的所有 ros::NodeHandle 都已经被销毁。

在循环体中有一条 ros::spinOnce() 语句，其作用在于，当我们订阅某个话题的时候，执行这条语句意味着只处理一次回调。我们会在后面详细讨论。

1. 节点句柄

有四种定义节点句柄的语法：

- 默认的公共句柄：nodeHandle = ros::NodeHandle()
- 私有句柄：nodeHandle = ros::NodeHandle("~")
- 命名空间句柄：nodeHandle = ros::NodeHandle("adam")
- 全局句柄（不推荐使用）：nodeHandle = ros::NodeHandle("/")

使用这四种语法定义句柄的节点在订阅一个主题时，分别订阅的是下列主题：

- /namespace/topic
- /namespace/node_space/topic
- /namespace/adam/topic
- /topic

2. ROS 中的日志记录方法

在 ROS 节点中通常不提倡直接使用 C++ 的标准输入输出日志记录（Logging）语法，一般使用 ROS_INFO 来代替标准输出 std:cout。ROS_INFO 会自动将信息发送到命令行、log 文件以及 /rosout 主题上。

当然，还有其他的日志记录类型，比如 ROS_WARN、ROS_ERROR 等。同时，ROS 还提供了 printf 风格和 stream 风格的方法。

代码清单 2-7　printf 风格和 stream 风格的方法的使用

```
ROS_INFO("Hello World % d", count);
ROS_INFO_STREAM("Hello World " << count);
```

如果使用 ROS_INFO 但在屏幕上没有找到应打印的信息，通常来说，除了检查代码逻辑以外，还须检查 launch 文件中 Node 节点的 output 标签值是否设置为 screen，即是否有 output = "screen"。

2.6.2　编写简单的发布和订阅程序

下面的代码是一个简单的订阅节点。

代码清单 2-8　一个简单的订阅节点代码

```
#include "ros/ros.h"
#include "std_msgs/String.h"
void chatterCallback(const std_msgs::String& msg)
{
    ROS_INFO("I heard: [% s]", msg.data.c_str());
}
int main(int argc, char ** argv)
{
```

```
    ros::init(argc, argv, "listener");
    ros::NodeHandle nodeHandle;
    ros::Subscriber subscriber =
        nodeHandle.subscribe("chatter",10,chatterCallback);
    ros::spin();
    return 0;
}
```

节点通过调用句柄的 subscribe 方法定义一个订阅器，当订阅的主题收到消息的时候，将调用回调函数 chatterCallback。在这里，spin() 的作用就是保持节点对话题的监听，使得程序循环监听而不会直接执行到 return 0。

定义简单的发布节点与之前的 hello world 节点颇为相似。

代码清单2-9　定义简单的发布节点代码

```
#include <ros/ros.h>
#include <std_msgs/String.h>
int main(int argc, char ** argv) {
    ros::init(argc, argv, "talker");
    ros::NodeHandle nh;
    ros::Publisher chatterPublisher =
        nh.advertise<std_msgs::String>("chatter", 1);
    ros::Rate loopRate(10);
    unsigned int count = 0;
    while (ros::ok()) {
        std_msgs::String message;
        message.data = "hello world " + std::to_string(count);
        ROS_INFO_STREAM(message.data);
        chatterPublisher.publish(message);
        ros::spinOnce();
        loopRate.sleep();
        count ++;
    }
    return 0;
}
```

其步骤为：

- 定义发布者（Publisher）。
- 创建消息内容。
- 在一个循环中以一定的频率发布消息。

面向对象的节点编写

在实际工程中，代码大多以面向对象的形式组织，一个包下使用一个_packagename_node.cpp 作为节点入口，其定义了节点句柄，并且实例化一个处理类。

代码清单 2-10　定义节点句柄并实例化一个处理类的代码

```cpp
#include <ros/ros.h>
#include "my_package/MyPackage.hpp"
int main(int argc, char** argv)
{
    ros::init(argc, argv, "my_package");
    ros::NodeHandle nodeHandle("~");
    my_package::MyPackage myPackage(nodeHandle);
    ros::spin();
    return 0;
}
```

节点中的 ROS 接口（发布器/订阅器）定义在 MyPackage.hpp 和 MyPackage.cpp 中，用到的具体算法（无人车的识别检测算法）则直接定义在单独的算法类中。这种编程模式使得算法部分和 ROS 编程（节点间通信）进一步解耦合，更符合软件工程的要求。

2.6.3　ROS 中的参数服务

在机器人和无人车的编程中，虽然节点相互独立，但往往还需要在运行的时候存储和读取一些全局的配置参数。ROS 提供了全局的参数服务，这些参数可以存储在 launch 文件中，也可以存储在单独的 YAML 文件中。具体参数定义在 launch 文件中。

代码清单 2-11　定义参数

```xml
<launch>
    <node name="name" pkg="package" type="node_type">
        <rosparam command="load"
            file="$(find package)/config/config.yaml" />
    </node>
</launch>
```

在如下代码中，通过节点句柄的 getParam(name, value_variable) 方法从参数服务器获得参数值。如果参数存在则 getParam() 返回 true，并将值传递给 value_variable。下面是一个在 C++ 中使用 ROS 参数的示例。

代码清单 2-12　在 C++ 中使用 ROS 参数

```cpp
ros::NodeHandle nodeHandle("~");                        //当前节点命名空间
std::string topic;
if (!nodeHandle.getParam("topic", topic)) {             //查找 topic 参数变量,存在则赋值
    ROS_ERROR("Could not find topic parameter!");
}
```

2.6.4 基于 Husky 机器人的小案例

下面以面向对象的编程方式编写一个包，在 ~/catkin_ws/src 中创建一个名为 husky_highlevel_controller 的包，并且新创建的包依赖 roscpp 和 sensor_msgs：

catkin_create_pkg husky_highlevel_controller roscpp sensor_msgs

接下来在 husky_highlevel_controller/src 下创建两个源文件，分别命名为 husky_highlevel_controller_node.cpp 和 husky_controller.cpp，同时在 include/husky_high_level_controller/目录下创建头文件 husky_controller.hpp。

修改 CMakeLists.txt 文件如下。

代码清单 2-13 修改后的 CMakeLists.txt

```
cmake_minimum_required(VERSION 2.8.3)
project(husky_high_level_controller)
add_definitions(-std=c++11)
find_package(catkin REQUIRED COMPONENTS
    roscpp
    sensor_msgs
)

catkin_package(
    INCLUDE_DIRS include
#   LIBRARIES ${PROJECT_NAME}
    CATKIN_DEPENDS roscpp sensor_msgs
#   DEPENDS system_lib
)

###########
## Build ##
###########
include_directories(
    include
    ${catkin_INCLUDE_DIRS}
)

add_executable(${PROJECT_NAME}_node
        src/${PROJECT_NAME}_node.cpp
        src/husky_controller.cpp
        )
target_link_libraries(${PROJECT_NAME}_node
    ${catkin_LIBRARIES})
```

其中 cmake_minimum_required 指定 catkin 版本，project 指定包的名称，在后面的语句中就可以通过引用变量 ${PROJECT_NAME} 来访问这个包名称了。通过 find_ package 找到构建程序时需要的其他包，如果 CMake 通过 find_package 找到包，它会创建包含所找到的包信息的环境变量，这些环境变量描述了包的头文件、源文件路径以及包依赖的库和库的路径。通常来说，把需要的 CMake 包作为 catkin 的 COMPONENTS，即把这些包的名称写在 COMPONENTS 之后，这么做的原因在于构建一个简单的环境变量集合时，通过 COMPONENTS 找到的包的环境变量会被一并加到 catkin_variables 后面。

catkin_package 则用于生产本项目的宏，这个函数必须位于 add_library 和 add_executable 这类目标函数之前，通常包含 5 个参数：

- INCLUDE_DIRS：头文件目录。
- LIBRARIES：本项目库目录。
- CATKIN_DEPENDS：本项目依赖的其他 catkin 项目。
- DEPENDS：本项目依赖的其他 CMake 项目。
- CFG_EXTRAS：一些配置选项。

上面的 CMake 代码中 Build 后面的语句均用于指定构建目标，在指定构建目标之前，需要指定头文件和库文件的路径，语法分别是：

- Include 路径：构建需要的头文件的路径，通过 include_directories( ) 指定。
- Library 路径：可执行文件构建时需要的库的路径，通过 link_directories( ) 指定。

添加头文件和库文件路径后，通过 add_executable 函数指定需要构建的可执行目标，add_executable 函数的第一个参数是要构建的可执行目标的名称（自行指定），后面的参数则为源文件的路径，涉及多个源文件时使用空格隔开即可。接着使用 add_library 指定构建该目标需要的库文件，第一个参数是构建的目标名称，后面是目标依赖的库文件列表。最后通过 target_link_libraries 将库链接到可执行目标，其参数如下：

```
target_link_libraries(<目标名称>,<lib1>,<lib2>,...,<libN>)
```

在配置好包的构建文件后编写 husky_highlevel_controller_node.cpp。这个源文件是一个节点的入口，用以声明节点的句柄。

代码清单 2-14　husky_highlevel_controller_node.cpp

```
#include <ros/ros.h>
#include "sensor_msgs/LaserScan.h"
#include "husky_high_level_controller/husky_controller.hpp"
#include <stdio.h>
#include <string.h>
#include <math.h>
#include <iostream>
```

```cpp
using namespace std;

int main(int argc, char ** argv){
    ros::init(argc, argv, "laser_listener");

    ros::NodeHandle node_handle;
    husky_controller::HuskyController test(node_handle);

    return 0;
}
```

节点中实例化了一个类,接着完成这个类的头文件和源文件。

代码清单 2-15　husky_controller 头文件

```cpp
#include <ros/ros.h>
#include "sensor_msgs/LaserScan.h"

namespace husky_controller{

class HuskyController {
    public:
        HuskyController(ros::NodeHandle &node_handle);

    private:
        void LaserCallBack(const sensor_msgs::LaserScan::ConstPtr &msg);
        ros::NodeHandle &nodeHandle_;
        ros::Subscriber laserSub_;

};

} // namespace husky_controller
```

代码清单 2-16　husky_controller 源文件

```cpp
#include "husky_high_level_controller/husky_controller.hpp"
namespace husky_controller{
    HuskyController::HuskyController(ros::NodeHandle &node_handle):nodeHandle_
        (node_handle) {
        std::string topic;
        if(! nodeHandle_.getParam("/laser_listener/laser_topic", topic)){
            ROS_ERROR("Load the laser scan topic param fail!!");
        } else{
            HuskyController::laserSub_ = nodeHandle_.subscribe(topic, 1, &HuskyController::LaserCallBack, this);

            ros::spin();
        }
    }
```

```cpp
void HuskyController::LaserCallBack(const sensor_msgs::LaserScan::ConstPtr& msg) {
    unsigned long len = msg->ranges.size();
    std::vector<float> filtered_scan;
    for (int i = 0; i < len; ++i) {
        if(std::isnormal(msg->ranges[i])){
            filtered_scan.push_back(msg->ranges[i]);
        }
    }
    for (int j = 0; j < filtered_scan.size(); ++j) {
        ROS_INFO_STREAM(filtered_scan[j]);
    }
}

} //namespace husky_controller
```

这个节点的功能很简单，通过订阅 /scan 话题输出 Husky 机器人的激光扫描数据中非零和无穷大的点，但没有在代码中指定"/scan"这个 Topic，一般通过 getParam( ) 函数获得在 launch 文件中指定的参数来订阅这个话题，所以接下来将实现这个 launch 文件。

代码清单 2-17　launch 文件代码

```xml
<?xml version="1.0"?>

<launch>
    <include file="$(find husky_gazebo)/launch/husky_playpen.launch">
        <arg name="laser_enabled" value="true"/>
    </include>

    <node pkg="husky_high_level_controller" type="husky_high_level_controller_node" name="laser_listener" output="screen">
        <param name="laser_topic" value="/scan"/>
    </node>

    <node pkg="rviz" type="rviz" name="rviz"/>
</launch>
```

在这个 launch 文件中，给节点 husky_high_level_controller 指定了一个参数 laser_topic，同时包含一个 launch 文件 husky_playpen.launch，这个 launch 文件实际上是启动了一个 Husky 机器人的 Gazebo 模拟环境。我们在引入这个 launch 文件的时候，传递了一个参数 laser_enabled 给它，这个参数的值设置为"true"，意味着打开了 Husky 机器人的激光功能。最后还添加了一个 rviz 节点，Rviz 是 ROS 官方的 3D 可视化工具，我们稍后使用 Rviz 来展现激光扫描。

使用 catkin_make 编译包，然后通过 source 命令配置环境，最后启动 launch 文件。

代码清单 2-18　启动 launch 文件

```
cd ~/catkin_ws
catkin_make
source devel/setup.bash
# for bash, you should replace the setup.zsh with setup.bash
# roslaunch husky_high_level_controller high_controller.launch
```

命令行会不断显示激光的扫描数据，同时打开了 Gazebo 模拟环境和 Rviz 工具。我们将 Rviz 的 Global Options 中的 Fixed Frame 指定为 odom，如图 2-5 所示。

新增一个激光扫描（LaserScan）的 Display，如图 2-6 所示。

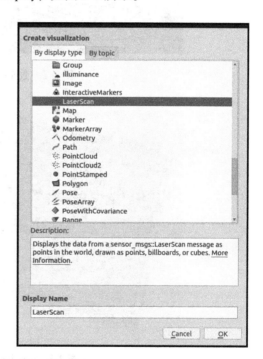

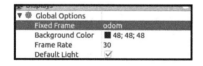

图 2-5　指定 Fixed Frame 为 odom　　图 2-6　新增一个 LaserScan 的 Display

指定 LaserScan 的 topic 为"/scan"，并且将 size 设置为 0.1m，激光的扫描结果如图 2-7 所示。

机器人车在 Gazebo 中的情况如图 2-8 所示。

2.7　ROS Service

ROS 除了发布/订阅这类通信机制以外，还提供了一种请求/回复（Request/Re-

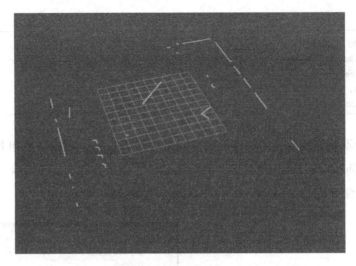

图 2-7 激光扫描结果

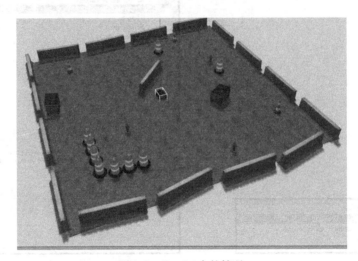

图 2-8 Gazebo 中的情况

sponse）机制，如图 2-9 所示。

这种通信机制通过 Service（服务）来实现。服务和主题很相似，相比于主题，服务会有一个给客户端节点的反馈，服务的定义也与消息相似，文件名习惯上使用 .srv 后缀，文件的前面为请求的消息格式，中间以"---"分隔，后面是回复消息的格式，如图 2-10 所示。

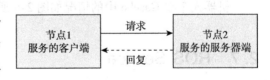

图 2-9 请求/回复机制

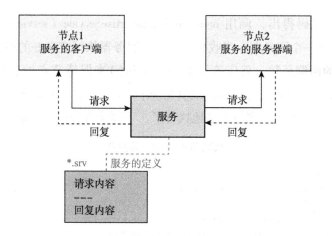

图 2-10　回复的消息格式

同样，也可以通过命令行对服务进行分析。常用的服务分析命令包括：
- rosservice list：列出当前所有的服务。
- rosservice type：显示服务的类型。
- rosservice call：调用服务。

ROS 中的服务器（Server）/客户端（Client）的定义和发布者/订阅者的定义颇为相似，以下面代码为例，客户端向服务器发送两个整数，服务器对两个整数求和，并且将求和的结果反馈给客户端程序。下面首先定义服务器。

代码清单 2-19　定义服务器

```
#include <ros/ros.h>
#include <roscpp_tutorials/TwoInts.h>
bool add(roscpp_tutorials::TwoInts::Request &request,
roscpp_tutorials::TwoInts::Response &response)
{
    response.sum = request.a + request.b;
    ROS_INFO("request: x=% ld, y=% ld", (long int)request.a, (long int)request.b);
    ROS_INFO(" sending back response: [% ld]", (long int)response.sum);
    return true;
}
int main(int argc, char ** argv)
{
    ros::init(argc, argv, "add_two_ints_server");
    ros::NodeHandle nh;
    ros::ServiceServer service =
    nh.advertiseService("add_two_ints", add);
    ros::spin();
    return 0;
}
```

通过上面的代码得出，调用 nodeHandle. advertiseService（service_name，callback_function）即可创建一个服务器。当收到请求时，服务器执行定义好的回调函数，既然代码中存在 ROS 的回调函数，就应该添加 ros::spin( ) 来保持节点的运行和对回调的监听。在回调函数中，当完成处理后应该填充 response 部分，service 的回调函数返回值通常为 bool，返回 true 表明回调被正确地执行了。下面接着分析客户端。

代码清单2-20　客户端

```cpp
#include <ros/ros.h>
#include <roscpp_tutorials/TwoInts.h>
#include <cstdlib>
int main(int argc, char ** argv) {
    ros::init(argc, argv, "add_two_ints_client");
    if (argc != 3) {
        ROS_INFO("usage: add_two_ints_client X Y");
        return 1;
    }
    ros::NodeHandle nh;
    ros::ServiceClient client =
    nh.serviceClient<roscpp_tutorials::TwoInts>("add_two_ints");
    roscpp_tutorials::TwoInts service;
    service.request.a = atoi(argv[1]);
    service.request.b = atoi(argv[2]);
    if (client.call(service)) {
        ROS_INFO("Sum: %ld", (long int)service.response.sum);
    } else {
        ROS_ERROR("Failed to call service add_two_ints");
        return 1;
    }
    return 0;
}
```

类似于发布者的定义，我们使用 nodeHandle. serviceClient < service_type >（service_name）创建一个客户端，并且像实例化一条消息一样，实例化一个服务。这里我们只需要填充服务的 request 部分。在客户端，通过 client. call（service）向服务器发送请求，通过 service. response 来获取反馈的结果。

2.8　ROS Action

ROS 中还有一种通信机制，叫作动作（Action），与服务类似，但它提供了更多的操作，包括客户端主动取消（Cancel）服务器的任务等，服务器在处理过程中实时反馈信息（Feedback）。类似于服务，动作也往往被定义在以 .action 为后缀的文件中，文件格式为"Goal（目标），分割线，Result（结果），分割线，Feedback（反馈）"。实际上，从 ROS 内部实现来看，ROS 中的动作就是通过一组话题来实现的。图 2-11 展示了 Action 机制的内容。

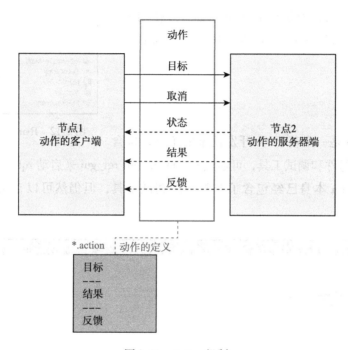

图 2-11 Action 机制

2.9 ROS 中的常用工具

前文使用了一些 ROS 自带的工具（包括 rqt_graph 和 Rviz），本节将具体介绍 ROS 中常用的工具，包括 Rviz、rqt、TF 坐标转换系统、URDF 和 SDF。

2.9.1 Rviz

作为 ROS 中的 3D 可视化工具，Rviz 通过订阅当前的话题（如图像、点云等）将话题上的消息可视化。如果无人车/机器人包含多个摄像头，并能提供多个摄像头图像输入显示，在 Rviz 中，通过添加显示插件（Display Plugin）即能够可视化我们想要显示的信息。Rviz 中自带的显示插件如图 2-12 所示。

通过 Display 栏下的 Add 按钮即可添加显示插件，既可以按照类型添加，也可以通过当前主题中的消息类型添加。在完成显示插件配置之后，可以通过保存 Rviz 的配置文件，使得下一次打开 Rviz 时不必再次手动添加。除了自带的显示插件以外，还可以自定义以及扩展 Rviz 显示插件。使用 rosrun rviz rviz 可启动 Rviz，也可以将该节点写到 launch 文件中以启动。

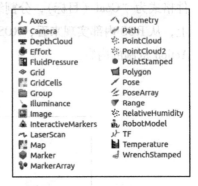

图 2-12　Rviz 中的显示插件

2.9.2　rqt

ROS 的 rqt 是一个基于 Qt 开发框架的工具，包含了大量的绘制组件和调试工具，可通过 rosrun rqt_gui rqt_gui 来启动 rqt 的用户界面。如图 2-13 所示，rqt 本身已经包含了非常多的调试工具，但仍然可以自定义和扩展 rqt 插件。

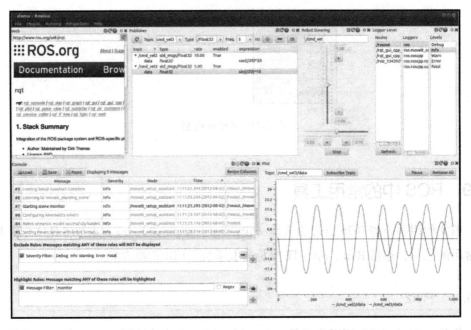

图 2-13　rqt 插件

rqt 中常用的插件包括 rqt_image_view（显示图像）、rqt_multiplot（绘制二维图）、rqt_graph（显示当前 ROS 的 Node 图）、rqt_console（显示 ROS 终端调试打印消息）、rqt_ bag（对 rosbag 文件进行图形化播放控制）等。还可以通过 rqt 工具查看 Topic 的内容和数据，甚至在 rqt 里运行 Rviz。这些工具的使用方法都非常简单，在此不赘述，有兴趣的读者可以自行查看 rqt 工具包。rqt 工具集合见图 2-14。

```
ros-kinetic-rqt                        ros-kinetic-rqt-joint-trajectory-controller  ros-kinetic-rqt-reconfigure
ros-kinetic-rqt-action                 ros-kinetic-rqt-joint-trajectory-plot        ros-kinetic-rqt-robot-dashboard
ros-kinetic-rqt-bag                    ros-kinetic-rqt-launch                       ros-kinetic-rqt-robot-monitor
ros-kinetic-rqt-bag-plugins            ros-kinetic-rqt-launchtree                   ros-kinetic-rqt-robot-plugins
ros-kinetic-rqt-bhand                  ros-kinetic-rqt-logger-level                 ros-kinetic-rqt-robot-steering
ros-kinetic-rqt-common-plugins         ros-kinetic-rqt-moveit                       ros-kinetic-rqt-runtime-monitor
ros-kinetic-rqt-console                ros-kinetic-rqt-msg                          ros-kinetic-rqt-rviz
ros-kinetic-rqt-controller-manager     ros-kinetic-rqt-multiplot                    ros-kinetic-rqt-service-caller
ros-kinetic-rqt-dep                    ros-kinetic-rqt-nav-view                     ros-kinetic-rqt-shell
ros-kinetic-rqt-ez-publisher           ros-kinetic-rqt-plot                         ros-kinetic-rqt-srv
ros-kinetic-rqt-gauges                 ros-kinetic-rqt-pose-view                    ros-kinetic-rqt-tf-tree
ros-kinetic-rqt-graph                  ros-kinetic-rqt-pr2-dashboard                ros-kinetic-rqt-top
ros-kinetic-rqt-gui                    ros-kinetic-rqt-publisher                    ros-kinetic-rqt-topic
ros-kinetic-rqt-gui-cpp                ros-kinetic-rqt-py-common                    ros-kinetic-rqt-web
ros-kinetic-rqt-gui-py                 ros-kinetic-rqt-py-console                   ros-kinetic-rqt-wrapper
ros-kinetic-rqt-image-view             ros-kinetic-rqt-py-trees
```

图 2-14　rqt 工具集合

2.9.3　TF 坐标转换系统

TF 是一个坐标转换工具包，它可以随时间跟踪 ROS 下的多个参考系。借助 TF，我们可以在任意时间将数据的点、向量坐标在两个参考系中完成坐标变换。一个机器人系统通常有很多三维参考系，而且会随着时间的推移发生变化，如全局参考系（World Frame）、机器人中心参考系（Base Frame）、机械手参考系（Gripper Frame）、机器人头参考系（Head Frame）等。TF 也可以以时间为轴，跟踪这些参考系，并且允许用户提出如下请求：

- 5 秒之前，机器人头参考系相对于全局参考系的关系是什么样的？
- 机器人夹取的物体相对于机器人中心参考系的位置在哪里？
- 机器人中心参考系相对于全局参考系的位置在哪里？

TF 实际是通过发布者/订阅者机制在主题 tf 和 tf_static 上实现的，如图 2-15 所示。

总体来讲 TF 的使用方法分为以下两类：

1）监听 TF 变换，接收并缓存系统中发布的所有参考系变换，并从中查询所需要的参考系变换。

2）广播 TF 变换，向系统中广播参考系之间的坐标变换关系。系统中更可能存在多个不同部分的 TF 变换广播，每个广播都可以直接将参考系变换关系直接插入一个树状结构中（我们称之为 tf 树），可以使用 rosrun tf view_frames 将 TF 转换树数据以 PDF 的形式导出并可视化。图 2-16 是导出后的 Hus-

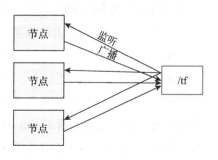

图 2-15　TF 实现机制

ky 机器人的 TF 数据。

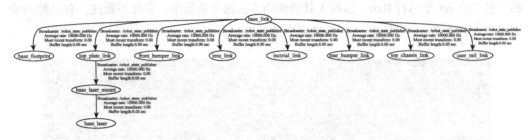

图 2-16 Husky 机器人的转换树

此外，Rviz 也提供了 TF 转换的 3D 显示插件。图 2-17 是 Husky 机器人的各个参考系可视化结果。

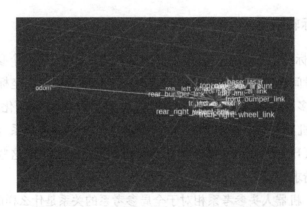

图 2-17 Rviz 下机器人的各个参考系可视化结果

2.9.4 URDF 和 SDF

URDF 全称为 Unified Robot Description Format（统一机器人描述格式），是一种用于描述机器人模型的 XML 语法，具体来说这里的机器人模型包含：

- 运动学模型和动力学模型
- 可视化表示
- 碰撞模型

URDF 的生成通过 ROS 自带的宏语言 xacro 来完成，它被存储在/robot_description 参数服务器中，通过查看 Husky 机器人的 launch 文件，在 husky_empty_world.launch 文件中引用了 spawn_husky.launch 启动文件，它赋予 Husky 机器人 3 个参数（其中 kinect_enabled 参数的作用是启用 Husky 机器人的 URDF 中的运动学模型）。在 spawn_husky.launch

启动文件中，通过如下参数启用机器人模型（URDF）。

代码清单 2-21　启用机器人模型（URDF 参数）

```
<param name = "robot_description" command = " $ (find xacro)/xacro.py
' $ (arg husky_gazebo_description)'
laser_enabled: = $ (arg laser_enabled)
ur5_enabled: = $ (arg ur5_enabled)
kinect_enabled: = $ (arg kinect_enabled)" / >
```

同样，URDF 也可以通过 Rviz 进行可视化，其显示插件为 RobotModel。根据实际应用可以自定义机器人模型，在无人车研发中即为车辆模型。这些车辆模型还需要符合一些运动学和动力学要求，并具备碰撞特征等。

除了能够自定义车辆模型的描述（即 URDF）以外，ROS 还提供了模拟描述格式（Simulation Description Format，SDF）。该描述格式也采用了 XML 语法进行描述定义，包含环境的描述（光线、引力等），以及环境中的静态和动态对象、传感器、机器人等。SDF 是 Gazebo 模拟器的标准描述语法。此外，Gazebo 能够自动将 URDF 转换成 SDF。

2.10　本章参考文献

[1]　ROS[EB/OL]. http://www.ros.org/.

[2]　机器人操作系统[EB/OL]. https://zh.wikipedia.org/wiki/%E6%A9%9F%E5%99%A8%E4%BA%BA%E4%BD%9C%E6%A5%AD%E7%B3%BB%E7%B5%B1.

[3]　机器人操作系统[EB/OL]. https://baike.baidu.com/item/ros/4710560?fr=aladdin.

[4]　ROS [EB/OL]. http://wiki.ros.org/ROS.

[5]　Husky 机器人[EB/OL]. https://www.clearpathrobotics.com/husky-unmanned-ground-vehicle-robot/.

[6]　About ROS [EB/OL]. http://www.ros.org/about-ros/.

[7]　远程过程调用[EB/OL]. https://en.wikipedia.org/wiki/Remote_procedure_call.

[8]　OMG. Data Distribution Service for Real-time systems[EB/OL]. https://download.csdn.net/download/u013708469/6938295. 2007.

[9]　Gazebo 模拟器[EB/OL]. http://gazebosim.org/.

第3章
无人驾驶系统的定位方法

定位是无人驾驶中一个非常重要的研究领域。它的核心是要解决关于无人车"我在哪?"和"要去哪?"的问题。举例说明，当在北京旅游的时候，如果迷路了，你会打开地图然后使用手机导航，那么导航软件首先需要知道自己现在在哪，即了解当前所处位置，然后结合地图或导航，匹配自己现在所处的道路、建筑物、场景等方向位置，最后再确定目标地点在哪，该往哪个方向走。对于人脑神经元来说，这些计算和认知工作是在一瞬间完成的，但对于计算机和程序则需要分解步骤，并转化为机器能识别的机器指令，从而完成定位计算。

同理，对于自动驾驶也是如此，需要用机器的语言让机器了解车辆此时"在哪"及"去哪"的问题，这也就是自动驾驶定位要解决的核心问题。

定位技术有很多种类，有基于激光雷达点云数据的定位，有基于 GPS + INS 信息的定位，也有基于 SLAM 技术的定位，还有基于高精度地图的定位技术。而高精度地图的定位技术实际上是融合了激光雷达点云数据、GPS 信号、语义矢量地图（车道线、道路标志标线、红绿灯、交通信号标志等）综合信息的一种定位技术。本章将对前面所述三种典型定位技术进行描述。

激光雷达传感器有许多品牌和档次之分，它的成本普遍高于视觉传感器，如 Velodyne 的室外远距离 128 线雷达动辄几十万至百万元，一些室外使用的近距离、中等距离的平面雷达如 SICK 和 Hokuyo 也在数万至数十万元等级。激光雷达的优点是测距精准、测距远、分辨率高、隐蔽性好、抗有源干扰能力强，缺点就是成本太高，并且在暴雨、大雪、大雾等天气下易受影响。在天气条件良好的时候，激光一般衰减较小，传播距离较远。而在大雨、浓烟、浓雾等恶劣天气里衰减会急剧加大，传播距离也受影响较大。

激光 SLAM 起源于早期的基于测距的定位方法。激光雷达的出现和普及使得距离测量更快更准，信息更丰富。3D 激光雷达采集到的物体信息呈现出一系列分散的、具有准确角度和距离信息的点,因此被称为点云。通常,激光 SLAM 系统通过对不同时刻两片点云的匹配与比对来计算激光雷达相对运动的距离和姿态的改变,从而完成对机器人自身的定位。

下文将对无人驾驶所使用的技术进行简单的介绍和分析,进而找出最适合实际情况的解决方法。

3.1 实现定位的原理

SLAM 即同步定位与地图构建,也称为 CML(Concurrent Mapping and Localization,并发建图与定位)。SLAM 方法可以描述为:机器人在未知环境中从一个未知位置开始移动,在移动过程中根据位置估计和地图进行自身定位,同时在自身定位的基础上构建增量式地图,实现机器人的自主定位和导航。SLAM 在扫地机器人、VR 游戏等产品应用中有很多不错的成果。

基于高精度点云地图的定位即利用激光雷达产生的数据,然后经过 PCL(Point Cloud Library,点云库)转化为点云地图,通过点云间的匹配来完成定位的技术。高精度点云地图如图 3-1 所示。

图 3-1　某高校部分道路高精度点云地图效果

激光雷达(Lidar)扫描后点云数据呈现效果如图 3-2 所示。

如果我们想要知道无人车的位置,只需要将 Lidar 当前扫描出的点云片段与我们之前采集的全局点云地图进行迭代匹配。在给出两组点云的情况下,假设场景不变,

图 3-2　使用 Lidar 扫描得到的点云效果

计算出这两组点云之间的姿态。使用迭代最近点（Iterative Closest Point，ICP）就可以让第一组点云的每个点在第二组点云里找到一个最近的匹配，之后通过所有的匹配来计算均方误差（MSE，统计概念），匹配的过程实际上就是寻找最小均方误差的过程。方差有可能来自测量误差，也有可能是场景的动态变化导致的。通过最小化误差来计算无人车与当前地图环境最匹配的位置坐标，而最小化误差的配准算法也是我们接下来要介绍的内容之一。

3.2　迭代最近点算法

目前三维配准中最常用的迭代算法就是迭代最近点（ICP）算法，这种算法需要提供一个较好的初值，同时由于算法本身缺陷，最终迭代结果可能会陷入局部最优，而不是全局最优。

ICP 算法原理：给定参考点集 P 和数据点集 Q（在给定初始估计的旋转矩阵 R 和平移向量 T 的条件下），对 Q 中的每一个点寻找 P 中的对应最近点，构成匹配点对，全部匹配点对的欧氏距离之和作为误差目标函数 error 的值，利用 SVD（Singular Value Decomposition，奇异值分解）求出新的 R 和 T，使得 error 最小，将 Q 按照 R 和 T 做旋转变化，并以此为基准再次计算，重新寻找对应点对。

缺点：要剔除噪声点（点对距离过大或者包含边界点的点对）；基于点对的配准没有包含局部形状的信息；每次迭代都要搜索最近点，耗时大；可能陷入局部最优。

具体代码实现：首先看一下点云库（PCL）中 ICP 算法的主要应用代码。

代码清单3-1　PCL中ICP的主要代码

```
//创建 ICP 的实例类
pcl::IterativeClosestPoint<pcl::PointXYZ, pcl::PointXYZ> icp;
//设置输入源点云
icp.setInputSource(cloud_sources);
//设置目标点云
icp.setInputTarget(cloud_target);
//设置最大对应点距离,5cm,高于这个值会被忽略
icp.setMaxCorrespondenceDistance(0.05);
//设置转换ε,前一次转换和当前转换的误差应该小于此值
icp.setTransformationEpsilon(1e-10);
//设置欧式距离误差门限,所有欧式距离方差之和应小于此值
icp.setEuclideanFitnessEpsilon(1);
//设置最大迭代次数
icp.setMaximumIterations(100);
//执行对齐操作
icp.align(final);
//获取转换关系矩阵
Eigen::Matrix4f transformation = icp.getFinalTransformation();
```

需要说明的是:

1) PCL 中的 ICP 算法是基于 SVD 实现的。

2) 使用 PCL 的 ICP 之前需要设置几个参数:

- setMaximumIterations，最大迭代次数（若结合可视化并逐次显示，可将次数设置为1）。
- setEuclideanFitnessEpsilon，设置收敛条件是均方误差和小于阈值，则停止迭代。
- setTransformtionEpsilon，设置两次变化矩阵之间的差值（一般设置为$1e-10$）。
- setMaxCorrespondenaceDistance，设置对应点对之间的最大距离（此值对配准结果影响较大）。

如果仅仅运行上述代码并设置合理的预估计参数,便可实现利用 ICP 对点云数据进行配准计算。为了更深入地了解 ICP 的计算过程,我们继续添加如下代码。

代码清单3-2　添加ICP的实例代码

```
boost::shared_ptr<pcl::visualization::PCLVisualizer> view(new pcl::visualiza-
    tion::PCLVisualizer("icp test"));         //定义窗口共享指针
int v1 ;                                       //定义两个窗口v1、v2,窗口v1用来显示初始
                                                 位置,v2用以显示配准过程
int v2 ;
view->createViewPort(0.0,0.0,0.5,1.0,v1);   //四个窗口参数分别对应 x_min,y_min,x_
                                                 max, y_max.
view->createViewPort(0.5,0.0,1.0,1.0,v2);
pcl::visualization::PointCloudColorHandlerCustom<pcl::PointXYZ> sources_cloud_
```

```cpp
        color (cloud_in,250,0,0);                          //设置源点云的颜色为红色
view -> addPointCloud(cloud_in,sources_cloud_color,"sources_cloud_v1",v1);
pcl::visualization::PointCloudColorHandlerCustom < pcl::PointXYZ > target_cloud_
        color (cloud_target,0,250,0);                      //目标点云为绿色
view -> addPointCloud(cloud_target,target_cloud_color,"target_cloud_v1",v1);
                                                           //将点云添加到v1窗口
view -> setBackgroundColor(0.0,0.05,0.05,v1);              //设置两个窗口的背景色
view -> setBackgroundColor(0.05,0.05,0.05,v2);
view -> setPointCloudRenderingProperties(pcl::visualization::PCL_VISUALIZER_POINT_
        SIZE,2,"sources_cloud_v1");                        //设置显示点的大小
view -> setPointCloudRenderingProperties(pcl::visualization::PCL_VISUALIZER_POINT_
        SIZE,2,"target_cloud_v1");

pcl::visualization::PointCloudColorHandlerCustom < pcl::PointXYZ > aligend_cloud_
        color(Final,255,255,255);                          //设置配准结果为白色
view -> addPointCloud(Final,aligend_cloud_color,"aligend_cloud_v2",v2);
view -> addPointCloud(cloud_target,target_cloud_color,"target_cloud_v2",v2);

view -> setPointCloudRenderingProperties(pcl::visualization::PCL_VISUALIZER_POINT_
        SIZE,2,"aligend_cloud_v2");
view -> setPointCloudRenderingProperties(pcl::visualization::PCL_VISUALIZER_POINT_
        SIZE,2,"target_cloud_v2");

view->registerKeyboardCallback(&keyboardEvent,(void* )NULL);//设置键盘回调函数
int iterations = 0;                                        //迭代次数
while(! view->wasStopped())
{
        view->spinOnce();                                  //运行视图
        if (next_iteration)
        {
                icp.align(* Final);                        //ICP计算
                cout << " has conveged:" << icp.hasConverged () << " score:" <<
                        icp.getFitnessScore() <<endl;
                cout << "matrix:\n" <<icp.getFinalTransformation() <<endl;
                cout << "iteration = " << ++iterations;
                /* ... 如果icp.hasConverged=1,则说明本次配准成功,icp.getFinalTransfor-
                        mation()可输出变换矩阵 ... */
                if (iterations == 1000)                    //设置最大迭代次数
                        return 0;
view->updatePointCloud(Final,aligend_cloud_color,"aligend_cloud_v2");
        }
        next_iteration = false;                            //本次迭代结束,等待触发
}
```

最后还需要设置以下键盘回调函数,用以控制迭代进程。

代码清单3-3 添加ICP的实例代码

```cpp
bool next_iteration = false; //设置键盘交互函数
/* ... 下述函数表示当键盘空格键按下时,才可执行ICP计算 ... */
void keyboardEvent(const pcl::visualization::KeyboardEvent &event,void * nothing)
```

```
        {
            if(event.getKeySym() == "space" && event.keyDown())
                    next_iteration = true;
        }
```

将上述代码组合，添加相应头文件。

代码清单 3-4　添加相应头文件

```
#include <iostream>
#include <pcl/io/pcd_io.h>
#include <pcl/point_types.h>
#include <pcl/registration/icp.h>
#include <pcl/visualization/pcl_visualizer.h>
#include <boost/thread/thread.hpp>
#include <pcl/console/parse.h>          //pcl 控制台解析
```

根据不同模型设置合适的参数，便可实现最初目的。实例展示如图 3-3 所示。

图 3-3　ICP 应用匹配过程

其中，左边图像用来显示初始位置，右边图像用以显示配准过程。设置源点云的颜色为红色[⊖]，目标点云为绿色，将点云添加到初始窗口，设置配准结果为白色。通过图 3-3 可以看到 ICP 算法实现逐渐配准的计算过程。

注意　ICP 有很多变种，包括 point-to-point、point-to-plain，一般情况下基于法向量的 point-to-plain 计算速度快一些，它需要输入数据有较好的法向量，具体使用时可根据自己的需要及可用的输入数据选择最合适的方法。

3.3　正态分布变换

正态分布变换（Normal Distribution Transform，NDT）算法是基于标准正态分布的

⊖ 代码生成彩图无法展示，见本书中彩插，有需要的读者也可通过华章网站（www.hzbook.com）下载图片。本书后同。

配准算法，它应用于三维点的统计模型，使用标准最优化技术来确定两个点云间的最优匹配，因为其在配准过程中不利用对应点的特征计算和匹配，所以计算速度比其他方法快。

这个算法耗时相对稳定，与给定的初值关系不大，初值误差大时也能很好地纠正过来。计算正态分布是在初始化时进行的一次性工作，不需要消耗大量代价来计算最近邻搜索匹配点，概率密度函数在两幅图像采集的间隔可以通过离线计算出来。接下来本文将对其进行详细介绍。

3.3.1 NDT 算法介绍

由概率和统计知识可知，如果随机变量 X 满足正态分布（即 $X \sim N(\mu, \sigma)$），则它的概率密度函数（Probability Density Function，PDF）为：

$$f(x) = \frac{1}{\sigma\sqrt{2\pi}} e^{-\frac{(x-\mu)^2}{2\sigma^2}}$$

其中 μ 为正态分布的均值，σ^2 为方差，这是低维度的情况。对于多元正态分布，其概率密度函数可表示为：

$$f(\vec{x}) = \frac{1}{(2\pi)^{\frac{D}{2}}\sqrt{|\Sigma|}} e^{-\frac{(\vec{x}-\vec{\mu})^T \Sigma^{-1} (\vec{x}-\vec{\mu})}{2}}$$

其中 $\vec{x}$ 表示均值向量，D 是维度，Σ 表示协方差矩阵，其对角元素表示的是对应元素的方差，而非对应元素（行与列）的相关性。图 3-4 为服从二维正态分布的概率密度图。

其概率密度函数为钟形曲面，它的概率密度函数的等高线是一个椭圆线，并且二元正态分布的两个边缘分布都是一元正态分布。

NDT 算法的基本思想是先根据参考数据来构建多维变量的正态分布，如果变换参数能使得两幅激光数据匹配得很好，那么变换点在参考系中的概率密度将会很大。因此，可以考虑用优化的方法求出使得概率密度之和最大的变换参数，此时两幅激光点云数据匹配得最好。

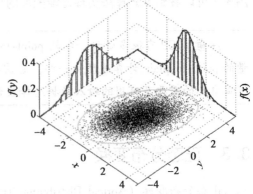

图 3-4 服从二维正态分布的概率密度及两个边缘分布的概率密度图

3.3.2 NDT 算法的基本步骤

（1）将参考点云网格化，并计算每个网格的多维正态分布参数

即将参考点云所占的空间划分成指定大小的网格。对于三维地图，就是用一个个小立方体将整个空间的扫描点划分为网格。然后对于每个网格，基于网格内的点计算其概率密度函数。其中 $\vec{y}_k = 1, \cdots, m$ 表示一个网格内所有的扫描点。

均值：$\vec{\mu} = \dfrac{1}{m} \sum\limits_{k=1}^{m} \vec{y}_k$

协方差矩阵：$\boldsymbol{\Sigma} = \dfrac{1}{m} \sum\limits_{k=1}^{m} (\vec{y}_k - \vec{\mu})(\vec{y}_k - \vec{\mu})^{\mathrm{T}}$

概率密度函数：$f(\vec{x}) = \dfrac{1}{(2\pi)^{\frac{3}{2}}\sqrt{|\boldsymbol{\Sigma}|}} e^{-\frac{(\vec{x}-\vec{\mu})^{\mathrm{T}}\boldsymbol{\Sigma}^{-1}(\vec{x}-\vec{\mu})}{2}}$

（2）初始化变换参数和求最大似然

我们使用 NDT 配准的目标是找到当前扫描的姿态，使得当前扫描的点位于参考扫描表面上的可能性最大化。为了对当前的点云进行变换（平移、旋转等），我们用 $\vec{p}$ 表示变换参数。当前扫描的结果为点云 $X = \{\vec{x}_1, \cdots, \vec{x}_n\}$，给定扫描集合 X，初始化变换参数 $\vec{p}$，用空间转换函数 $T(\vec{p}, \vec{x}_k)$ 来表示使用姿态变换 $\vec{p}$ 来移动点 $\vec{x}_k$。再结合之前的一组概率密度函数（每个网格都有一个 PDF），那么最好的变换参数 $\vec{p}$ 就应该是最大化似然函数的姿态变换：

$$\text{Likelihood}: \theta = \prod_{k=1}^{n} f(T(\vec{p}, \vec{x}_k))$$

求最大似然也就相当于求最小负对数似然 $-\log\theta$：

$$-\log\theta = -\sum_{k=1}^{n} \log(f(T(\vec{p}, \vec{x}_k)))$$

（3）优化参数

这里的任务是使用优化算法来调整变换参数 $\vec{p}$，令负对数似然最小化，在 NDT 算法中使用了牛顿法来进行，这里不展开介绍。

3.3.3 NDT 算法的优点

使用正态分布来表示原本离散的点云有诸多好处，这种通过一个个网格划分出来的光滑表面的表示是连续可导的，每一个概率密度函数可以被认为是一个局部表面的

近似。图 3-5 为一个 3D 点云及其网格化效果。

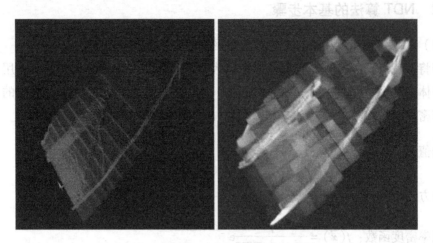

图 3-5 3D 点云图及其网格化后效果图

图 3-5 中的立方体边长为 1m，其中明亮的位置表示概率高，以此来描述这个表面在空间中的位置。

除了描述这个表面的位置，同时还包含这个表面的方向和光滑性等信息。图 3-6 为协方差矩阵特征值和表面形状之间的关系。

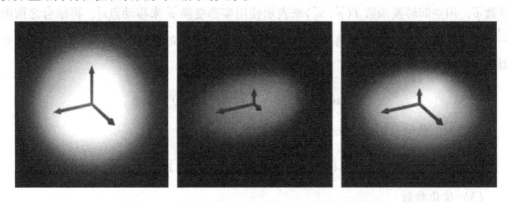

图 3-6 三种协方差矩阵特征值和表面形状之间关系

以三维概率密度函数为例，如果三个特征值很接近，那么这个正态分布描述的表面是一个球面；如果一个特征值远大于另外两个特征值，那么这个正态分布描述的就是一条线；如果一个特征值远小于其他两个，则这个正态分布描述的就是一个平面。这里的概率密度函数其实并不要求一定是正态分布，任何能够反映扫描表面的结构信息并且对异常扫描点具有鲁棒性的概率密度函数都是可以的。

3.3.4 NDT 算法实例

对于如何使用正态分布（NDT）进行配准，上面简单介绍了一些原理。本小节借用实例介绍如何使用正态分布变换算法来确定两个大型点云（都超过 100 000 个点）之间的刚体变换，并通过 PCL 提供的正态分布变换函数来对两个点云图进行配准，点云数据分别保存在 build/cloud1.pcd 和 build/cloud2.pcd 文件中。

步骤 1 读取 PCD 文件中的点云信息。

代码清单 3-5　读取点云信息

```cpp
pcl::PointCloud<pcl::PointXYZ>::Ptr read_cloud_point(std::string const &file_path){
    // Loading first scan.
    pcl::PointCloud<pcl::PointXYZ>::Ptr cloud (new pcl::PointCloud<pcl::PointXYZ>);
    if (pcl::io::loadPCDFile<pcl::PointXYZ> (file_path, * cloud) == -1)
    {
        PCL_ERROR ("Couldn't read the pcd file \n");
        return nullptr;
    }
    return cloud;
}
```

代码清单 3-6　从 main 函数中分别读取点云

```cpp
auto target_cloud = read_cloud_point("cloud1.pcd");
std::cout << "Loaded " << target_cloud->size () << " data points from cloud1.pcd" << std::endl;
auto input_cloud = read_cloud_point("cloud2.pcd");
std::cout << "Loaded " << input_cloud->size () << " data points from cloud2.pcd" << std::endl;
```

代码清单 3-7　从两个 PCD 文件中读取的点的数量

```
Loaded 112586 data points from cloud1.pcd
Loaded 112624 data points from cloud2.pcd
```

步骤 2 过滤输入点云。

对数量特别多的点做优化是非常耗时的，本文使用 voxel_filter 对输入的点云进行过滤，这里只对 input_cloud 进行了滤波处理，减少其数据量到 10% 左右，而 target_cloud 不做滤波处理。

代码清单 3-8　过滤输入点云

```
pcl::PointCloud < pcl::PointXYZ >::Ptr filtered_cloud (new pcl::PointCloud < pcl::
    PointXYZ >);
pcl::ApproximateVoxelGrid < pcl::PointXYZ > approximate_voxel_filter;
approximate_voxel_filter.setLeafSize(0.2, 0.2, 0.2);
approximate_voxel_filter.setInputCloud(input_cloud);
approximate_voxel_filter.filter(* filtered_cloud);

std::cout << "Filtered cloud contains " << filtered_cloud -> size () << "data points
    from cloud2.pcd" << std::endl;
```

代码清单 3-9　过滤后的扫描点数量只有原来的 10%

```
Filtered cloud contains 12433data points from cloud2.pcd
```

代码清单 3-10　初始化 NDT 并且设置 NDT 参数

```
pcl::NormalDistributionsTransform < pcl::PointXYZ, pcl::PointXYZ > ndt;
ndt.setTransformationEpsilon(0.01);
ndt.setStepSize(0.1);
ndt.setResolution(1.0);

ndt.setMaximumIterations(35);
ndt.setInputSource(filtered_cloud);
ndt.setInputTarget(target_cloud);
```

其中 ndt.setTransformationEpsilon()即设置变换的 ϵ（两个连续变换之间允许的最大差值），它是判断优化过程是否已经收敛到最终解的阈值。ndt.setStepSize(0.1)设置牛顿法优化的最大步长。ndt.setResolution(1.0)设置网格化时立方体的边长，在 NDT 中网格大小设置非常重要，太大会导致精度不高，太小则会导致占用内存过高，并且只有在两幅点云相差不大的情况下才能匹配。ndt.setMaximumIterations(35)即优化的迭代次数，本文设置为 35 次，即当迭代次数达到 35 或者收敛到阈值时，停止优化。

步骤3　初始化变换参数并开始优化。

我们对变换参数 p 进行初始化（给一个估计值），变换参数的初始化数据往往来自测量数据。

代码清单 3-11　初始化变换参数并开始优化

```
Eigen::AngleAxisf init_rotation(0.6931, Eigen::Vector3f::UnitZ());
Eigen::Translation3f init_translation (1.79387, 0.720047, 0);
Eigen::Matrix4f init_guess = (init_translation * init_rotation).matrix();

pcl::PointCloud < pcl::PointXYZ >::Ptr output_cloud (new pcl::PointCloud < pcl::
    PointXYZ >);
```

```
ndt.align(* output_cloud, init_guess);
std::cout << "Normal Distribution Transform has converged:" << ndt.hasConverged()
```

代码清单 3-12　保存配准以后的点云图，输出到文件 cloud3.pcd

```
pcl::transformPointCloud(* input_cloud, * output_cloud, ndt.getFinalTransforma-
    tion());
pcl::io::savePCDFileASCII("../cloud3.pcd", * output_cloud);
```

步骤 4　将配准以后的点云图可视化。

我们写一个函数用于可视化配准以后的点云，其中目标点云（即已有的高精度地图）用红点绘制，而输入点云用绿点绘制。

代码清单 3-13　将配准以后的点云图可视化

```
void visualizer(pcl::PointCloud < pcl::PointXYZ >::Ptr target_cloud, pcl::Point-
    Cloud < pcl::PointXYZ >::Ptr output_cloud){
    // Initializing point cloud visualizer
    boost::shared_ptr < pcl::visualization::PCLVisualizer >
            viewer_final (new pcl::visualization::PCLVisualizer ("3D Viewer"));
    viewer_final -> setBackgroundColor (0, 0, 0);

    // Coloring and visualizing target cloud (red).
    pcl::visualization::PointCloudColorHandlerCustom < pcl::PointXYZ >
            target_color (target_cloud, 255, 0, 0);
    viewer_final -> addPointCloud < pcl::PointXYZ > (target_cloud, target_color, "tar-
        get cloud");
    viewer_final -> setPointCloudRenderingProperties (pcl::visualization::PCL_VISU-
        ALIZER_POINT_SIZE, 1, "target cloud");

    // Coloring and visualizing transformed input cloud (green).
    pcl::visualization::PointCloudColorHandlerCustom < pcl::PointXYZ >
            output_color (output_cloud, 0, 255, 0);
    viewer_final -> addPointCloud < pcl::PointXYZ > (output_cloud, output_color, "out-
        put cloud");
    viewer_final -> setPointCloudRenderingProperties (pcl::visualization::PCL_VISU-
        ALIZER_POINT_SIZE, 1, "output cloud");

    // Starting visualizer
    viewer_final -> addCoordinateSystem (1.0, "global");
    viewer_final -> initCameraParameters ();

    // Wait until visualizer window is closed.
    while (! viewer_final -> wasStopped ())
    {
        viewer_final -> spinOnce (100);
        boost::this_thread::sleep (boost::posix_time::microseconds (100000));
    }
}
```

实验的最终效果图如图 3-7 所示，其中红点表示目标点云，绿点表示输入点云，红绿叠加的部分就是目前的匹配效果。

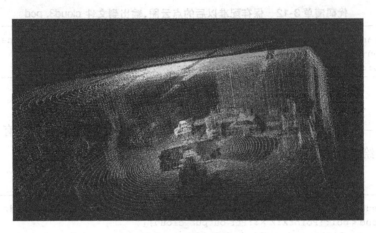

图 3-7　实例运行结果图

3.4　基于 GPS + 惯性组合导航的定位系统

惯性导航系统（Inertial Navigation System，INS，简称惯导）是一种基于陀螺仪和加速度计的信号组合的自主式导航系统，它可以运行在水、陆、空等多种环境中。惯导的基本工作原理是以牛顿力学定律为基础，测量载体在惯性参考系的加速度和角速度信息，再将这些测量值对时间进行积分，把它变换到导航坐标系中，最后得到导航坐标系中的速度 v、偏航角 yaw 和位置 x/y 等信息。一般情况下会结合 GPS 使用，并融合经纬度信息以提供更精确的位置信息。

其具有以下优点：

1）由于它不依赖于任何外部信息，也不向外部辐射能量，故隐蔽性好，且不受外界电磁干扰的影响。

2）可全天候地工作于空中、地面乃至水下。

3）能提供位置、速度、航向和姿态角数据，所产生的导航信息连续性好而且噪声低。

4）数据更新率高、短期精度和稳定性好。

其缺点是：

1）由于导航信息经过积分而产生，定位误差随时间增加而增大，长期精度差，容易产生温漂、零漂等问题。

2）每次使用之前需要较长的初始对准时间。

3）设备的价格较昂贵。

GNSS（Global Navigation Satellite System，全球卫星导航系统）是基于 GPS 信号的导航系统，在无人车定位系统中也是必不可少的。普通 GNSS 设备在标准定位服务（Standard Positioning Service，SPS）定位模式下，一般可达到 10m 以内定位精度。由于天气原因，以及电离层、云层、太阳活动的变化，定位精度可能会在一定范围内波动。在城市环境下，特别是人口密集的超大城市、高楼密集环境下，定位精度可达 10~100m 区间；除了上述 SPS（标准定位服务）外，还有 PPS（Precise Positioning Service，精确定位服务），这种服务主要面向军用服务；SBAS（Satellite-Based Augmentation System，星基增强系统），即采用卫星作为基准参考站；GBAS（Ground-Based Augmentation System，地基增强系统），即采用地面基站作为基准参考站；DGPS（Differential Global Positioning System，差分 GPS），其采用基准站的差分修正来提高定位精度。

目前很多无人车公司，包括百度、景驰、小马等，普遍都是采用 RTK GPS + 惯导等定位方式。RTK（Real-Time Kinematic，实时动态）是一种新的常用 GPS 测量方法，以前的静态、快速静态、动态测量都需要事后进行解算，才能获得厘米级的精度，而 RTK 是能够在野外实时得到厘米级定位精度的测量方法，采用了载波相位动态实时差分方法。RTK 技术建立在实时处理两个测量站的载波相位基础上，它能实时提供观测点的三维坐标，并达到厘米级的高精度。在高楼密集的城市环境下，定位误差依旧可达到 10~50m，误差主要来自于建筑物对 RTK GPS 信号的遮挡、反射、衍射等，并且楼群越密集、越高，定位信号越差，定位误差也就越大。

3.4.1 定位原理

GPS 定位的原理较容易理解，主要采用三角定位法。原理如图 3-8 所示。

三个卫星组成一个三角形，另外一个卫星提供对时校准，通过计算三个卫星位置几何数据，并融合同步计算结果，从而计算出当前车辆的卫星坐标位置。

根据上文的介绍，只要得到卫星几何平面的参数及无线电传播时间，就能计算得到无人车的位置。但在实际工程应用中，远比这样的理论计算复杂得多。在实际工程应用中，卫星信号的传播还受大气电离层的反射，云层反射和折射，树木、高楼对信号的反射折射等，这些都会影响到 GPS 信号传播，从而影响到测距信息的准确度。

为了降低天气、云层对 GPS 信号的影响，出现了其他 GPS 技术，如差分 GPS

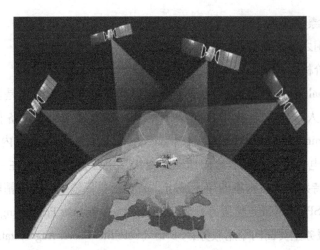

图 3-8　三角定位法原理

（DGPS）。这种技术通过在一个精确的已知位置（基准站）上安装 GPS 监测接收机，计算得到基准站与 GPS 卫星的距离，然后再根据误差修正结果，从而提高了定位精度。

差分 GPS 分为两大类，即位置差分和距离差分。距离差分又分为两类，即伪距差分和载波相位差分。而我们常说的实时动态载波相位差分技术——RTK 技术，即载波相位差分。RTK 技术是实时处理两个基站载波相位观测量的差分方法，即将基准站采集的载波相位发送给用户接收机，通过求差解算坐标。载波相位差分系统可使定位精度达到厘米级别，这也是很多无人车公司采用 RTK 技术定位的原因，但由于硬件设备成本极高，因此目前采用 RTK 定位技术实现大规模量产商用的可行性不高。

至此，我们了解了 GPS 定位的原理，但 GPS 设备信号更新频率较低，一般在 1～20Hz 级别，也有 50～100Hz 以上的，但这些大都是根据插值算法，在发送的时间空隙中做了数据弥补，并不是真正意义上的信号生成数据。对于高速运动的车辆，假如速度是 100km/h，这就意味着车辆每秒钟行驶的距离是 28m 左右，假如 GPS 的更新频率是 1Hz，那么下一次收到 GPS 信号时就是车辆已经行驶了 28m 之后。如此低的更新频率，会导致无人车驾驶安全问题。而 INS 这些设备的更新频率很高，通常在 50～200Hz 左右，我们可以通过 INS 设备获取到车辆的速度、加速度、航向角等信息，再通过对时间的积分运算，获得位置信息。如果 GPS 定位信号的频率提高到 100Hz 的水平，也就是每 10ms 输出一次定位结果，对于 100km/h 运行的车辆来说，即大约每 28cm 更新一次位置信息，可以保证自动驾驶的最小基本安全要求。因此，INS 设备的引入对定位频率的提升和辅助有很重要的作用。

3.4.2 不同传感器的定位融合实现

本节主要介绍 GPS 如何结合 INS 实现定位,以及数据融合的一些方法技巧。

上文中我们已经了解到基本的 GPS 运作原理。通常 GPS 设备输出的信号主要包括经度、纬度、高度等,以及一些表示时间同步、信号等控制信息。通过经纬度坐标,通过 ECEF(地心地固坐标系)、UTM(横轴墨卡托)等坐标系,根据场景需要可将经纬度信息转换为投影平面坐标 x、y、z 等位置信息,由此就得到平面位置信息。

INS 设备输出的主要数据包含 x、y、z 方向的加速度,以及对应旋转角速度信息,通过对这些测量值进行时间积分操作,我们可以得到 x、y、z 方向的速度信息,以及相对位置信息和 roll、pitch、yaw 等角度信息。

现在,有了 x、y、z(两组,GPS 和 INS 输出)、vx、vy、vz,以及 roll、pitch、yaw,相当于我们有了至少 9 个状态向量,来表示车辆此时的姿态和位置信息。有了这些状态向量,就可以根据扩展卡尔曼算法的原理(扩展卡尔曼的原理在此不赘述,其基本原理即根据不断输入的测量值,基于贝叶斯概率,来更新计算当前目标的姿态位置等信息),进行状态向量的数据融合。对于前面所讲的 x、y、z(两组)变量,我们知道对于这两组数据,相对 GPS 来说这组值更可靠些,因为 IMU(Inertial Measurement Unit,惯性测量单元)随着时间累积和发热,会存在明显、较大的漂移,因此对定位精度的影响较大(精度极高的 IMU 除外)。我们可以将 GPS 输出的 x、y、z 作为主要的位置状态向量参考量,而将 IMU 的 x、y、z 作为次要的位置状态向量参考量给予较低的权重。由于前面所述原因,可以不直接使用 IMU 的 x、y、z 测量值,而是通过 dx/dt、dy/dt、dz/dt 计算得出,因为我们知道在这段时间内其相对速率的变化是相对准确的。通过建立扩展卡尔曼方程,并解决不同设备数据输出时间同步的问题,就可以得到两个不同设备之间的数据融合结果,计算出一个较为精确的状态向量融合结果,即 [x,y,z,vx,vy,vz,roll,pitch,yaw],从而得到车辆当前基于多传感器融合的新的位置和姿态信息。这就是多传感器定位融合原理的本质所在。

同理,我们还可以增加其他传感器设备,如摄像头、超声波、里程计、轮速计等,因为这些传感器都有其各自的优点和缺点,都能提供不同维度度量的测量值,通过融合多传感器不同维度的测量数据,可以计算得到一组可靠的车辆姿态数据,这也是采用多传感器融合能够提升定位精度的原因所在。

系统状态向量融合的简要流程示意图如图 3-9 所示。

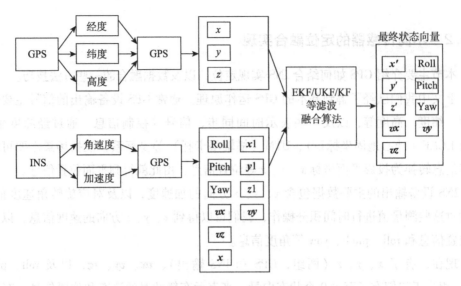

图 3-9　多传感器定位融合框图

如图 3-10[9]所示,还可以扩展到其他更多传感器的融合上,每个传感器都可以提供各种维度的测量值,最终通过图 3-9 所述融合逻辑,计算出车辆最终估计姿态和位置。

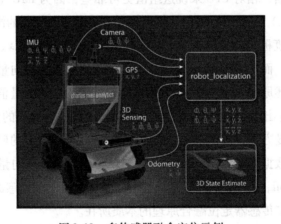

图 3-10　多传感器融合定位示例

3.5　基于 SLAM 的定位系统

实时定位与地图构建(SLAM)是一个很复杂的系统层次的概念,并不是特指一个具体的算法。它包括图像匹配处理模块、滤波处理、回环检测、图优化理论、矩阵运算等，是一个复杂的系统工程（如图 3-11 所示），本文只针对 SLAM 的基本原理和应用做初步的简介。

SLAM 示意图如图 3-12 所示，黑色边界即激光雷达探测到的障碍物边缘，表示此路不通，白色区域是可行驶的自由区域，放射线一样的线条表示此处可能有窗户或门，激光雷达部分点散射了出去。通过扫描整个环境空间，可以形成一幅 2D 的激光雷达视角

图 3-11　SLAM 系统模块

的地图。通过对环境的匹配对比，机器人或车辆就以此作为依据来判断目前在地图上所处位置。绿色线条是机器人和车辆规划和行驶的路线表示。

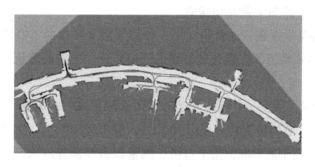

图 3-12　SLAM 示意图

SLAM 主要适用于机器人等领域，通过激光或视觉摄像头扫描环境数据点构建地图，然后基于地图匹配的方式进行自身定位。在诸如无人清洁车、低速园区无人摆渡车、低速无人快递车等低速场景的自动驾驶应用中十分常见。对于高速自动驾驶，由于 SLAM 基于网格（Grid）进行计算，其庞大的计算开销、时延、数据存储等问题，以及无人车对实时控制、安全的高性能要求，导致其目前并不适宜应用在大面积范围、高速自动驾驶场景中。高速自动驾驶在地图定位方面使用的是高精度地图技术。本节及以下内容主要针对机器人领域和低速自动驾驶场景 SLAM 的应用做简要描述。

3.5.1　SLAM 定位原理

目前，主流的 SLAM 主要采用两种技术路线，一种是基于激光雷达点云数据的 SLAM，公开的比较知名的算法框架有 Gmapping、Hector SLAM 等。这种 SLAM 技术的优点是建图测量精度较高，但激光雷达成本太高，量产商用可行性低。另外一种技术——基于视觉摄像头的 SLAM 也在同步发展中，公开的知名算法框架有 ORB-SLAM2、Mono-

SLAM、PTAM、LSD-SLAM、DSO 等。这种 SLAM 技术的优点是传感器成本低,但建图精度略低,受光线、环境干扰较大。

其中,视觉 SLAM 根据所用的摄像头个数又分单目、双目 SLAM。单目 SLAM 成本低,但由于无法测量深度、尺度等问题,导致精度不高。双目 SLAM 经过系统的标定后,可以通过计算得出深度信息。因此,从鲁棒性和可靠性来说,双目要比单目 SLAM 更好一些。一般来说,视觉 SLAM 都结合 IMU 等传感器使用,以更大程度地提高建图精度和姿态估计精度。

近几年由于深度学习、人工智能技术的发展,在 SLAM 领域也有一些结合 AI、深度学习、目标检测、语义分割等技术的 SLAM 技术出现,如语义 SLAM 等。通过这些方法可以从图像中获得更丰富的语义信息,这些语义信息可以辅助推断几何信息,如已知物体的尺寸就是一个重要的几何线索。

SLAM 定位的基本原理:通常情况下,机器人因为移动的不确定性而导致漂移问题,一个好的 SLAM 系统不仅能处理环境的不确定性,还能处理机器人自身轨迹的不确定性。

如图 3-13 所示,假设一个机器人运动本体从原点 $x0(0, 0)$ 沿 X 轴方向向前移动 10m,那么理论上,它的位置应该是(10, 0)。但工程实际上,由于测量设备的不准确性,诸如陀螺仪测量值不准、轮子打滑、测量设备零漂等原因,使得机器人并不能准确到达(10, 0)位置。机器人到达的位置有可能是(9.8, 0),也有可能是(10.1, 0),这是由于运动本体的运动不精确性导致的。实际上从数学理论来说,$x1$ 的位置变量符合一个以(10, 0)为中心的高斯分布,方差 δ 可能是 0.1 或 0.2。如果机器人继续往前走而不纠正的话,误差会越来越大,直至系统失效。

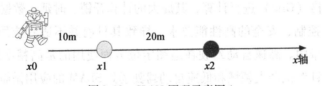

图 3-13 SLAM 原理示意图 1

我们希望在给定初始值 $x0$ 的位置为(0, 0)时,让 $x1$ 的位置尽可能准确。其实就是计算怎样最大化 $x1$ 位置的似然估计。通过引进新的参考物,可以增加参考位置的可靠性(如图 3-14 所示)。打个比方,就像一个人在荒无人烟的沙漠中行走,如果有一棵大树作为参照物,他就能知道自己现在在哪,走了多远。这个参照物也就是我们常说的 landmark(路标),记作 $L0$。通过不断观察 landmark,并实时更新当前位置,从而校正当前位置误差。但是，随着路标位置的丢失，定位的误差又会慢慢变大，因此，我们需要通过不断迭代新的 landmark 的观测值，来最大化当前位置的似然估计。

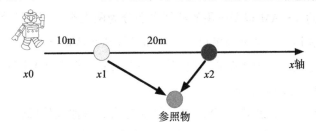

图 3-14　SLAM 原理示意图 2

根据前面所述，建立约束关系方程：

初始位置约束方程：$x0 = 0$

运动约束方程：$x2 - x1 = 10$

观测约束方程：$x1 - L0 = 20$

我们将上述约束方程条件，按照各个状态向量空间的顺序组成状态向量矩阵表达式，然后根据每一步新的测量更新，从而表达定位关系，这就是 SLAM 定位的原理。因此，SLAM 依赖三个约束条件：

1）初始位置约束，即 $x0$ 初始位置的约束条件。

2）运动状态约束，即基于初始位置条件下，$x1$、$x2$、$x3$ 等位置表达式的约束条件。

3）观测约束，即 landmark 位置表达式。

基于以上 3 个约束条件，SLAM 可以结合 EKF（扩展卡尔曼滤波）、PF（粒子滤波）等算法进行定位。首先获取所有的路标和机器人的初始位置条件以作为先决条件。然后通过位置矩阵方程，存储各个路标和机器人的各个位置坐标。最后通过不断迭代更新来进行位置更新，减少位置误差。

3.5.2　SLAM 应用

目前存在很多开源的 VSLAM 方案（Visual SLAM，视觉 SLAM），根据其特性分为：

- 稀疏法 SLAM：ORB-SLAM、PTAM、MonoSLAM
- 半稠密法 SLAM：LSD-SLAM、DSO、SVO
- 稠密法 SLAM：DTAM、DVO、RGBD-SLAM、RTAB-MAP 等

这些 SLAM 在实验阶段或 demo 阶段效果还不错，但是一旦将其应用在实际工程当

中就会出现各种各样的问题，如鲁棒性问题、精度问题等。我们必须要了解这些 SLAM 存在的问题，从而进一步弥补缺陷和完善算法。

目前，主流的 VSLAM 根据应用的特征主要分为两大类：直接法和特征点法。根据硬件设备的数量和情况，又分为单目、双目和 RGBD-SLAM 三大类。

下面我们通过分析 VSLAM 的普遍问题所在，进一步对 SLAM 进行更深入的了解。VSLAM 所存在的普遍问题如下：

1）速度问题。无论是哪种 VSLAM，只要是依靠摄像头传感器，那么就必然要考虑视频帧数据的传输问题。尤其在运动速度过快的时候会出现图像模糊的问题。图像匹配是 VSLAM 建立数据关联的核心所在。如果存在大量的误匹配，那么就无法解决定位问题。因此，一旦出现多个关键帧模糊以及匹配错误，整个系统就会出现故障。另外，由于视觉处理数据量较大，必然要考虑硬件设备的处理能力，这对硬件计算单元的工程化应用也提出了挑战。

2）环境问题。VSLAM 的运行对外界环境也有一些依赖。例如，如果外界环境是弱纹理或无纹理情况（比如白墙），以及重复纹理的情况（如相似的建筑物群），此时 SLAM 算法也很难继续工作。弱纹理带来的问题是没有什么明显的特征让 VSLAM 提取，因此无法提取其特征值，算法也就无法正常工作；重复纹理引进的问题是环境的相似性会造成大量误匹配，因此会造成错误的位置关联，也会使得定位失效。对于视觉 SLAM，另外一个问题是摄像头所能看到的环境必须大部分是静态的。换句话说，VSLAM 对动态环境的适应性、鲁棒性不足。在实际工程应用中，如果摄像头所看到的大部分场景都在动，那么摄像头就会认为是自身在移动，这意味着一旦有大量的相对运动，VSLAM 就会认为是自身在动，这个时候系统的鲁棒性就会存在重大问题，导致定位不准。

3）光照问题。只要是视觉传感器目前所面临的问题，在 VSLAM 中都会存在。例如，在明暗交替的环境下，VSLAM 很容易因为摄像头曝光或成像速度跟不上，导致匹配出错问题。

下面我们简单介绍一下常见 SLAM 方法的优缺点，从而让读者能更深入地了解目前 SLAM 系统的情况。

1）单目 SLAM 的优缺点：单目 SLAM 的优点是只需要一个摄像头即可，而且不用考虑双目摄像头在长时间使用或碰撞情况下造成的标定参数误差变大问题。缺点就是尺度不确定，即无法测量深度。

2）双目 SLAM 的优缺点：双目 SLAM 的优点是比较容易获得场景深度信息，不用考虑单目尺度不确定性问题。缺点是对设备体积有要求，并且两个摄像头之间必须有基线校正。

3) RGBD-VSLAM 优缺点：RGBD-VSLAM 的优点是可直接获得场景深度信息，在线工作时减少了相应的深度计算工作，即减少了计算工作量。RGBD 深度摄像头也被认为是未来 VSLAM 最有前途的视觉传感器。缺点是相对成本略高。

4) 直接法和特征点法的优缺点：特征点法的优点是，基于特性点法的 VSLAM 对快速运动的鲁棒性要比直接法高，但由于角点检测、描述、匹配耗时较长，因此实时性比直接法差。直接法的优点是处理速度快，因为特征往往是梯度点、边，提取简单，所以描述匹配简单，建图特征比特征点法要稠密。直接法的缺点是对于快速运动的鲁棒性不足，只适合短基线的匹配。因为在优化迭代位姿时，摄像头运动过快容易导致相邻帧基线过长，从而导致相邻帧像素偏差过大，导致位姿求解陷入一个错误的局部最优解。

3.6 本章参考文献

[1] Dissanayake G, Durrant-Whyte H, Bailey T. A computationally efficient solution to the simultaneous localisation and map building (SLAM) problem[J]. IEEE Trans Ra, 2013, 17(3):229-241.

[2] PCL[EB/OL]. http://pointclouds.org.

[3] 周春艳,李勇,邹峥嵘. 三维点云 ICP 算法改进研究[J]. 计算机技术与发展,2011,21(8):75-77.

[4] PCL 中的 ICP 算法[EB/OL]. http://pointclouds.org/documentation/tutorials/interactive_icp.php#interactive-iterative-closest-point.

[5] The Three-Dimensional Normal-Distributions Transform—an Efficient Representation for Registration, Surface Analysis, and Loop Detection [EB/OL]. http://aass.oru.se/Research/mro/publications/2009/Magnusson_2009-Doctoral_Thesis-3D_NDT.pdf.

[6] 正态分布[EB/OL]. https://en.wikipedia.org/wiki/Normal_distribution.

[7] NDT 算法代码[EB/OL]. http://www.pclcn.org/study/shownews.php?lang=cn&id=80.

[8] E Takeuchi, T Tsubouchi. A 3-D Scan Matching using Improved 3-D Normal Distributions Transform for Mobile Robotic Mapping [C]. IROS, 2006.

[9] ROS robot_localization package wiki[EB/OL]. http://docs.ros.org/lunar/api/robot_localization/html/index.html#.

第 4 章
状态估计和传感器融合

4.1 卡尔曼滤波和状态估计

4.1.1 背景知识

在物体跟踪、预测类的应用中,通常需要对一些感兴趣的目标状态进行状态估计预测。为什么要做估计预测呢?因为在实际场景中通常需要持续观测、预测到目标的运动和发展情况,以对当前状态采取更适合的决策。为了估计一个目标的状态,如距离,最直接的方式是用传感器测量,但是由于测量的误差和噪声存在,又不能完全相信测量值,这个时候就可以采用概率学和统计学的方法来分析统计和估计状态量。卡尔曼滤波就是这样一种结合预测(先验分布)和测量更新(似然估计)的状态估计算法[1]。

下面先讲述一些基本的概率论基础知识,作为卡尔曼滤波算法的铺垫。当然,如果读者之前有这方面的知识基础那就更好了,可以跳过这些基础内容。

- 先验概率 $P(X)$:仅仅依赖主观上的经验,事先根据已有的经验知识推断的概率。例如,硬币正面和反面出现的概率,各取一半,即50%。
- 后验概率 $P(X|Z)$:是在相关证据或者给定条件下的概率。例如,在司机醉酒的条件下车祸发生的概率。
- 似然估计 $P(Z|X)$:已知结果推测固有性质的可能性。例如,车祸已经发生了,推测司机醉酒的概率。

贝叶斯公式:

$$P(A|B) = \frac{P(A) \times P(B|A)}{P(B)}$$

$P(A|B)$ 就是后验概率,$P(A)$ 是先验概率,根据经验值估计得出,似然估计

是 $P(B|A)$。从上面的公式可以看出，后验概率分布正比于先验分布乘以似然估计。

4.1.2 卡尔曼滤波

卡尔曼滤波是一个递推算法，每次递推主要包括两个步骤。首先是计算出一个预测值，然后对预测值和测量值进行加权求和，得到最优估计值。权重的确定由另外三个步骤完成。所以总的来说，卡尔曼滤波包括下面五个步骤：

- 根据 $k-1$ 时刻最优估计值 $\hat{x}_{k-1}$ 计算 k 时刻预测值 x'_k。
- 根据 $k-1$ 时刻最优估计值的误差 p_{k-1} 来计算 k 时刻预测值的误差 p'_k。
- 根据 k 时刻预测值的误差 p'_k 和 k 时刻测量值的误差 r 来计算 k 时刻卡尔曼增益 K_k。
- 根据 k 时刻预测值 x'_k、k 时刻测量值 z_k 和 k 时刻卡尔曼增益 K_k 来计算 k 时刻最优估计值 $\hat{x}_k$。
- 根据 k 时刻预测值的误差 p'_k 和 k 时刻卡尔曼增益 K_k 来计算 k 时刻最优估计值 $\hat{x}_k$ 的误差 p_k。

上述五个步骤分别对应卡尔曼滤波的五个公式。接下来用一个具体的例子来说明卡尔曼滤波算法的原理：假设现在要进行火箭回收，在火箭降落到地表前，需要知道火箭当前离地面的高度是多少，否则控制不当容易坠毁。在这种情况下比较关心的状态变量就是飞行器的离地高度，即飞行器的离地高度就是需要估计的状态。为什么要估计状态呢？因为现实中无法准确地测量飞行器的真实离地高度。用卡尔曼滤波来解决这个问题需要经过以下几个步骤。

1. 状态预测

首先需要建立一个模型来预测火箭当前时刻的高度。假设以固定时间间隔采样，k 时刻的高度会变为 $k-1$ 时刻的高度的 95%，那么可以得到如下关系：

$$\text{Height}^{(k)} = 0.95 \times \text{Height}^{(k-1)}$$

其中，$\text{Height}^{(k-1)}$ 表示 $k-1$ 时刻的真实高度，$\text{Height}^{(k)}$ 表示 k 时刻的真实高度。现实中，$k-1$ 时刻的真实高度无法获得，同时假设的模型不一定完全正确，所以计算出的 $\text{Height}^{(k)}$ 不是真实值，而是一个带有误差的预测值。$\text{Height}^{(k-1)}$ 可以用 $k-1$ 时刻的最优估计值 $\hat{x}_{k-1}$ 来代替。那么上述表达式可抽象成如下形式：

$$x'_k = a\hat{x}_{k-1}$$

这个表达式就是过程模型（Process Model），它是根据物理学模型（比如一些物理运动模型、牛顿力学等）建立的方程，过程模型是对目标对象运动状态的一个反映。表达式中的 x'_k 表示 k 时刻的预测值，a 是一个常数系数，在这个例子里面是 0.95，即

用 $k-1$ 时刻的最优估计值来计算 k 时刻的预测值。

思考一下，在这里用一个简单的比例（常数）来描述"可回收火箭"的运动规律，会存在什么问题呢？

很显然，现实中火箭的离地高度并不会像上述这个简单的过程模型所描述的一样按比例缩小。为了简化，先假设这个简单的过程模型能运作，即能够大致描述出这颗"神奇火箭"的运动规律，只是偶尔会存在一定的偏差（比如受空气湍流的影响），在计算 x'_k 时再增加一个噪声来描述过程模型与实际运动的差异，这个噪声称为过程噪声（Process Noise），用 w_k 来表示，那么 x'_k 的计算公式就变成：

$$x'_k = a\hat{x}_{k-1} + w_k$$

为了简化，后面的分析会先忽略对噪声的处理，但是在传感器融合部分会将噪声重新考虑进来。

2. 计算预测误差

预测值是有误差的，假设为 p'_k，p'_k 可由如下公式求得：

$$p'_k = ap_{k-1}a^T$$

表达式中的 p_{k-1} 为 $k-1$ 时刻最优估计值的误差，a^T 表示 a 的转置。

3. 测量误差

测量值来自于传感器的测量（比如 GPS、气压计），测量的结果总是带有误差，这个误差也称为噪声，它是由传感器本身的精密度引起的。测量值用如下公式表示：

$$z_k = x_k + v_k$$

其中，z_k 表示 k 时刻的测量值，x_k 表示 k 时刻的真实值，v_k 为测量噪声（Measurement Noise）。通常来说，这种噪声都满足高斯分布，它服从均值为 r、方差为 δ 的正态分布。虽然不知道测量噪声 v_k 的值，但是可以通过测量实验或从传感器厂商那里直接获得测量噪声的均值 r。

4. 计算卡尔曼增益

计算卡尔曼增益的公式为：

$$K_k = p'_k/(p'_k + r)$$

其中，K_k 表示卡尔曼增益，根据这个表达式可以算出 K_k 的取值范围是 $[0, 1]$，卡尔曼增益的实际含义会在后面的分析中给出。p'_k 是 k 时刻预测值的误差，r 是测量噪声的均值。

5. 计算最优估计值

在现实中，火箭的真实高度无法知道，只能算出一个估计值。在卡尔曼滤波中，计算最优估计值的公式为：
$$\hat{x}_k = x'_k + K_k(z_k - x'_k)$$
式中，$\hat{x}_k$ 为 k 时刻最优估计值。x'_k 是用过程模型计算出来的 k 时刻的预测值。z_k 是 k 时刻的测量值。K_k 是卡尔曼增益。将这个公式稍作变换：
$$\hat{x}_k = (1 - K_k)x'_k + K_k z_k$$
从这个公式可以看出，卡尔曼增益实际上就是一个权重，它用于衡量测量值重要还是预测值重要。为了便于理解，可以考虑两个极端的例子，如果 $K_k = 0$，也就是说增益为 0，那么此时公式退化为：
$$\hat{x}_k = x'_k$$
也就是说，当前的测量非常不值得信任，所以直接使用过程模型给出的预测值作为当前状态的最优估计值。如果 $K_k = 1$，即增益为 1，则：
$$\hat{x}_k = z_k$$

这表示当前的测量非常可信，所以直接使用它作为当前状态的最优估计值。如果 K_k 介于 0 到 1 之间，则表示预测值和测量值都有一定的可信度。

6. 计算最优估计值的误差

最优估计值的误差的计算公式为：
$$p_k = (1 - K_k)p'_k$$
其中，p_k 表示 k 时刻最优估计值的误差，K_k 表示卡尔曼增益，p'_k 表示 k 时刻由过程模型计算出的预测值的误差。既然上面已经计算出了 k 时刻的最优估计值，那么为什么还要计算 k 时刻最优估计值的误差 p_k 呢？因为前面提到：卡尔曼滤波是一个递推算法。在 $k+1$ 时刻的计算中，需要使用 p_k 来计算 p'_{k+1}。如果不理解，可以回顾一下公式：
$$p'_k = a p_{k-1} a^{\mathrm{T}}$$
这个公式在 $k+1$ 时刻会变成：
$$p'_{k+1} = a p_k a^{\mathrm{T}}$$
式中的 p_k 就是上面计算出的 k 时刻最优估计值的误差。

以上就是用卡尔曼滤波解决例子中问题的所有步骤。另外，对于预测，理论上只考虑了一个固定的过程模型和过程噪声，但是由于现在是对机械控制的状态进行估计，在预测过程中需要对机械控制本身建模，所以在预测部分再新增一个控制信号，用 bu_k 表示。结合这些就可以得到完整的卡尔曼滤波预测和更新过程了。

首先是对状态的预测：

$$x'_k = a\hat{x}_{k-1} + bu_k$$

$$p'_k = ap_{k-1}a^T$$

卡尔曼滤波更新的过程为：

$$K_k = p'_k / (p'_k + r)$$

$$\hat{x}_k = x'_k + K_k(z_k - x'_k)$$

$$p_k = (1 - K_k)p'_k$$

使用线性代数的方法来表示预测和更新，那么预测的过程就变成了：

$$\boldsymbol{x}'_k = \boldsymbol{A}\hat{\boldsymbol{x}}_{k-1} + \boldsymbol{B}u_k \tag{1}$$

$$\boldsymbol{P}'_k = \boldsymbol{A}\boldsymbol{P}_{k-1}\boldsymbol{A}^T \tag{2}$$

更新的过程为：

$$\boldsymbol{G}_k = \boldsymbol{P}'_k \boldsymbol{C}^T (\boldsymbol{C}\boldsymbol{P}'_k \boldsymbol{C}^T + \boldsymbol{R})^{-1} \tag{3}$$

$$\hat{\boldsymbol{x}}_k = \boldsymbol{x}'_k + \boldsymbol{G}_k(z_k - \boldsymbol{C}\boldsymbol{x}'_k) \tag{4}$$

$$\boldsymbol{P}_k = (\boldsymbol{I} - \boldsymbol{G}_k\boldsymbol{C})\boldsymbol{P}'_k \tag{5}$$

公式（3）、（4）中出现了符号 $\boldsymbol{C}$。这是因为矩阵 $\boldsymbol{x}'_k$ 和矩阵 z_k 的大小可能不一样，例如，$\boldsymbol{x}'_k$ 中包含速度 v 和位置 y 两个元素，但是现实中因为某些原因导致只有测量速度 v 的传感器，位置 y 无法通过传感器获得测量值，也就是说 z_k 中只含有速度 v，此时 $\boldsymbol{x}'_k$ 和 z_k 的大小不一样，所以不能直接进行加减运算，需要引入一个 $\boldsymbol{C}$ 来保证 z_k 和 $\boldsymbol{C}\boldsymbol{x}'_k$ 的大小相同，以及 $\boldsymbol{x}'_k$ 和 $\boldsymbol{G}_k(z_k - \boldsymbol{C}\boldsymbol{x}'_k)$ 的大小相同，这样公式（4）才能成立。公式（5）中的 $\boldsymbol{I}$ 表示单位矩阵。

至此，卡尔曼滤波的过程详解就结束了。下面来看看卡尔曼滤波在无人驾驶汽车感知模块的应用。

卡尔曼滤波算法为什么会叫作滤波算法？以一维卡尔曼滤波为例，如果单纯地相信测量的信号，那么这个信号是包含噪声的，是很毛糙的，但是当运行卡尔曼滤波算法做估计时，估计的信号会很光滑，看起来似乎滤掉了噪声的影响，所以称之为滤波算法。卡尔曼滤波在线性问题中被证明是最优估计。

4.1.3 卡尔曼滤波在无人驾驶汽车感知模块中的应用

无人驾驶汽车想要安全地在道路上行驶，需要"耳听六路，眼观八方"。那么无人车的耳朵和眼睛是什么呢？那就是安装在无人车上的各种各样的传感器。无人车上可以部署多达几十个传感器，而且可以是不同种类的，比如：
- 立体摄像头
- 交通标志摄像头
- 毫米波雷达
- 激光雷达
- 惯性测量单元

立体摄像头往往用于获取图像和距离信息；交通标志摄像头可以用于基于视觉的交通标志的识别；毫米波雷达一般安装在车辆的前后保险杠里面，用于测量相对于车辆坐标系下的运动物体，同时可以用来定位、测距、测速等，但是容易受强反射物体的干扰，所以通常不用于静止物体的检测；激光雷达一般安装在车顶，使用红外激光束来获得物体的距离和位置，优点是空间分辨率高、测量精准，但是设备笨重，容易受大雨、大雾天气影响。

由此可知，各种传感器都有其优点和缺点，在实际的无人驾驶汽车里，往往结合多种传感器的数据来感知车辆周边的环境，以提供可靠、稳定的环境感知信息。这个结合各种传感器的测量数据估计状态的过程称为传感器融合（Sensor Fusion）。后面的小节将详细给大家介绍扩展卡尔曼滤波和无损卡尔曼滤波在传感器融合中的应用。本节主要考虑卡尔曼滤波算法，并基于单一的传感器数据来估算行人、车辆位置。

1. 基于卡尔曼滤波的行人位置估算

卡尔曼滤波虽然简单，但是在无人驾驶汽车的技术体系中却是非常重要的一部分，当然，在真实的无人驾驶汽车项目中使用到的技术相对更加复杂一些，但是其基本原理仍然与本书所介绍的这些内容是相通的。在无人驾驶中，卡尔曼滤波主要用于一些状态的估计，如应用于行人、自行车以及周边其他汽车的状态估计。下面，以行人的状态估计为例展开算法介绍。

例如有这样一个场景：无人车正常前行时前方突然出现一个行人，无人车就需要对前方行人的行为动作做一个预估和判断，以采取合适的避障或停车策略。如果想要估计一个行人的运动状态，首先需要建立被估计对象的状态方程表达式。人的状态可以用数学方程表示为 $x=(p,v)$，其中 p 为行人的当前位置，而 v 则是行人当前的速度。用一个向量来表示一个状态：

$$\boldsymbol{x} = (p_x, p_y, v_x, v_y)^\mathrm{T}$$

上述方程表示了行人的 x、y 方向的位置分量 p_x、p_y，以及速度分量 v_x、v_y。在确定了想要估计的对象的状态以后,还需要一个用于生成一个对当前状态估计的过程模型。下面先以一个最简单的过程模型——恒定速度模型(即先假设行人速度是匀速的)来解释卡尔曼滤波算法的应用,假设过程模型为:

$$x_{k+1} = Ax_k + v$$

扩展为:

$$x_{k+1} = \begin{pmatrix} 1 & 0 & \Delta t & 0 \\ 0 & 1 & 0 & \Delta t \\ 0 & 0 & 1 & 0 \\ 0 & 0 & 0 & 1 \end{pmatrix} \cdot \begin{pmatrix} p_x \\ p_y \\ v_x \\ v_y \end{pmatrix}_k + v$$

之所以称之为恒定速度模型,是因为将上面这个行列式展开可以得到:

$$p_x^{k+1} = p_x^k + v_x^k \Delta t + v$$
$$p_y^{k+1} = p_y^k + v_y^k \Delta t + v$$
$$v_x^{k+1} = v_x^k + v$$
$$v_y^{k+1} = v_y^k + v$$

恒定速度过程模型假定预测目标的运动规律是具有恒定的速度,在行人状态预测这个问题中,行人并不一定会以恒定的速度运动,所以过程模型还包含了一定的过程噪声,在这个问题中过程噪声也被考虑了进来,其中 v 是这个模型的过程噪声。在行人状态估计中的过程噪声其实就是行人突然的加减速度,考虑到行人的加速度因素,那么原来的模型表达式就变成了:

$$x_{k+1} = \begin{pmatrix} 1 & 0 & \Delta t & 0 \\ 0 & 1 & 0 & \Delta t \\ 0 & 0 & 1 & 0 \\ 0 & 0 & 0 & 1 \end{pmatrix} \cdot \begin{pmatrix} p_x \\ p_y \\ v_x \\ v_y \end{pmatrix}_k + \begin{pmatrix} \frac{1}{2}a_x \Delta t^2 \\ \frac{1}{2}a_y \Delta t^2 \\ a_x \Delta t \\ a_y \Delta t \end{pmatrix}_k$$

那么根据前述公式(2),预测的第二步就变成了:

$$A' = APA^\mathrm{T} + Q$$

上述 Q 是过程噪声的协方差矩阵。这是状态 A 的更新过程,它本质上是估计状态概率分布的协方差矩阵。由于过程噪声是随机带入的,所以过程噪声 v 本质上是一个高斯分布:$v \sim N(0, Q)$,Q 是过程噪声的协方差矩阵,Q 的展开形式为:

$$Q = \begin{pmatrix} \sigma_{p_x}^2 & \sigma_{p_x p_y} & \sigma_{p_x v_x} & \sigma_{p_x v_y} \\ \sigma_{p_y p_x} & \sigma_{p_y}^2 & \sigma_{p_y v_x} & \sigma_{p_y v_y} \\ \sigma_{v_x p_x} & \sigma_{v_x p_y} & \sigma_{v_x}^2 & \sigma_{v_x v_y} \\ \sigma_{v_y p_x} & \sigma_{v_y p_y} & \sigma_{v_y v_x} & \sigma_{v_y}^2 \end{pmatrix}$$

如果定义 $G = [0.5\Delta t^2, 0.5\Delta t^2, \Delta t, \Delta t]^T$，进而简化为：

$$Q = G \cdot G^T \cdot \sigma_v^2$$

其中，σ_v^2：对于行人，假设其速度大约为 0.5m/s^2。

在测量步骤中，使用传感器可以直接测量行人的速度 v_x 和 v_y，所以根据状态表达式，测量矩阵 C 可以表示为：

$$C = \begin{pmatrix} 0 & 0 & 1 & 0 \\ 0 & 0 & 0 & 1 \end{pmatrix}$$

测量噪声的协方差矩阵 R 为：

$$R = \begin{pmatrix} \sigma_{v_x}^2 & 0 \\ 0 & \sigma_{v_y}^2 \end{pmatrix}$$

其中，$\sigma_{v_x}^2$ 和 $\sigma_{v_y}^2$ 描述了传感器的测量能够有多"差"，这是传感器固有的性质，所以往往由传感器厂商提供。最后，求得 P_k：

$$P_k \leftarrow (I - G_k C) P_k$$

至此，基于恒定速度模型的过程模型以及卡尔曼滤波的行人状态估计的整个流程就讲完了，下面使用 Python 将整个过程实现一下。

2. 卡尔曼滤波行人状态估计 Python 例子

首先总结一下卡尔曼滤波的整个流程。在一些论文和资料中，状态转移矩阵通常使用 F 来表示（前文中使用 A），观测矩阵通常使用 H 表示（前文中使用 C），卡尔曼增益通常使用 K 来表示（前文中使用 G），如图 4-1 所示是文献材料中通常意义上的卡尔曼滤波过程。

注意 公式还包含一项 Bu_k，这一项是指在追踪一个物体的状态时把它内部的控制也考虑进去了，但是 Bu_k 在行人、自行车、其他汽车的状态估计问题中是无法测量的，所以在这个问题中简化 Bu_k 为 0。

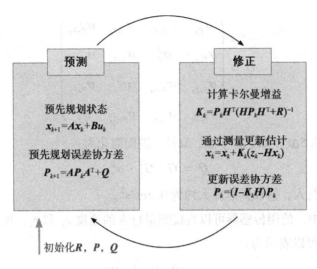

图 4-1　卡尔曼滤波过程

下面将在 Jupyter notebook 中执行代码，Jupyter notebook 是一种 Python 交互式编辑器，可以直接运行、显示所编辑的代码，这种编辑器的特点就是所见即所得。

首先载入必要的库：

代码清单 4-1　载入必要的库

```
import numpy as np
% matplotlib inline
import matplotlib.pyplot as plt
from scipy.stats import norm
```

接着初始化行人状态 x（由前文可知，行人状态包括 x、y 方向的位置和速度等状态变量），以及行人的不确定性因素（先验估计协方差矩阵）、测量的时间间隔 dt、状态转移矩阵 F 以及观测矩阵 H。代码实现如下：

代码清单 4-2　处理矩阵 F 以及测量矩阵 H

```
x = np.matrix([[0.0, 0.0, 0.0, 0.0]]).T
print(x, x.shape)
P = np.diag([1000.0, 1000.0, 1000.0, 1000.0])
print(P, P.shape)

dt = 0.1 # Time Step between Filter Steps
F = np.matrix([[1.0, 0.0, dt, 0.0],
               [0.0, 1.0, 0.0, dt],
               [0.0, 0.0, 1.0, 0.0],
               [0.0, 0.0, 0.0, 1.0]])
print(F, F.shape)
```

```
H = np.matrix([[0.0, 0.0, 1.0, 0.0],
               [0.0, 0.0, 0.0, 1.0]])
print(H, H.shape)

ra = 10.0**2

R = np.matrix([[ra, 0.0],
               [0.0, ra]])
print(R, R.shape)
```

计算测量噪声的协方差矩阵 **R** 和过程噪声的协方差矩阵 **Q**：

代码清单 4-3　过程矩阵 *Q* 以及测量矩阵 *R*

```
ra = 0.09
R = np.matrix([[ra, 0.0],
               [0.0, ra]])
print(R, R.shape)

sv = 0.5
G = np.matrix([[0.5*dt**2],
               [0.5*dt**2],
               [dt],
               [dt]])
Q = G*G.T*sv**2
from sympy import Symbol, Matrix
from sympy.interactive import printing
printing.init_printing()
dts = Symbol('dt')
Qs = Matrix([[0.5*dts**2],[0.5*dts**2],[dts],[dts]])
Qs*Qs.T
```

代码清单 4-4　定义一个单位矩阵

```
I = np.eye(4)
print(I, I.shape)
```

随机产生一些测量数据：

代码清单 4-5　产生一些随机测量数据阵

```
m = 200 # Measurements
vx = 20 # in X
vy = 10 # in Y

mx = np.array(vx+np.random.randn(m))
my = np.array(vy+np.random.randn(m))
measurements = np.vstack((mx,my))
```

```
print(measurements.shape)
print('Standard Deviation of Acceleration Measurements=%.2f' % np.std(mx))
print('You assumed %.2f in R.' % R[0,0])

fig = plt.figure(figsize=(16,5))
plt.step(range(m),mx,label='$ \dot x $')
plt.step(range(m),my,label='$ \dot y $')
plt.ylabel(r'Velocity $m/s $')
plt.title('Measurements')
plt.legend(loc='best',prop={'size':18})
```

一些过程值,用于结果的显示:

代码清单 4-6　过程值

```
xt = []
yt = []
dxt = []
dyt = []
Zx = []
Zy = []
Px = []
Py = []
Pdx = []
Pdy = []
Rdx = []
Rdy = []
Kx = []
Ky = []
Kdx = []
Kdy = []

def savestates(x, Z, P, R, K):
    xt.append(float(x[0]))
    yt.append(float(x[1]))
    dxt.append(float(x[2]))
    dyt.append(float(x[3]))
    Zx.append(float(Z[0]))
    Zy.append(float(Z[1]))
    Px.append(float(P[0,0]))
    Py.append(float(P[1,1]))
    Pdx.append(float(P[2,2]))
    Pdy.append(float(P[3,3]))
    Rdx.append(float(R[0,0]))
    Rdy.append(float(R[1,1]))
    Kx.append(float(K[0,0]))
    Ky.append(float(K[1,0]))
    Kdx.append(float(K[2,0]))
    Kdy.append(float(K[3,0]))
```

代码清单4-7　卡尔曼滤波

```python
for n in range(len(measurements[0])):
    
    # Time Update (Prediction)
    # ========================
    # Project the state ahead
    x = F* x
    
    # Project the error covariance ahead
    P = F* P* F.T + Q
    
    # Measurement Update (Correction)
    # ===============================
    # Compute the Kalman Gain
    S = H* P* H.T + R
    K = (P* H.T) * np.linalg.pinv(S)
    
    # Update the estimate via z
    Z = measurements[:,n].reshape(2,1)
    y = Z - (H* x)                          # Innovation or Residual
    x = x + (K* y)
    
    # Update the error covariance
    P = (I - (K* H))* P
    
    # Save states (for Plotting)
    savestates(x, Z, P, R, K)
```

在上面的代码清单中，变量 x 被卡尔曼滤波五个公式中的 x'_k、$\hat{x}_{k-1}$ 和 $\hat{x}_k$ 共用，变量 P 被卡尔曼滤波五个公式中的 P'_k、P_k 和 P_{k-1} 共用。这样做可以在不影响计算结果的情况下节约存储空间。

代码清单4-8　显示关于速度的估计结果

```python
def plot_x():
    fig = plt.figure(figsize=(16,9))
    plt.step(range(len(measurements[0])),dxt, label='$estimateVx$')
    plt.step(range(len(measurements[0])),dyt, label='$estimateVy$')
    
    plt.step(range(len(measurements[0])),measurements[0], label='$measurementVx$')
    plt.step(range(len(measurements[0])),measurements[1], label='$measurementVy$')
    
    plt.axhline(vx, color='#999999', label='$trueVx$')
    plt.axhline(vy, color='#999999', label='$trueVy$')
    
    plt.xlabel('Filter Step')
    plt.title('Estimate (Elements from State Vector $x$)')
    plt.legend(loc='best',prop={'size':11})
    plt.ylim([0, 30])
```

```
    plt.ylabel('Velocity')
plot_x()
```

预测的结果如图 4-2 所示。

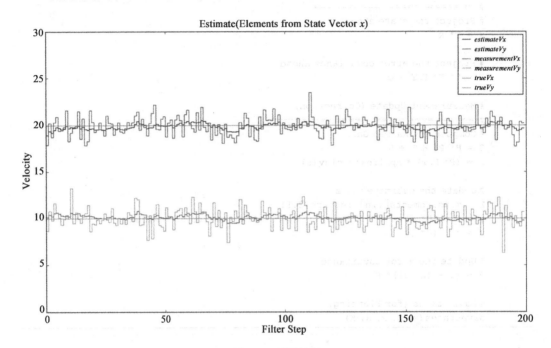

图 4-2　预测结果

代码清单 4-9　位置的估计结果

```
def plot_xy():
    fig = plt.figure(figsize=(16,16))
    plt.scatter(xt,yt, s=20, label='State', c='k')
    plt.scatter(xt[0],yt[0], s=100, label='Start', c='g')
    plt.scatter(xt[-1],yt[-1], s=100, label='Goal', c='r')

    plt.xlabel('X')
    plt.ylabel('Y')
    plt.title('Position')
    plt.legend(loc='best')
    plt.axis('equal')
plot_xy()
```

至此，一个简单的卡尔曼滤波就实现了。再次强调一下，本节仅讲解卡尔曼滤波的基本形式，并不是实际无人车项目中所使用的形式，但是其基本原理与目前在无人车感知融合模块中介绍的原理是相通的。

虽然本例以无人驾驶应用中的行人检测作为应用点来讲解卡尔曼滤波算法，但是实际上无人车并不会仅仅使用原始的卡尔曼滤波来进行行人的状态估计，因为卡尔曼滤波存在着一个非常大的局限性——它仅能对线性系统进行精确的估计，对于非线性系统并不能达到最优的估计效果。下面将介绍一种能够应用于非线性系统的卡尔曼滤波算法——扩展卡尔曼滤波，以帮助说明如何解决上述问题。

4.2 高级运动模型和扩展卡尔曼滤波

本节主要讲解非线性系统中广泛使用的扩展卡尔曼滤波（Extended Kalman Filter，EKF）算法，通常将该算法应用于实际的车辆状态估计（或者说车辆追踪）中。另外，实际的车辆追踪运动模型显然不能使用简单的恒定速度模型来建模，在本节中会额外介绍几种应用于车辆追踪的高级运动模型，并且应用其中的 CTRV（Constant Turn Rate and Velocity）模型来解释扩展卡尔曼滤波算法的应用。最后，在代码实例中会介绍如何使用 EKF 进行多传感器融合。

4.2.1 应用于车辆追踪的高级运动模型

首先要明确一点，不管是什么运动模型，本质上都是为了帮助简化问题，所以可以根据运动模型的复杂程度（次数）来给常用的运动模型分类。

一次运动模型（也称为线性运动模型）：
- 恒定速度（Constant Velocity，CV）模型
- 恒定加速度（Constant Acceleration，CA）模型

这些线性运动模型假定目标是直线运动的，不考虑物体的转弯。

二次运动模型：
- 恒定转率和速度（Constant Turn Rate and Velocity，CTRV）模型
- 恒定转率和加速度（Constant Turn Rate and Acceleration，CTRA）模型

CTRV 目前多用于机载追踪系统（飞机），这些二次运动模型大多假定速度 v 和偏航角速度（yaw rate）ω 是各自独立的。因此，在这类运动模型中，由于偏航角速度测量的扰动（不稳定性），即使车辆没有移动，实际测量的角速度也会发生细微的变化。

为了解决这个问题，速度 v 和偏航角速度 ω 的关联可以通过假设转向角 Φ 恒定来建立关系，这样就引出了恒定转向角和速度（Constant Steering Angle and Velocity，CSAV）

模型。另外，速度可以假定为线性变化的，进而引出了常曲率和加速度（Constant Curvature and Acceleration，CCA）模型。这些运动模型可以相互转化，其关系如图 4-3 所示[3]。

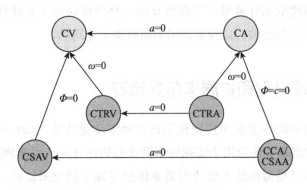

图 4-3 运行模型关系图

状态转移公式是运动模型的具体数学表现形式。除 CCA 以外，以上运动模型都非常普及，本节重点讲解 CV 和 CTRV 模型的状态转移公式。状态转移公式就是过程模型由上一状态的估计计算下一个状态的先验分布的计算公式，可以理解为基于一定的先验知识总结出来的运动公式。首先需要在模型中定义状态空间，即该模型考察的状态量，CV 模型的状态空间可以表示为：

$$\vec{x}(t) = (x, y, v_x, v_y)^T$$

其中，(x, y) 表示目标的位置，(v_x, v_y) 表示目标在 (x, y) 方向上的速度，由于 CV 模型已经假定是恒定速度，所以在状态空间中并不需要加速度这个维度，由此可以推导出 CV 模型的状态转移函数：

$$\vec{x}(t + \Delta t) = \begin{pmatrix} x(t) + \Delta t v_x \\ y(t) + \Delta t v_y \\ v_x \\ v_y \end{pmatrix}$$

恒定转率和速度模型又被称为恒定角速度-速度模型，顾名思义也就是假定速度和角速度是恒定的，在 CTRV 模型中，目标的状态量为：

$$\vec{x}(t) = (x, y, v, \theta, \omega)^T$$

其中，θ 为偏航角，是追踪的目标车辆在当前车辆坐标系下与 x 轴的夹角，逆时针方向为正，取值范围是 $[0, 2\pi)$，ω 是偏航角速度。CTRV 的状态转移函数为：

$$\vec{x}(t+\Delta t) = \begin{pmatrix} \dfrac{v}{\omega}\sin(\omega\Delta t + \theta) - \dfrac{v}{\omega}\sin(\theta) + x(t) \\ -\dfrac{v}{\omega}\cos(\omega\Delta t + \theta) + \dfrac{v}{\omega}\cos(\theta) + y(t) \\ v \\ \omega\Delta t + \theta \\ \omega \end{pmatrix}$$

本节下面的内容将以 CTRV 模型作为运动模型。上面的 CTRV 状态转移公式还存在一个问题，即当 $\omega = 0$ 时，上述状态转移公式中的分母为零。为了解决这个问题，想象一下 $\omega = 0$ 的情况，其实就代表此时追踪的车辆实际上是直线行驶的，所以上述方程就简化为：

$$x(t+\Delta t) = v\cos(\theta)\Delta t + x(t)$$
$$y(t+\Delta t) = v\sin(\theta)\Delta t + y(t)$$

使用这些更加复杂的运动模型还存在另一个问题，卡尔曼滤波仅仅用于处理线性问题，很显然现在的过程模型是非线性的，此时就不能简单地使用卡尔曼滤波进行预测和更新了，预测的第一步公式变成了如下非线性函数表达式：

$$x_k = g(x_{k-1}, u)$$

其中，函数 $g(\ )$ 表示 CTRV 运动模型的状态转移函数，u 表示控制输入。为了解决非线性系统下的问题，下面引入扩展卡尔曼滤波算法。

4.2.2 扩展卡尔曼滤波

1. 雅可比矩阵

扩展卡尔曼滤波的本质是使用线性变换来近似非线性变换，具体来说，EKF 使用一阶泰勒展开式来进行线性化，根据泰勒展开公式：

$$h(x) \approx h(u) + \dfrac{\partial h(u)}{\partial x}(x - u)$$

数学中，泰勒公式是一个用函数在某点的信息描述其附近取值的公式。如果函数足够平滑的话，即已知函数在某一点的各阶导数值的情况之下，泰勒公式可以用这些导数值作为系数构建一个多项式来近似函数在这一点的邻域中的值。泰勒公式还给出了这个多项式和实际函数值之间的偏差。

回到前面提到的过程模型中，新的状态转移函数表达式为：

$$\vec{x}(t+\Delta t) = g(x(t)) = \begin{pmatrix} \dfrac{v}{\omega}\sin(\omega\Delta t + \theta) - \dfrac{v}{\omega}\sin(\theta) + x(t) \\ -\dfrac{v}{\omega}\cos(\omega\Delta t + \theta) + \dfrac{v}{\omega}\cos(\theta) + y(t) \\ v \\ \omega\Delta t + \theta \\ \omega \end{pmatrix}, \omega \neq 0$$

$$\vec{x}(t+\Delta t) = g(x(t)) = \begin{pmatrix} v\cos(\theta)\Delta t + x(t) \\ v\sin(\theta)\Delta t + y(t) \\ v \\ \omega\Delta t + \theta \\ \omega \end{pmatrix}, \omega = 0$$

对于这个多元函数，使用多元泰勒级数展开：

$$T(x) = f(u) + (x-u)Df(u) + \frac{1}{2!}(x-u)^2 D^2 f(u) + \cdots$$

其中，$Df(u)$ 即雅可比矩阵，它是多元函数中各个因变量关于各个自变量的一阶偏导数构成的矩阵。

$$J = \begin{pmatrix} \dfrac{\partial f}{\partial x_1} & \cdots & \dfrac{\partial f}{\partial x_n} \end{pmatrix} = \begin{pmatrix} \dfrac{\partial f_1}{\partial x_1} & \cdots & \dfrac{\partial f_1}{\partial x_n} \\ \vdots & \ddots & \vdots \\ \dfrac{\partial f_m}{\partial x_1} & \cdots & \dfrac{\partial f_m}{\partial x_n} \end{pmatrix}$$

雅可比矩阵 在向量微积分中，雅可比矩阵是一阶偏导数以一定方式排列成的矩阵，其行列式称为雅可比行列式。雅可比矩阵的重要性在于它体现了一个可微方程与给出点的最优线性逼近。因此，雅可比矩阵类似于多元函数的导数。

在扩展卡尔曼滤波中，由于 $(x-u)$ 本身数值很小，$(x-u)^2$ 就更小了，所以更高阶的级数在此问题中忽略不计，只考虑利用一阶雅可比矩阵进行线性化近似处理。

那么接下来就是求解雅可比矩阵。在 CTRV 模型中，对各个元素求偏导数可以得到雅可比矩阵（$\omega \neq 0$）：

$$J_A = \begin{pmatrix} 1 & 0 & \frac{1}{\omega}(-\sin(\theta)+\sin(\Delta t\omega+\theta)) & \frac{v}{\omega}(-\cos(\theta)+\cos(\Delta t\omega+\theta)) & \frac{\Delta tv}{\omega}\cos(\Delta t\omega+\theta)-\frac{v}{\omega^2}(-\sin(\theta)+\sin(\Delta t\omega+\theta)) \\ 0 & 1 & \frac{v}{\omega}(-\sin(\theta)+\sin(\Delta t\omega+\theta)) & \frac{1}{\omega}(\cos(\theta)-\cos(\Delta t\omega+\theta)) & \frac{\Delta tv}{\omega}\sin(\Delta t\omega+\theta)-\frac{v}{\omega^2}(\cos(\theta)-\cos(\Delta t\omega+\theta)) \\ 0 & 0 & 1 & 0 & 0 \\ 0 & 0 & 0 & 1 & \Delta t \\ 0 & 0 & 0 & 0 & 1 \end{pmatrix}$$

当 $\omega = 0$ 时，雅可比矩阵简化为：

$$J_A = \begin{pmatrix} 1 & 0 & \Delta t\cos(\theta) & -\Delta tv\sin(\theta) & 0 \\ 0 & 1 & \Delta t\sin(\theta) & \Delta tv\cos(\theta) & 0 \\ 0 & 0 & 1 & 0 & 0 \\ 0 & 0 & 0 & 1 & \Delta t \\ 0 & 0 & 0 & 0 & 1 \end{pmatrix}$$

在后面的 Python 实现中，将使用 numdifftools 库直接计算雅可比矩阵，而不需要使用代码重写这个雅可比矩阵。在得到 CTRV 模型的雅可比矩阵以后，新的过程模型就可以写成：

$$x_k = g(x_{k-1}, u)$$
$$P_k = J_A P_{k-1} J_A^T + Q$$

2. 过程噪声

过程噪声模拟了运动模型中的扰动，引入运动模型的出发点就是要简化要处理的运动问题，这个简化是建立在多个假设的基础上（在 CTRV 中，这些假设就是恒定偏航角速度和速度），但是在现实问题中这些假设存在一定的误差，过程噪声实际上描述了当系统在指定时间段运行以后可能面临的由于模型简化带来的多大误差。在 CTRV 模型中噪声的引入主要来源于两处：直线加速度和偏航角加速度。假设直线加速度和偏航角加速度满足均值为 0，方差分别为 σ_a^2、σ_ω^2 的高斯分布，由于均值为 0，在状态转移公式中，令 $bu = 0$，就可以不予考虑控制输入了，只需要考察噪声带来的不确定性 Q，直线加速度和偏航角加速度将影响状态量 $(x, y, v, \theta, \omega)$，这两个加速度量对状态的影响如下：

$$\text{noise}_{\text{term}} = \begin{pmatrix} \frac{1}{2}\Delta t^2 \mu_a \cos(\theta) \\ \frac{1}{2}\Delta t^2 \mu_a \sin(\theta) \\ \Delta t \mu_a \\ \frac{1}{2}\Delta t^2 \mu_\omega \\ \Delta t \mu_\omega \end{pmatrix}$$

其中，μ_a、μ_ω 为直线和转角上的加速度（在这个模型中，把它们看作过程噪声），分解这个矩阵：

$$\text{noise}_{\text{term}} = \begin{pmatrix} \frac{1}{2}\Delta t^2 \cos(\theta) & 0 \\ \frac{1}{2}\Delta t^2 \sin(\theta) & 0 \\ \Delta t & 0 \\ 0 & \frac{1}{2}\Delta t^2 \\ 0 & \Delta t \end{pmatrix} \cdot \begin{pmatrix} \mu_a \\ \mu_\omega \end{pmatrix} = \boldsymbol{G} \cdot \boldsymbol{\mu}$$

由前文所述，已知 $\boldsymbol{Q}$ 就是过程噪声的协方差矩阵，其表达式为：

$$\boldsymbol{Q} = E[\text{noise\_term} \cdot \text{noise\_term}^\text{T}] = E[\boldsymbol{G}\boldsymbol{\mu}\boldsymbol{\mu}^\text{T}\boldsymbol{G}^\text{T}] = \boldsymbol{G} \cdot E[\boldsymbol{\mu}\boldsymbol{\mu}^\text{T}] \cdot \boldsymbol{G}^\text{T}$$

其中：

$$E[\boldsymbol{\mu}\boldsymbol{\mu}^\text{T}] = \begin{pmatrix} \sigma_a^2 & 0 \\ 0 & \sigma_\omega^2 \end{pmatrix}$$

所以，在 CTRV 模型中过程噪声的协方差矩阵 $\boldsymbol{Q}$ 的计算公式就是：

$$\boldsymbol{Q} = \begin{pmatrix} \left(\frac{1}{2}\Delta t^2 \sigma_a \cos(\theta)\right)^2 & \frac{1}{4}\Delta t^4 \sigma_a^2 \sin(\theta)\cos(\theta) & \frac{1}{2}\Delta t^3 \sigma_a^2 \cos(\theta) & 0 & 0 \\ \frac{1}{4}\Delta t^4 \sigma_a^2 \sin(\theta)\cos(\theta) & \left(\frac{1}{2}\Delta t^2 \sigma_a \sin(\theta)\right)^2 & \frac{1}{2}\Delta t^3 \sigma_a^2 \sin(\theta) & 0 & 0 \\ \frac{1}{2}\Delta t^3 \sigma_a^2 \cos(\theta) & \frac{1}{2}\Delta t^3 \sigma_a^2 \sin(\theta) & \Delta t^2 \sigma_a^2 & 0 & 0 \\ 0 & 0 & 0 & \left(\frac{1}{2}\Delta t^2 \sigma_\omega\right)^2 & \frac{1}{2}\Delta t^3 \sigma_\omega^2 \\ 0 & 0 & 0 & \frac{1}{2}\Delta t^3 \sigma_\omega & \Delta t^2 \sigma_\omega \end{pmatrix}$$

3. 测量

假设有激光雷达和毫米波雷达两个传感器，它们分别以一定的频率来测量如下数据：

- 激光雷达：测量目标车辆的坐标 (x, y)。这里 x、y 是相对于车辆坐标系的，即以车辆为坐标系原点，车辆前向为 x 轴，车的左侧方向为 y 轴，符合右手定则。
- 毫米波雷达：测量目标车辆在车辆坐标系下与本车的极坐标距离 ρ、目标车辆与 x 轴的夹角 ψ，以及目标车辆与本车的相对距离变化率 $\dot{\rho}$（本质上就是目标车辆的实际速度在本车和目标车辆连线上的分量）。

在前面的卡尔曼滤波器中，使用了一个观测矩阵 $\boldsymbol{H}$ 将预测的结果映射到测量空间，那是因为这个映射本身就是线性的；现在，使用毫米波雷达和激光雷达来测量目标车辆（这个过程称为传感器融合），会有两种情况，即：

1）激光雷达的测量模型仍然是线性的，其测量矩阵为：

$$\boldsymbol{H}_{\mathrm{L}} = \begin{pmatrix} 1 & 0 & 0 & 0 \\ 0 & 1 & 0 & 0 \end{pmatrix}$$

将预测映射到激光雷达测量空间：$\boldsymbol{H}_{\mathrm{L}}\vec{x} = (x, y)^{\mathrm{T}}$

2）毫米波雷达的预测映射到测量空间是非线性的，其表达式为：

$$\begin{pmatrix} \rho \\ \psi \\ \dot{\rho} \end{pmatrix} = \begin{pmatrix} \sqrt{x^2 + y^2} \\ \mathrm{atan2}(y, x) \\ \dfrac{vx + vy}{\sqrt{x^2 + y^2}} \end{pmatrix}$$

此时使用 $h(x)$ 来表示这样一个非线性映射，那么在求解卡尔曼增益时也要将该非线性过程使用泰勒公式来线性化，参照预测过程，只需要求解 $h(x)$ 的雅可比矩阵[4]：

$$\boldsymbol{J}_H = \begin{pmatrix} \dfrac{x}{\sqrt{x^2+y^2}} & \dfrac{y}{\sqrt{x^2+y^2}} & 0 & 0 \\ -\dfrac{y}{x^2+y^2} & \dfrac{x}{x^2+y^2} & 0 & 0 \\ \dfrac{v}{\sqrt{x^2+y^2}} - \dfrac{x(vx+vy)}{(x^2+y^2)^{\frac{3}{2}}} & \dfrac{v}{\sqrt{x^2+y^2}} - \dfrac{y(vx+vy)}{(x^2+y^2)^{\frac{3}{2}}} & \dfrac{x+y}{\sqrt{x^2+y^2}} & 0 & 0 \end{pmatrix}$$

虽然这个雅可比矩阵看似非常复杂，但是其实在后续编程的时候并不需要完整地推导出这个雅可比矩阵的表达式，在本文中采用 numdifftools 这个库来求解雅可比矩阵。

综上，EKF 的整个流程如图 4-4 所示。

4. Python 实现

与之前一样，为了实现交互式代码，仍然使用大家熟悉的 Python 来实现，当然，实际无人车项目根据需要也可使用 C++ 来实现，将下面的示例代码使用 C++ 来改写也是非常简单快速的。

首先引入相关库：

代码清单 4-10　引入相关库

```
from __future__ import print_function
import numpy as np
import matplotlib.dates as mdates
```

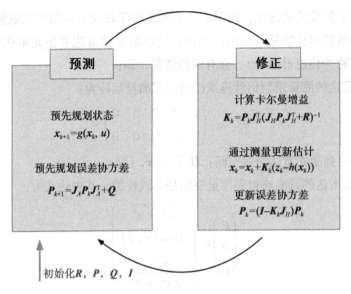

图 4-4　扩展卡尔曼滤波流程

```
import matplotlib.pyplot as plt
from scipy.stats import norm
from sympy import Symbol, symbols, Matrix, sin, cos, sqrt, atan2
from sympy import init_printing
init_printing(use_latex=True)
import numdifftools as nd
import math
```

接下来需要读取传感器的输出数据集，该数据集包含了追踪目标的激光雷达和毫米波雷达的测量值，以及测量的时间点，同时为了验证追踪目标的精度，该数据还包含了追踪目标的真实坐标，如图 4-5 所示。

L	1.168143e+01	2.086511e+01	1477010450900000	1.178496e+01	2.111700e+01
R	2.367080e+01	1.062204e+00	-2.414893e+00	1477010450950000	1.154179e+01
L	1.136299e+01	2.106885e+01	1477010451000000	1.129823e+01	2.113353e+01
R	2.310852e+01	1.096410e+00	-2.608439e+00	1477010451050000	1.105441e+01
L	1.089027e+01	2.092695e+01	1477010451100000	1.081049e+01	2.112589e+01
R	2.332606e+01	1.160452e+00	-2.318841e+00	1477010451150000	1.056661e+01
L	1.018897e+01	2.120896e+01	1477010451200000	1.032291e+01	2.109432e+01
R	2.351575e+01	1.132521e+00	-2.697811e+00	1477010451250000	1.007952e+01
L	9.996342e+00	2.097967e+01	1477010451300000	9.836580e+00	2.103913e+01
R	2.310199e+01	1.152590e+00	-2.349513e+00	1477010451350000	9.594224e+00
L	9.539206e+00	2.087620e+01	1477010451400000	9.352578e+00	2.096067e+01
R	2.307927e+01	1.140184e+00	-2.849064e+00	1477010451450000	9.111770e+00
L	8.703310e+00	2.082208e+01	1477010451500000	8.871920e+00	2.085938e+01
R	2.230044e+01	1.113492e+00	-2.997998e+00	1477010451550000	8.633149e+00

图 4-5　测试数据

其中第一列（L 和 R）表示测量数据是来自激光雷达（Lidar）还是毫米波雷达

(Radar), 如果第一列是L, 则第2、3列表示测量的目标(x, y), 第4列表示以设备为参考的测量时间点, 第5、6、7、8列表示真实的(x, y, v_x, v_y), 如果第一列是R, 则前三列分别是(ρ, ψ, ρ), 其余列的数据意义与第一列为L时一样。

读取整个数据集：

代码清单4-11　读取数据

```
dataset = []
with open('data_synthetic.txt', 'rb') as f:
    lines = f.readlines()
    for line in lines:
        line = line.strip('\n')
        line = line.strip()
        numbers = line.split()
        result = []
        for i, item in enumerate(numbers):
            item.strip()
            if i == 0:
                if item == 'L':
                    result.append(0.0)
                else:
                    result.append(1.0)
            else:
                result.append(float(item))
        dataset.append(result)
    f.close()
```

初始化 P、激光雷达的测量矩阵（线性）H_L、测量噪声 R，以及过程噪声中的直线加速度项的标准差 σ_a、转角加速度项的标准差 σ_ω，代码如下：

代码清单4-12　初始化数据并做处理

```
P = np.diag([1.0, 1.0, 1.0, 1.0, 1.0])
print(P, P.shape)
H_lidar = np.array([[ 1., 0., 0., 0., 0.],
      [ 0., 1., 0., 0., 0.]])
print(H_lidar, H_lidar.shape)

R_lidar = np.array([[0.0225, 0.],[0., 0.0225]])
R_radar = np.array([[0.09,0., 0.],[0., 0.0009, 0.], [0., 0., 0.09]])
print(R_lidar, R_lidar.shape)
print(R_radar, R_radar.shape)

# process noise standard deviation for a
std_noise_a = 2.0
# process noise standard deviation for yaw acceleration
std_noise_yaw_dd = 0.3
```

在整个预测和测量更新过程中，所有角度的测量数值都应该控制在 $[-\pi, \pi]$，由于角度加减 2π 保持不变，所以用如下函数来调整角度：

代码清单 4-13　调整角度

```
def control_psi(psi):
    while (psi > np.pi or psi < -np.pi):
        if psi > np.pi:
            psi = psi - 2 * np.pi
        if psi < -np.pi:
            psi = psi + 2 * np.pi
    return psi
```

若使用第一个雷达的测量数据（或者激光雷达）初始化对象状态，对于激光雷达数据，可以直接将测量到的目标的 (x, y) 坐标作为初始坐标，其余状态项初始化为 0；对于毫米波雷达数据，可以使用如下公式由测量的 ρ、ψ 得到分解后的目标坐标 (x, y)：

$$x = \rho\cos(\psi)$$
$$y = \rho\sin(\psi)$$

具体状态初始化代码为：

代码清单 4-14　初始化代码

```
state = np.zeros(5)
init_measurement = dataset[0]
current_time = 0.0
if init_measurement[0] == 0.0:
    print('Initialize with LIDAR measurement! ')
    current_time = init_measurement[3]
    state[0] = init_measurement[1]
    state[1] = init_measurement[2]

else:
    print('Initialize with RADAR measurement! ')
    current_time = init_measurement[4]
    init_rho = init_measurement[1]
    init_psi = init_measurement[2]
    init_psi = control_psi(init_psi)
    state[0] = init_rho * np.cos(init_psi)
    state[1] = init_rho * np.sin(init_psi)
print(state, state.shape)
```

写一个辅助函数用于保存数值：

代码清单 4-15　辅助函数

```
# Preallocation for Saving
px = []
```

```
py = []
vx = []
vy = []

gpx = []
gpy = []
gvx = []
gvy = []

mx = []
my = []
def savestates(ss, gx, gy, gv1, gv2, m1, m2):
    px.append(ss[0])
    py.append(ss[1])
    vx.append(np.cos(ss[3]) * ss[2])
    vy.append(np.sin(ss[3]) * ss[2])

    gpx.append(gx)
    gpy.append(gy)
    gvx.append(gv1)
    gvy.append(gv2)
    mx.append(m1)
    my.append(m2)
```

定义状态转移函数和测量函数，使用 numdifftools 库来计算其对应的雅可比矩阵，这里假设 $\Delta t = 0.05$，只是为了方便举例，当实际运行 EKF 时需要计算出前后两次测量的时间差来替换这里的 Δt。

代码清单 4-16 计算雅可比矩阵

```
measurement_step = len(dataset)
state = state.reshape([5, 1])
dt = 0.05

I = np.eye(5)

transition_function = lambda y: np.vstack((
    y[0] + (y[2] / y[4]) * (np.sin(y[3] + y[4] * dt) - np.sin(y[3])),
    y[1] + (y[2] / y[4]) * (-np.cos(y[3] + y[4] * dt) + np.cos(y[3])),
    y[2],
    y[3] + y[4] * dt,
    y[4]))

# when omega is 0
transition_function_1 = lambda m: np.vstack((m[0] + m[2] * np.cos(m[3]) * dt, m[1] + m
    [2] * np.sin(m[3]) * dt, m[2], m[3] + m[4] * dt, m[4]))

J_A = nd.Jacobian(transition_function)
J_A_1 = nd.Jacobian(transition_function_1)
```

```python
# print(J_A([1., 2., 3., 4., 5.]))

measurement_function = lambda k: np.vstack((np.sqrt(k[0] * k[0] + k[1] * k[1]),
                       math.atan2(k[1], k[0]), (k[0] * k[2] * np.cos(k[3]) + k[1] * k[2] * np.sin(k
                       [3])) / np.sqrt(k[0] * k[0] + k[1] * k[1])))
J_H = nd.Jacobian(measurement_function)
# J_H([1., 2., 3., 4., 5.])
```

代码清单4-17　EKF 的过程代码

```python
for step in range(1, measurement_step):

    # Prediction
    # ========================
    t_measurement = dataset[step]
    if t_measurement[0] == 0.0:
        m_x = t_measurement[1]
        m_y = t_measurement[2]
        z = np.array([[m_x], [m_y]])

        dt = (t_measurement[3] - current_time) / 1000000.0
        current_time = t_measurement[3]

        # true position
        g_x = t_measurement[4]
        g_y = t_measurement[5]
        g_v_x = t_measurement[6]
        g_v_y = t_measurement[7]

    else:
        m_rho = t_measurement[1]
        m_psi = t_measurement[2]
        m_dot_rho = t_measurement[3]
        z = np.array([[m_rho], [m_psi], [m_dot_rho]])

        dt = (t_measurement[4] - current_time) / 1000000.0
        current_time = t_measurement[4]

        # true position
        g_x = t_measurement[5]
        g_y = t_measurement[6]
        g_v_x = t_measurement[7]
        g_v_y = t_measurement[8]

    if np.abs(state[4, 0]) < 0.0001:        # omega is 0, Driving straight
        state = transition_function_1(state.ravel().tolist())
        state[3, 0] = control_psi(state[3, 0])
        JA = J_A_1(state.ravel().tolist())
    else:         # otherwise
        state = transition_function(state.ravel().tolist())
        state[3, 0] = control_psi(state[3, 0])
```

```
            JA = J_A(state.ravel().tolist())

G = np.zeros([5, 2])
G[0, 0] = 0.5 * dt * dt * np.cos(state[3, 0])
G[1, 0] = 0.5 * dt * dt * np.sin(state[3, 0])
G[2, 0] = dt
G[3, 1] = 0.5 * dt * dt
G[4, 1] = dt

Q_v = np.diag([std_noise_a* std_noise_a, std_noise_yaw_dd* std_noise_yaw_dd])
Q = np.dot(np.dot(G, Q_v), G.T)

# Project the error covariance ahead
P = np.dot(np.dot(JA, P), JA.T) + Q

# Measurement Update (Correction)
# ===============================
if t_measurement[0] == 0.0:
    # Lidar
    S = np.dot(np.dot(H_lidar, P), H_lidar.T) + R_lidar
    K = np.dot(np.dot(P, H_lidar.T), np.linalg.inv(S))

    y = z - np.dot(H_lidar, state)
    y[1, 0] = control_psi(y[1, 0])
    state = state + np.dot(K, y)
    state[3, 0] = control_psi(state[3, 0])
    # Update the error covariance
    P = np.dot((I - np.dot(K, H_lidar)), P)

    # Save states for Plotting
    savestates(state.ravel().tolist(), g_x, g_y, g_v_x, g_v_y, m_x, m_y)

else:
    # Radar
    JH = J_H(state.ravel().tolist())

    S = np.dot(np.dot(JH, P), JH.T) + R_radar
    K = np.dot(np.dot(P, JH.T), np.linalg.inv(S))
    map_pred = measurement_function(state.ravel().tolist())
    if np.abs(map_pred[0, 0]) < 0.0001:
        # if rho is 0
        map_pred[2, 0] = 0

    y = z - map_pred
    y[1, 0] = control_psi(y[1, 0])

    state = state + np.dot(K, y)
    state[3, 0] = control_psi(state[3, 0])
    # Update the error covariance
    P = np.dot((I - np.dot(K, JH)), P)
```

```
savestates(state.ravel().tolist(), g_x, g_y, g_v_x, g_v_y, m_rho * np.cos(m_
    psi), m_rho * np.sin(m_psi))
```

有几点需要注意：首先要考虑清楚有哪些地方的被除数有可能为 0，比如说 $\omega = 0$ 和 $\rho = 0$ 的情况，必要时需要进行代码异常处理保护。

处理后输出预测估计的均方根误差（RMSE），并且把各类数据保存以便可视化 EKF 的效果：

代码清单 4-18　输出估计的均方根误差

```
def rmse(estimates, actual):
    result = np.sqrt(np.mean((estimates - actual) ** 2))
    return result

print(rmse(np.array(px), np.array(gpx)),
      rmse(np.array(py), np.array(gpy)),
      rmse(np.array(vx), np.array(gvx)),
      rmse(np.array(vy), np.array(gvy)))

# write to the output file
stack = [px, py, vx, vy, mx, my, gpx, gpy, gvx, gvy]
stack = np.array(stack)
stack = stack.T
np.savetxt('output.csv', stack, '%.6f')
```

最后来看一下 EKF 在追踪目标时的均方根误差：

0.0736336090893　0.0804598933194　0.229165985264　0.309993887661

技巧：使用 Excel 可以将轨迹计算的 EKF 估计结果可视化，既方便又快捷。如图 4-6 所示，橙色的是激光雷达和毫米波雷达的测量值，绿色的是对应的目标位置的真值，蓝色的是 EKF 的估计值，图示表示车辆行驶了一个 8 字形路径。

再把局部放大，如图 4-7 所示。

很显然，橙色的点证实测量数据是不准确的，并且存在较大的跳跃和间隔，即存在噪声。但是，使用 EKF 并结合 CTRV 运动模型的先验知识后，以及在融合两个传感器各自的测量数据的基础上，仍然能够得出非常接近目标真实状态的估计，这就是卡尔曼滤波算法的奇妙之处。

实际上，EKF 的魅力还不止于此！使用 EKF，不仅能够对目标的状态进行准确的估计，从这个例子也会发现，EKF 还能估计出传感器无法测量的量（比如本例中的 v、ψ、$\dot{\psi}$，即速度、角度、角速度等量）。

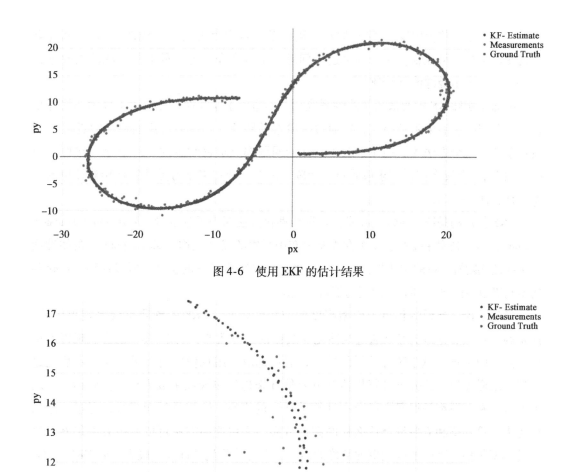

图 4-6　使用 EKF 的估计结果

图 4-7　局部放大

细心的同学可能还会发现，相比 KF 算法，EKF 算法的计算量变大了，实际上，EKF 的一个最大的问题就是求解雅可比矩阵的时候计算量较大，但可以通过计算优化技巧等方式减少其计算量，以获得更好的性能提升。

下一节将介绍另一种广泛使用的卡尔曼滤波算法——无损卡尔曼滤波（Unscented Kalman Filter，UKF）。

4.3　无损卡尔曼滤波

前面了解了卡尔曼滤波以及扩展卡尔曼滤波在目标状态估计中的应用，还用 Python

实现了一个车辆位置跟踪的 EKF 原型,当问题一旦变得复杂(非线性模型),其计算量就变得十分不可控,为了解决这一问题,本节会介绍另一种卡尔曼滤波的改进方法——无损卡尔曼滤波(UKF)[5]。

由前文所知 KF 主要适用于线性系统,并不适用于非线性系统。为了处理非线性系统,在此引入扩展卡尔曼滤波,它通过一阶泰勒展开式来近似(用线性函数近似)非线性系统,这个方法的问题在于对于具体的问题都要求解对应的一阶偏导(雅可比矩阵)。相信很多读者都讨厌求解雅可比矩阵,那么,现在来学习另外一种相对简单的状态估计算法——UKF。

UKF 使用的是统计线性化技术,这种线性化方法叫作无损变换(Unscented Transformation),这一技术主要通过 n 个在先验分布中采集的点(也称为 sigma point)的线性回归来线性化随机变量的非线性函数,由于考虑的是随机变量的扩展,所以这种线性化要比泰勒级数线性化(EKF 所使用的策略)更准确。

换句话说,当预测和更新模型高度的非线性化时,EKF 的预测也会表现得较差,这是因为系统的方差仍然是通过线性化非线性模型传播的,所以 EKF 也会表现得不尽如人意。UKF 就是基于统计采样的技术,通过选取一组均值附近的采样点,然后通过对这些采样点形成的分布进行均值和方差估计来构建非线性函数模型。换句话说,之前的方法和习惯都是根据高斯分布计算采样点的概率,这里是反向思维,通过一组采样点来估算均值和方差符合什么样的高斯分布。采用这种方法可以避免方差仍然通过线性模型传播,因此能得到更加精确的结果,但是缺陷就是计算量较大,同 EKF 一样,UKF 也主要分为预测和更新过程。

4.3.1 运动模型

在此继续使用 CTRV 运动模型,CTRV 模型的具体形式如下:

$$\vec{x}(t+\Delta t) = g(x(t)) = \begin{pmatrix} \frac{v}{\omega}\sin(\omega\Delta t + \theta) - \frac{v}{\omega}\sin(\theta) + x(t) \\ -\frac{v}{\omega}\cos(\omega\Delta t + \theta) + \frac{v}{\omega}\sin(\theta) + y(t) \\ v \\ \omega\Delta t + \theta \\ \omega \end{pmatrix} + \begin{pmatrix} \frac{1}{2}\Delta t^2 \mu_a \cos(\theta) \\ \frac{1}{2}\Delta t^2 \mu_a \sin(\theta) \\ \Delta t \mu_a \\ \frac{1}{2}\Delta t^2 \mu_\omega \\ \Delta t \mu_\omega \end{pmatrix}, \omega \neq 0$$

当 $\omega = 0$ 时,方程退化为:

$$\vec{x}(t+\Delta t) = g(x(t)) = \begin{pmatrix} v\cos(\theta)\Delta t + x(t) \\ v\sin(\theta)\Delta t + y(t) \\ v \\ \omega\Delta t + \theta \\ \omega \end{pmatrix} + \begin{pmatrix} \frac{1}{2}\Delta t^2 \mu_a \cos(\theta) \\ \frac{1}{2}\Delta t^2 \mu_a \sin(\theta) \\ \Delta t \mu_a \\ \frac{1}{2}\Delta t^2 \mu_\omega \\ \Delta t \mu_\omega \end{pmatrix}, \omega = 0$$

在 EKF 中，将直线加速度和偏航角加速度的影响当作过程噪声，并且假设它们服从均值为 0、方差分别为 σ_a 和 σ_ω 的高斯分布，在这里，将噪声的影响直接考虑到状态转移函数中来。至于函数中的不确定项 σ_a 和 σ_ω，后面再分析。

4.3.2 非线性过程模型和测量模型

由前所述，在应用 KF 时面临的主要问题就是非线性过程模型（比如 CTRV）和非线性测量模型（Radar 测量）的处理。下面从概率分布的角度来描述这个问题。

对于想要估计的状态，在 k 时刻服从均值为 μ_k、方差为 σ_k 的高斯分布，这是在 k 时刻的**后验**（如果把整个卡尔曼滤波的过程迭代来考虑的话）。现在以这个后验为出发点，结合一定的先验知识（比如 CTRV 运动模型）来估计在 $k+1$ 时刻状态的均值和方差，这个过程就是卡尔曼滤波的预测。如果变换是线性的，那么预测的结果仍然符合高斯分布，但现实是过程模型和测量模型都是非线性的，结果就是一个不规则分布，KF 能够使用的前提是所处理的状态满足线性变化，为了解决这个问题，EKF 是寻找一个线性函数模型来近似这个非线性函数模型，而 UKF 是寻找一个与真实分布近似的高斯分布。

UKF 的基本思路就是：寻找一个近似非线性函数的概率分布要比近似非线性函数本身容易！那么，如何寻找一个与真实分布近似的高斯分布呢？UKF 通过寻找一个与真实分布有着相同的均值和协方差的高斯分布来近似真实分布。至于如何确定这个均值和方差，就用到了下面要介绍的内容——无损变换。

4.3.3 无损变换

使用一定的方法产生一组 sigma point 点集，这些 sigma point 采样点能够代表当前的分布，然后将这些点通过非线性函数（过程模型）变换到一个新的空间（预测空间），然后基于这些新的 sigma point 计算出一个新的高斯分布（带有权重地计算出来），整个过程如图 4-8 所示[7]。

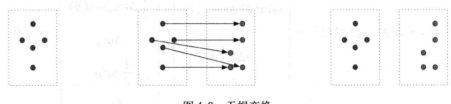

图 4-8　无损变换

4.3.4　预测

首先由一个高斯分布产生 sigma point 集合，假定状态的个数为 n，那么会产生 $2n+1$ 个 sigma point 采样点，其中第一个点就是当前状态的均值 μ，sigma point 采样点集的均值的计算公式为：

$$\chi^{[1]} = \mu$$
$$\chi^{[i]} = \mu + (\sqrt{(n+\lambda)P})_i, \quad i = 2, \cdots, n+1$$
$$\chi^{[i]} = \mu - (\sqrt{(n+\lambda)P})_{i-n}, \quad i = n+2, \cdots, 2n+1$$

其中的 λ 是一个超参数，根据公式，λ 越大，sigma point 就越远离分布的均值；λ 越小，sigma point 就越靠近分布的均值。需要注意的是，在 CTRV 模型中，状态数量 n 除了要包含 5 个状态以外，还要包含过程噪声 μ_a 和 μ_ω，因为这些过程噪声对模型也有着非线性影响。在增加了过程噪声的影响以后，不确定性矩阵 P 就变成了：

$$P = \begin{pmatrix} P' & 0 \\ 0 & Q \end{pmatrix}$$

其中，P' 就是原来的不确定性矩阵（在 CTRV 模型中就是一个 5×5 的矩阵），Q 是过程噪声的协方差矩阵，在 CTRV 模型中考虑到直线加速度和 Q 的形式为：

$$Q = \begin{pmatrix} \sigma_a^2 & 0 \\ 0 & \sigma_\omega^2 \end{pmatrix}$$

其中的 σ_a^2、σ_ω^2 同上面讲述的一样。以上公式中还存在一个问题，即矩阵开平方根怎么计算的问题，同样情况下求得：

$$A = \sqrt{P}$$

其中，

$$AA^T = P$$

求解上式中的 A 是一个相对复杂的过程，但是如果 P 是对角矩阵，这个求解就会简化，在实例中，P 表示对估计状态的不确定性（协方差矩阵），会发现 P 基本上是对角矩阵（状态量之间的相关性几乎为 0），所以可以先对 P 进行 Cholesky 分解，分解得到的矩阵的下三角矩阵就是要求的 A。

1. 预测 sigma point

现在有了 sigma point 点集，下一步就是用非线性函数 $g()$ 来进行预测：

$$\chi_{k+1|k} = g(\chi_{k|k}, \mu_k)$$

需要注意的是，这里的输入 $\chi_{k|k}$ 是一个（7，15）的矩阵（因为考虑了两个噪声量），但是输出 $\chi_{k+1|k}$ 是一个（5，15）的矩阵（因为这是预测的结果，本质上是基于运动模型的先验，先验中的均值不应当包含 a、ω 这类不确定的量）。

2. 预测均值和方差

首先要计算出各个 sigma point 的权重，权重的计算公式为：

$$w^{[i]} = \frac{\lambda}{\lambda + n}, \quad i = 1$$

$$w^{[i]} = \frac{1}{2(\lambda + n)}, \quad i = 2, \cdots, 2n+1$$

然后基于每个 sigma point 的权重求解新的分布的均值和方差[6]：

$$\mu' = \sum_{i=1}^{2n+1} w^{[i]} \chi_{k+1}^{[i]}$$

$$P' = \sum_{i=1}^{2n+1} w^{[i]} (\chi_{k+1}^{[i]} - \mu')(\chi_{k+1}^{[i]} - \mu')^T$$

其中 μ' 即为基于 CTRV 模型预测的目标状态先验分布的均值 $\chi_{k+1|k}$，它是 sigma point 点集中每个点的各个状态量的加权和，P' 即为先验分布的协方差（不确定性）$P_{k+1|k}$，由每个 sigma point 的方差的加权和求得。至此，预测的部分也就完成了，下面进入 UKF 的测量更新部分。

4.3.5 测量更新

1. 预测测量（将先验映射到测量空间，然后计算出均值和方差）

这里继续使用 EKF 中的测量实验数据，已经知道测量更新分为两个部分：Lidar 测量和 Radar 测量。其中 Lidar 测量模型本身就是线性的，所以此处重点讨论一下 Radar

测量模型的处理，Radar 的测量映射函数为：

$$Z_{k+1|k} = \begin{pmatrix} \rho \\ \psi \\ \dot{\rho} \end{pmatrix} = \begin{pmatrix} \sqrt{x^2+y^2} \\ \text{atan2}(y,x) \\ \dfrac{v\cos(\theta)x + v\sin(\theta)y}{\sqrt{x^2+y^2}} \end{pmatrix}$$

这也是一个非线性函数，用函数 $h()$ 来表示它，随后使用无损转换来解决，但是这里可以不用再产生 sigma point 了，可以直接使用预测出来的 sigma point 点集，并且可以忽略过程噪声部分。那么此时对先验的非线性映射就可以表示为如下的 sigma point 预测（即预测非线性变换以后的均值和协方差）：

$$z_{k+1|k} = \sum_{i=1}^{2n+1} w^{[i]} Z_{k+1|k}^{[i]}$$

$$S_{k+1|k} = \sum_{i=1}^{2n+1} w^{[i]} (Z_{k+1|k}^{[i]} - z_{k+1|k})(Z_{k+1|k}^{[i]} - z_{k+1|k})^{\mathrm{T}} + R$$

同前面的文章一样，这里的 R 也是测量噪声，在这里直接将测量噪声的协方差加到测量协方差上是因为该噪声对系统没有非线性影响。在本例中，以 Radar 的测量为例，那么测量噪声 R 为：

$$R = E[ww^{\mathrm{T}}] = \begin{pmatrix} \sigma_\rho^2 & 0 & 0 \\ 0 & \sigma_\psi^2 & 0 \\ 0 & 0 & \sigma_{\dot\rho}^2 \end{pmatrix}$$

2. 更新状态

首先计算出 sigma point 点集在状态空间和测量空间的互相关函数，计算公式如下：

$$T_{k+1|k} = \sum_{i=1}^{2n+1} w^{[i]} (X_{k+1|k}^{[i]} - x_{k+1|k})(Z_{k+1|k}^{[i]} - z_{k+1|k})^{\mathrm{T}}$$

后面只需要完整地按照卡尔曼滤波的更新步骤计算即可，先计算卡尔曼增益：

$$K_{k+1|k} = T_{k+1|k} \cdot S_{k+1|k}^{-1}$$

更新状态（也就是做出最后的状态估计）：

$$x_{k+1|k+1} = x_{k+1|k} + K_{k+1|k}(z_{k+1} - z_{k+1|k})$$

其中 z_{k+1} 是新得到的测量，而 $z_{k+1|k}$ 则是根据先验计算出来的在测量空间的测量。更新状态协方差矩阵：

$$P_{k+1|k+1} = P_{k+1|k} - K_{k+1|k} S_{k+1|k} K_{k+1|k}^{\mathrm{T}}$$

4.3.6 小结

以上就是 UKF 的核心算法内容，UKF 的预测主要包含三部分，分别是：
- 生成 sigma point 点集
- 基于 CTRV 模型预测 sigma point 点集
- 计算新的均值和方差

UKF 的测量更新主要包含以下三步：
- 预测 Lidar 测量
- 预测 Radar 测量
- 更新状态

在本章，我们为了更好地进行状态估计，首先从卡尔曼滤波算法出发，然后讨论了用于处理非线性系统的扩展卡尔曼滤波，最后讨论了无损卡尔曼滤波。在无人车（机器人）系统中，卡尔曼滤波这类贝叶斯滤波器有着广泛的应用，其不仅仅局限于目标的状态估计，在多传感器融合、定位、SLAM 等领域也有着非常广泛的应用，掌握并熟练运用卡尔曼滤波算法在无人驾驶系统的工程应用中非常重要。

4.4 本章参考文献

[1] Welch G, Bishop G. An Introduction to the Kalman Filter[J]. Course Notes 8 of ACM SIGGRAPH 2001, 1995, 8(7):127-132.

[2] How a Kalman Filter Works, in Pictures[EB/OL]. http://www.bzarg.com/p/how-a-kalman-filter-works-in-pictures/.

[3] Schubert R, Richter E, Wanielik G. Comparison and Evaluation of Advanced Motion Models for Vehicle Tracking[C]//International Conference on Information Fusion. IEEE, 2008:1-6.

[4] Gabriel A Terejanu. Extended Kalman Filter Tutorial[R]. University of Buffalo, 2008.

[5] S Julier, J K Uhlmann. Unscented Filtering and Nonlinear Estimation[C]//Proceedings of the IEEE 92, 2004:401-422.

[6] Terejanu G A. Unscented Kalman Filter Tutorial[J]. Department of Computer Science & Engineering, 2009.

[7] 智能驾驶系统[EB/OL]. http://ais.informatik.uni-freiburg.de/teaching/ws13/mapping/pdf/slam06-ukf-4.pdf.

第 5 章
机器学习和神经网络基础

环境感知是目前无人驾驶系统中最大的挑战之一,在无人车的环境感知环节中,除了需要知道车辆环境中的障碍物以外,还需要明确障碍物是什么?行人和车辆虽然都可以理解为障碍物,但它们并不是一般的障碍物,而且它们的行为、运动模型等也不相同,因此为了让无人车的驾驶行为更接近于人类驾驶员,需要对目标障碍物进行识别,这个识别的过程就是典型的模式识别(Pattern Recognition)。虽然基于激光雷达的点云数据可以做到目标的点云聚类,同时也有一些算法支持点云上的模式识别[8],但无论是广泛使用的 64 线激光雷达还是即将问世的 128 线激光雷达,点云数据的解析度都不高。在某些情况下,即使是人类也无法基于目标的点云来判断目标"为何物",相比之下,图像的解析度要高得多,图像包含的信息足以进行模式识别,所以本书主要探讨基于图像的模式识别。

那么到底什么是模式识别呢?简单来说,模式识别就是通过计算机模型识别模式种类的过程。这个"模式"是指我们研究的环境和客体。对人类来说,特别重要的是对光学信息(通过视觉器官来获得)和声学信息(通过听觉器官来获得)的识别,这是模式识别的两个重要方面。市场上可见到的代表性产品有光学字符识别(OCR)、语音识别系统。在无人驾驶感知领域,尤其是视觉感知领域,主要以图像和激光雷达点云的检测和识别为主。

传统的计算机视觉往往需要人为地设计特征,这些特征对于不同的任务来说是不同的,如车道线检测和行人检测需要分别设计特征;另一方面,人为地设计特征往往会存在疏漏,对于安全性要求极高的无人驾驶汽车来说,忽视某些细节问题的软件程序设计必定存在缺陷,从而可能会造成严重的安全后果。

本节将首先介绍机器学习的基本概念,后面会进一步阐述深度学习内容,包括机器学习以及深度学习在无人驾驶领域的应用。

5.1 机器学习的基本概念

机器学习是无人驾驶技术体系中极其重要的一环，其中的深度学习更是近年来研究的热点。掌握机器学习的基本理论是进行端到端无人驾驶、强化学习控制、基于深度学习的环境感知等研究的第一步。本节重点讲解机器学习的基本概念，不涉及具体的算法和模型，重点为读者描述处理机器学习任务的过程。

我们以 MNIST（Modified National Institute of Standards and Technology）[1]手写数字识别为例来介绍机器学习的基本概念。对于计算机而言，这些手写数字是一张张图片，如图 5-1 所示。

图 5-1　MNIST 手写字数据集

对人来说，识别这些手写数字是非常简单的，但是对于计算机而言，这种任务难以通过固定的编程来完成，因为在计算机中每张图片都是一个数字矩阵，如图 5-2 所示。

a)人眼中的数字5

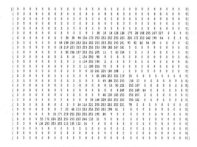

b)计算机"眼"中的数字5

图 5-2　在计算机的"眼"里图像是数字矩阵

即使把已经知道的所有手写数字图像都存储到数据库中，一旦出现一个全新的手写数字（从未出现在数据库中），固定的程序就很难识别出这个数字来。

那么机器学习是怎么解决这类任务的呢？

机器学习（Machine learning）是一类基于数据或者既往的经验，优化计算机程序性能标准的方法[2]。这是机器学习的定义，看起来可能难以理解，我们对它进行分解：

- 首先，对于手写数字识别这个任务来说，**数据或者既往的经验**就是已经收集到的手写数字，我们要让程序从这些数据中学习到一种**能力/智能**，这种能力就是：通过学习，这个程序能够像人一样识别手写数字。
- **性能标准**就是指衡量程序的这种能力高低的指标。在识别任务中，这个指标就是识别的精度。给定 100 个手写数字，有 99 个数字被我们的"智能"程序识别正确，那么精度就是 99%。
- **优化**就是指基于既往的经验或者数据，让我们的"智能"程序变得越来越聪明，甚至比人类更加聪明。

机器学习就是能够从经验中不断"学习进步"的算法，在很多情况下，我们将这些经验用数值描述，因此，"经验 = 数据"，这些收集在一起的数据被称为数据集（Dataset），前文提到的手写字数据被称为 MNIST 数据集，每一条数据被称为一个样本，在这些已有的数据集上学习的过程称为训练（Train），因此，这个数据集又被称为训练集（Training Set）。很显然，我们不仅关心机器学习算法在训练集上的表现，并且希望算法对从未见过的手写数字也能够正确识别，这种在新的样本（数据）上的性能被称为泛化能力（Generalization Ability）。对于一个任务而言，泛化能力越强，这个机器学习算法就越成功。

根据数据集的不同，机器学习可以分成如下三类[4]：

- **监督学习**（Supervised Learning）：数据集既包含样本（手写字图片），又包含其对应的标签（每张手写字图片对应的是哪个数字）。
- **无监督学习**（Unsupervised Learning）：与监督学习相对应，数据集仅包含样本，不包含样本对应的标签，机器学习算法需要自行确定样本的类别归属。
- **强化学习**（Reinforcement Learning）：又称为增强学习，是一种半监督学习，强调如何基于环境而行动，以取得最大化的预期利益。我们在后面的章节中会重点介绍。

当前流行的神经网络、深度学习等都是监督学习，随着大数据时代的到来以及 GPU 带来的计算能力的提升，监督学习已经在诸如图像识别、目标检测和跟踪、机器翻译、语音识别和自然语言处理等大量领域取得了突破性进展。然而，当前在无监督学习领域并没有取得像监督学习那样的突破性进展。由于在无人驾驶领域主要应用的机器学习技术仍然是监督学习，本文将重点讲述监督学习的相关内容。当然，后续还将介绍强化学习在无人驾驶领域的研究。

注意 在本节中，为了便于读者理解，我们使用手写数字识别来描述处理的任务，实际上，机器学习算法能够处理的任务还有很多，如分类、回归、转录、机器翻译、结构化输出、异常检测、合成与采样、缺失值填补等。这些任务看似不同，却有着一个共性，那就是很难通过人为设计的确定性程序来解决，能够通过大量的数据来学习一种模式，并且使用学习到的模式在新的数据上进行推广。

5.2 监督学习

监督学习是机器学习中的一类方法，也是目前应用最广泛的机器学习方法。本节我们从经验风险最小化策略（ERM）、模型和优化算法角度来具体了解监督学习的工作模式和流程。

5.2.1 经验风险最小化

本质上，监督学习就是在给定一个集合(X, Y)的基础上学习X中元素x对Y中元素y的映射函数：

$$y = f(x)$$

在 MNIST 手写数字识别中，X 表示收集到的所有手写数字图片的集合，Y 表示这些图片对应的真实数字标签，x 和 y 分别表示数据集中某一个具体元素的取值，函数 f 则表示输入一张手写字图片、输出这张图片表示的数值这样一个映射关系。

很显然，在这样的映射关系中 x 有着一个极其巨大的取值域（甚至有无限种可能取值），所以我们可以把已有的样本集合(X, Y)理解为从某个更大甚至是无限的母体中，根据某种未知的概率分布 p，以独立同分布随机变量方式来取样。现在，我们假定存在一个损失函数（Loss Function）L，这个损失函数可以表述为：

$$L(f(x), y)$$

这个损失函数描述的是我们学得的函数 $f(x)$ 的输出和 x 样本对应的真实值 y 之间

的距离。很显然，这个损失越小，表示学得的函数 f 更贴近于真实映射 g。以损失函数为基础，我们定义风险：函数 f 的风险，就是损失函数的期望值。

以手写字分类为例，它的各个样本的概率分布 p 是离散的，我们可以用如下公式定义风险：

$$R(f) = \sum_i L(f(x_i), g(x_i))p(x_i)$$

如果是连续的，则可以使用定积分和概率密度函数来表示。这里的 x_i 是指整个样本空间的所有可能取值，所以，现在的目标就变成了：在很多可能的函数中寻找一个 f，使得风险 $R(f)$ 最小。然而，真实的风险是建立在对整个样本空间进行考虑的基础之上的，我们并不能获得整个样本空间，有的只是一个从我们要解决的任务的样本空间中使用独立同分布的方法随机采样得到的子集 (X, Y)（也就是我们的数据集），在这个子集上我们可以求出这个真实分布的近似值，比如经验风险（Empirical Risk）：

$$\bar{R}(f) = \frac{1}{n}\sum_{i=1}^{n} L(f(x_i), y_i)$$

其中 (x_i, y_i) 是已有的数据集中的样本，所以，我们选择能够最小化经验风险的函数 f，这样的一个策略就被称为经验风险最小化原则[6]。

很显然，当训练数据集足够大的时候，经验风险最小化这一策略能够保证很好的学习效果——这也就是深度神经网络取得成功的一个重要原因。专业地说，我们把已有的数据集的大小称为样本容量（Sample Size）。无论什么应用领域，规范大数据集合就意味着机器学习任务已经成功了一半。

5.2.2 模型、过拟合和欠拟合

在学习目标函数 f 的过程中需要一个载体，这个载体的作用就是表述各种各样的函数 f，这样我们就可以通过调整这个载体选择一个最优的函数 f，这个最优的函数 f 能够使经验风险最小化，这个载体就是机器学习中的模型（Model）。

以人工神经网络（Artificial Neural Network, ANN）为例，它也被简称为神经网络（Neural Network, NN）或类神经网络，在机器学习和认知科学领域，它是一种模仿生物神经网络（动物的中枢神经系统，特别是大脑）的结构和功能的数学模型或计算模型。神经网络由大量人工神经元组成，并且能在外界信息的刺激下改变内部结构，是一种自适应系统。图 5-3 是一个神经网络模型结构。

它看起来很复杂，但可以简化为图 5-4。

我们把这个模型理解成一个黑箱，这个黑箱里有很多参数：$(w_1, w_2, w_3, \cdots,$

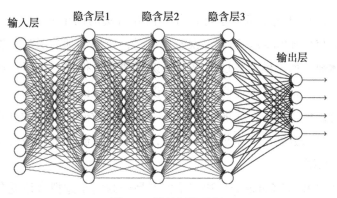

图 5-3　神经网络示例

w_n），我们用 W 来描述这个黑箱中的参数，这些参数被称为模型参数，即使模型内部的结构不变，仅仅修改这些参数，模型也能表现出不同的功能（描述不同函数的能力）。具体来说：对于手写字识别任务，我们在手写字数据集上通过经验风险最小化策略调整神经网络的模型参数，使得神经网络拟合出一个函数 f，那么我们训练出来的这个"黑箱"就可以用于手写字识别了；而对于车辆识别，同样利用经验风险最小化策略，我们可以训练出一个黑箱（神经网络）来做车辆识别，如图 5-5 所示。

图 5-4　我们可以简单地将神经网络理解为一个黑箱

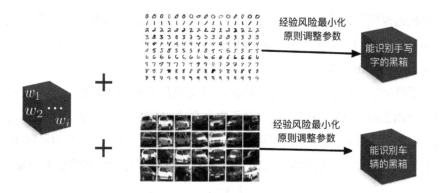

图 5-5　通过调整参数，模型就能表现出不同的能力

通过前文机器学习的概念我们知道，衡量一个机器学习模型的关键在于其泛化能力，一个衡量泛化能力的重要指标就是模型的训练误差和测试误差的情况：

- 训练误差：模型在训练集上的误差。
- 测试误差：模型在从未"见过的"测试集上的误差。

这两个误差分别对应了机器学习任务中需要解决的两个问题：欠拟合（Underfitting）和过拟合（Overfitting）。当训练误差过高时，模型学到的函数并没有满足经验风险最小化。具体地，如果模型在训练集中的识别精度也很差，我们称这种情况为欠拟合。当训练误差低但是测试误差高，即训练误差和测试误差的差距过大时，我们称之为过拟合，此时模型学到了训练集上的一些"多余的规律"，表现为在训练数据集上识别精度很高，在测试数据集（未被用于训练，或者说未被用于调整模型参数的数据集合）上识别精度不高。

模型的容量（Model Capacity）决定了模型是否倾向于过拟合还是欠拟合。模型的容量指的是模型拟合各种函数的能力，一般而言，越复杂的模型能够表述越复杂的函数（或者规律、模式）。那么对于一个特定的任务（比如手写字识别），如何选择合适的模型容量来拟合相应的函数呢？根据奥卡姆剃刀（Occam's Razor）原则：在同样能够解释已知观测现象的假设中，我们应该挑选"最简单"的那一个。

这可以理解为一个简约设计原则，在处理一个任务时，应当使用尽可能简单的模型结构，那么具体如何选择模型结构呢？对于具体的问题需要具体分析，我们会在后面的实例中继续讨论。

5.2.3 "一定的算法"——梯度下降算法

前面我们说到可以通过"一定的算法"调整神经网络的参数，这里我们就来介绍这个定向（朝着经验风险最小化的方向）调整模型参数的算法——梯度下降算法（Gradient Descent Algorithm）。

梯度下降算法是一个一阶最优化算法，通常也称为最速下降法。要使用梯度下降法找到一个函数的局部极小值，必须向函数当前点对应梯度（或者是近似梯度）的反方向的一定距离内进行迭代搜索。回到我们前面的例子，要最小化经验风险 $\bar{R}(f)$，等同于最小化损失函数，在机器学习中，损失函数可以写成每个样本的损失的总和：

$$L(\theta) = \frac{1}{n}\sum_{i=1}^{n} L(x_i, y_i, \theta)$$

其中 θ 表示模型中的所有参数，L 对 θ 的导数记作 $L'(\theta)$ 或者 $\frac{\mathrm{d}L}{\mathrm{d}\theta}$，导数 $L'(\theta)$ 就代表了函数 $L(\theta)$ 在 θ 处的斜率，我们可以把函数输入输出的关联性用斜率来描述：

$$L(\theta + \alpha) \approx L(\theta) + \alpha L'(\theta)$$

其中，α 是一个变化量，利用这个公式，我们就可以利用导数来逐渐使 L 变小，具体来说，只要让 α 的符号和导数的符号相反，即：

$$\text{sign}(\alpha) = -\text{sign}(L'(\theta))$$

这样，$L(\theta + \alpha)$ 就会比原来的 $L(\theta)$ 更小：

$$L(\theta + \alpha) = L(\theta) - |\alpha L'(\theta)|$$

这种通过向导数的反方向移动一小步来最小化目标函数（损失函数）的方法，就是梯度下降算法。神经网络这种复杂的模型包含了很多参数，所以这里的 θ 就表示一个参数集合，或者说参数向量，导数就变成了包含所有参数的偏导数的向量 $\nabla_\theta L(\theta)$。这里的 α 就可以理解为我们进行梯度下降的过程中更新一步梯度的步长，通常，步长被称为学习率（Learning Rate），它描述了梯度下降的速度。

5.2.4 小结

在本节中，我们快速了解了机器学习任务中的重要成分和结构。

首先，机器学习是用来完成特定任务的，如手写字识别、行人检测、房价预测等。这个任务必须要有一定的性能度量，比如识别精度、预测误差等。

然后，为了处理这个任务，我们需要设计模型，这个模型能够基于一定的策略（比如经验风险最小化原则）和一定的算法（比如梯度下降算法）从数据中学习规律。

最后，这个函数要能够处理没有出现在训练集中的样本，这样，我们的机器学习任务就成功了。

后面会介绍具体的任务、模型、算法，但是总的来说还是遵照这样的基本模式，机器学习尤其是深度学习在无人驾驶研究中起着非常重要的作用，我们将逐步深入学习无人驾驶中的机器学习算法。

5.3 神经网络基础

在上一节中，我们介绍了机器学习的相关基础，尤其是了解了监督学习的基本构成因素：数据、模型、策略和算法。在本节，我们将具体学习一种监督学习算法——神经网络。深度学习模型多为深层人工神经网络，所以在进一步探索深度学习在无人驾驶中的应用之前，我们先了解一下神经网络的理论基础和代码实现。

既然说到神经网络和深度学习，首先来看看各种概念的关系和范畴，如图5-6所示。

人工智能是一个很大的概念范畴，机器学习是人工智能中基于统计学习的一类方法，神经网络是机器学习中的一类监督学习算法，而深度学习则是将神经网络的层数增多，使用大量数据建立的一种表示学习算法（关于表示学习，我们会在深度学习一节详细论述）。

我们以上一节介绍监督学习的几个因素（模型、策略和算法）为基础来逐一介绍神经网络算法中的这几个因素，任务我们还是沿用上一节介绍的手写数字识别任务，实验的数据集仍然是 MNIST 数据集。

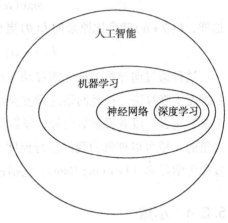

图 5-6　概念关系和层级

5.3.1　神经网络基本结构

最初的神经网络设计借鉴的是生物神经元的结构，我们使用一个数学模型来描述人类神经元的结构以及接受刺激、被激活然后传递刺激的过程，这一数学模型被称为感知机（Perceptron）[3]，图 5-7 是生物神经元和感知机的比较。

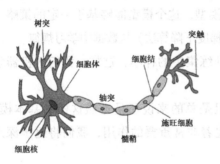
a) 真实神经元

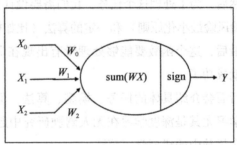
b) 感知机

图 5-7　生物神经元和人工神经网络中的神经元

由图 5-7 可知，感知机模仿了神经元的设计，一个感知机能够接收多个输入，我们用向量 $x = (x_0, x_1, \cdots, x_n)$ 来表示输入的数值，输入会乘以一个权重向量 $w = (w_0, w_1, \cdots, w_n)$，在感知机内部，这些乘以权重的输入被求和，并且加上了一个很小的偏置 b，所以感知机内部的数值就变成了：

$$h = \sum_i w_i x_i + b$$

这里的 w 和 b 就是感知机需要学习的参数。在感知机的输出端，h 被输入到一个阶跃函数（Step Function）f 中，阶跃函数 f 的表达式如下：

$$f(h) = \begin{cases} 1, & h > 0 \\ 0, & h \leqslant 0 \end{cases}$$

显然，这个阶跃函数是一个非线性变换，它属于激活函数（Activation Function）的一种，由于阶跃对函数的模拟比较粗糙，所以通常不会使用阶跃函数作为神经元的激活函数，常用的激活函数包括 sigmoid 函数、tanh 函数、ReLU（Rectified Linear Unit）及其变体等，具体的激活函数表达式可参考图 5-8，感知机的激活表达式如下：

$$\text{output} = f(h) = f(\sum_i w_i x_i + b)$$

名称	函数图形	方程式	导数
恒等函数 （identity）		$f(x) = x$	$f'(x) = 1$
二进制阶跃函数 （Binary step）		$f(x) = \begin{cases} 0, & x < 0 \\ 1, & x \geqslant 0 \end{cases}$	$f'(x) = \begin{cases} 0, & x \neq 0 \\ ?, & x = 0 \end{cases}$
逻辑函数 （Logistic 或 Soft step）		$f(x) = \dfrac{1}{1+e^{-x}}$	$f'(x) = f(x)(1-f(x))$
双曲正切函数 （Tanh）		$f(x) = \tan(x) = \dfrac{2}{1+e^{-2x}} - 1$	$f'(x) = 1 - f(x)^2$
反正切函数 （ArcTan）		$f(x) = \tan^{-1}(x)$	$f'(x) = \dfrac{1}{x^2+1}$
修正线性单元 （ReLU）		$f(x) = \begin{cases} 0, & x < 0 \\ x, & x \geqslant 0 \end{cases}$	$f'(x) = \begin{cases} 0, & x < 0 \\ 1, & x \geqslant 0 \end{cases}$
参数化修正线性单元 （PReLU）		$f(x) = \begin{cases} \alpha x, & x < 0 \\ x, & x \geqslant 0 \end{cases}$	$f'(x) = \begin{cases} \alpha, & x < 0 \\ 1, & x \geqslant 0 \end{cases}$
参数化修正线性单元 （PReLU）		$f(x) = \begin{cases} \alpha(e^x - 1), & x < 0 \\ x, & x \geqslant 0 \end{cases}$	$f'(x) = \begin{cases} f(x) + \alpha, & x < 0 \\ 1, & x \geqslant 0 \end{cases}$
SoftPlus 函数		$f(x) = \log_e(1 + e^x)$	$f'(x) = \dfrac{1}{1+e^{-x}}$

图 5-8　各类激活函数

感知机是神经网络发展史上一个非常重要的模型，但是使用单个感知机来完成机器学习任务却存在一个致命的问题：单个感知机被证明无法学习到异或（XOR）关系，这一证明在历史上直接影响了神经网络的发展，使得我们对神经网络的研究止步不前。那么如何才能解决异或逻辑问题呢？答案是使用多层感知机嵌套，这就是现代的神经网络结构。神经网络结构是一个分层的连接结构，它的一个基本形式如图 5-9 所示。

神经网络的前一个神经元的尾部（输出）连接到后一个神经元的一个输入，这样便形成了一个层次状的结构，整个神经网络的第一层为输入层（Input Layer），它的输入数值便是我们的数据特征，最后一层为输出层（Output Layer），中间的若干层为隐含层（Hidden Layer）。熟悉神经网络的基本结构以后，下面我们来看看神经网络这种结构的意义。

图 5-9 基本的神经网络结构

5.3.2 无限容量——拟合任意函数

之前讨论模型时提到模型应当具有一定的容量，这个容量表现在能够拟合要解决的任务的函数，也就是说模型应该具有拟合我们想要的函数的能力。神经网络的强大之处就在于，在拥有足够多的隐含层神经元节点的情况下，三层神经网络能够拟合任意函数。换句话说给定足够多的隐藏节点，三层以上的神经网络拥有无限容量。为了说明这一点，我们使用神经网络来模拟一个异或关系，或者说与非门（NAND gate）。

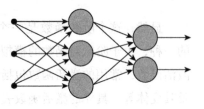

与非门是数字逻辑中实现两个输入逻辑与非的逻辑门。若输入均为高电平（1），则输出为低电平（0）；若输入中至少有一个为低电平（0），则输出为高电平（1）。与非门表示的是如图 5-10 所示的逻辑。

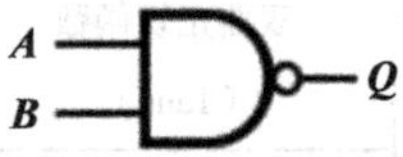

图 5-10 与非门的逻辑表示

它的真值表如图 5-11 所示。

A	B	A NAND B
0	0	1
0	1	1
1	0	1
1	1	0

图 5-11 与非门的真值表

与非门具有这样的一个性质：与非门具有功能完整性，即可以通过与非门建立任何逻辑功能。由于与无人驾驶的主题相去甚远，在此不证明此结论。图 5-12 是一个简单的神经网络，(x_1, x_2) 是输入电平，σ 表示激活函数，这样的网络就能描述一个与非门。

一个完整、复杂的神经网络就可以相当于很多个与非门的组合，通过组合这些门电路,我们的网络可以用来表达各种函数,那么如何调整网络来表达指定的函数呢?从感知机的例子我们可以看出,通过调整网络中的参数,即权重(Weight)和偏置(Biase),可以调节网络功能。如上一节所说,我们使用梯度下降算法,调整神经网络中的权重和偏置,使之拟合能完成某个任务的函数。在调整参数的过程中,我们希望对参数的一个小的调整也能够反映到输出上,如图 5-13 所示。

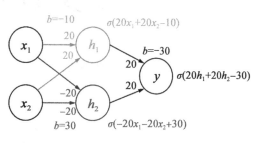

图 5-12　一个能够表示与非门的神经网络

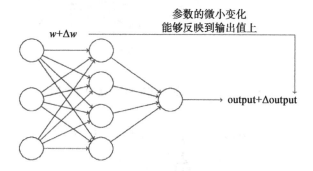

图 5-13　参数上的变化能够反映到神经网络的输出上

5.3.3　前向传播

在了解神经网络的无限容量以后,可以使用它来拟合我们要解决的机器学习任务——手写字识别,手写字的图片像素均为 28×28 且为灰度图像,所以输入的特征 X 长度为 784;手写字一共有 10 个类别,分别是 0 到 9,假设使用如图 5-14 所示的三层神经网络来处理这个任务。

输出层的每一个神经元的输出对应一个类别,所以输出层是 10 个神经元,这种单点激活的编码方式我们称为 one-hot 编码,即对应类别的位置激活为 1,其他位置为 0。这种编码方式在类别数很少的情况下是一种非常有效的方式[7]。

神经网络输出的是各个点的"得分",这个数值被称为 Logit,我们希望得到的不是得分而是输出层各个神经元被激活的概率,所以我们在神经网络的输出层再添加一个 SoftMax 函数,它的作用是将神经元的输出"得分"转换为容易理解的概率,所有(10 个)概率的和为 1,输出概率越大表示预测为某个数字的概率也越大。SoftMax 函数计算公式如下:

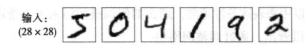

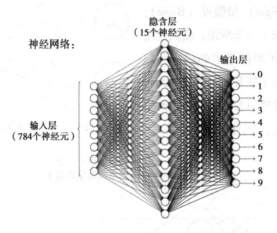

图 5-14　一个用于处理 MNIST 问题的神经网络

$$\sigma(z)_j = \frac{e^{z_j}}{\sum_{k=1}^{K} e^{z_k}} \quad j = 1, \cdots, K$$

为了更加直观，我们使用 Python 实现一个 SoftMax 函数：

代码清单 5-1　使用 Python 实现一个 SoftMax 函数

```
import numpy as np
def softmax(x):
    """Compute softmax values for each sets of scores in x."""
    e_x = np.exp(x)
    return e_x / e_x.sum()
scores = [3.0, 1.0, 0.2]
print(softmax(scores))
```

执行上述代码得到的输出结果为：［ 0.836 018 8　 0.113 142 84　 0.050 838 36］。对于具体的任务需要定义相应的损失函数，对于模式识别多分类任务而言，最常用的损失函数是交叉熵（Cross Entropy），它的表达式如下：

$$L(\theta) = -\frac{1}{n} \sum_n [y \ln a + (1-y) \ln(1-a)]$$

其中 y 是真实的标签（label），a 则是神经元的输出。这样的损失函数具有两个很好的性质：

- 非负性：这样我们就可以最小化损失函数了。

- 真实值与模型的输出值接近时损失函数的值也趋向于0。

那么在求得损失以后，也就得到了神经网络的输出结果（对于手写字识别而言，就是识别的结果）以及输出结果与真实值之间的"距离"。我们把这个过程称为一次前向传播（Forward Propagation），显然，前向传播能够输出正确分类的前提是神经网络已经具有了合适的参数。那么如何调整合适的参数呢？神经网络通过反向传播（Back Propagation）算法让损失函数的信息通过网络向前流动，从而计算梯度并更新权重。一次反向传播仅仅更新一次参数（可以理解为梯度下降过程中的一步），称为一个 Epoch，通常需要迭代多个 Epoch 才会使得网络收敛到合适的模型。

5.3.4 随机梯度下降

随机梯度下降（Stochastic Gradient Descent，SGD）是几乎所有深度学习模型都采用的一种学习算法。在深度学习中，好的模型往往需要大量的数据，大量的数据带来的计算量也是巨大的，根据前一节我们知道，机器学习算法中的损失函数是通过计算所有样本的损失函数求得的，那么训练数据的损失就可以写作：

$$L(\theta) = \frac{1}{n} \sum_{i=1}^{n} L(x_i, y_i, \theta)$$

为了执行梯度下降，就需要计算：

$$\nabla_\theta L(\theta) = \frac{1}{n} \sum_{i=1}^{n} \nabla_\theta L(x_i, y_i, \theta)$$

也就是说，梯度下降算法每更新一步梯度，都会使用整个样本集去求解梯度，对于大数据集（数以百万或千万计的样本），这种做法非常低效。在随机梯度下降中，我们不使用整个样本集来计算梯度，而是每次都随机取一个小批量（minibatch）样本，这个小批量样本数往往在一千以内（小批量样本个数通常为2的指数，比如64、128、256），假设小批量样本数为 m，那么每次执行梯度下降时，我们只需要随机抽取 m 个样本放入神经网络，经过前向传播来求解损失函数，并反向求解这 m 个样本的梯度，这 m 个样本的梯度就可以看作整个样本集的梯度的估计：

$$g = \frac{1}{m} \sum_{i=1}^{m} \nabla_\theta L(x_i, y_i, \theta)$$

然后，再使用梯度的估计量来更新参数：

$$\theta \leftarrow \theta - \epsilon g$$

其中，ϵ 是学习率。

随机梯度下降是在大规模数据上训练大型线性模型的主要方法。在深度学习兴起之前，学习非线性模型的主要方法是结合核技巧的线性模型。当数据集的样本数巨大时，这类方法的计算量是不能接受的。在学术界，深度学习从 2006 年开始受到关注的原因是，在数以万计样本的中等规模数据集上，深度学习在新样本上比当时很多热门算法泛化得更好。

5.4 使用 Keras 实现神经网络

下面我们使用 Keras 库快速实现一个三层的神经网络模型，我们使用交叉熵作为损失函数，使用随机梯度下降作为模型的优化算法对模型进行训练。在训练完成以后，将这个模型保存成"model.json"文件，然后使用我们自己的手写字来验证一下模型的准确度。我们在 Jupyter notebook 中逐步完成模型的训练、调整和验证。

5.4.1 数据准备

首先需要下载 MNIST 数据集到本地，然后将数据集读取到内存，并且切分为训练集和测试集。同时引入需要的库并定义超参数，读取数据集后打印数据集的大小。

代码清单 5-2　准备 MNIST 数据集

```python
from __future__ import print_function
import keras
from keras.datasets import mnist
from keras.models import Sequential
from keras.layers import Dense
from keras.optimizers import SGD
from matplotlib import pyplot as plt

batch_size = 128
num_classes = 10
epochs = 20
(x_train, y_train), (x_test, y_test) = mnist.load_data()

print(x_train.shape, x_test.shape)
print(y_train.shape, y_test.shape)
```

打印的结果为：

(60000, 28, 28) (10000, 28, 28)
(60000,) (10000,)

可以看出，这个数据集的训练集有 6 万个样本，测试集有 1 万个样本，每个样本是一张 28×28 的图像，我们用 pyplot 包展示部分图片。

代码清单 5-3　展示训练集的前 16 张图像

```python
def show_samples(samples, labels):
    """
    display 16 samples and labels
    """
    plt.figure(figsize = (12, 12))
    for i in range(len(samples)):
        plt.subplot(4, 4, i+1)
        plt.imshow(samples[i], cmap = 'gray')
        plt.title(labels[i])
    plt.show()

show_samples(x_train[:16], y_train[:16])
```

结果如图 5-15 所示，展示了 MNIST 数据集的前 16 个样本图片和标签，说明数据读取正确。

由于神经网络接收的是 784 这样一个维度的输入，所以需要把样本的特征做一下调整，同时对标签进行 one-hot 编码。

代码清单 5-4　调整结构、归一化和 one-hot 编码

```python
x_train = x_train.reshape(60000, 784)
x_test = x_test.reshape(10000, 784)
x_train = x_train.astype('float32')
x_test = x_test.astype('float32')
#将样本归一化
x_train /= 255
x_test /= 255

y_train = keras.utils.to_categorical(y_train, num_classes)
y_test = keras.utils.to_categorical(y_test, num_classes)
print(x_train.shape, x_test.shape)
print(y_train.shape, y_test.shape)
```

经过变换以后，数据和标签的内容并没有发生变化，但是结构（或者说矩阵的格式）变成了如下形式：

```
(60000, 784) (10000, 784)
(60000, 10) (10000, 10)
```

接下来我们构造三层神经网络，先仅使用 15 个隐含层神经元看一下训练的效果。

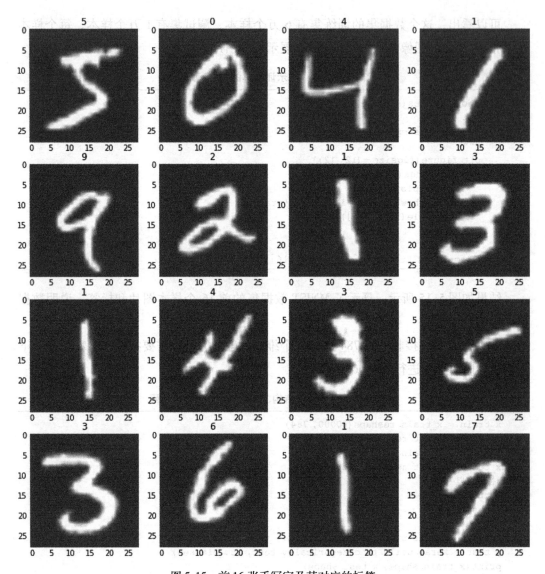

图 5-15 前 16 张手写字及其对应的标签

代码清单 5-5 构造一个仅包含 15 个隐含层神经元的神经网络

```
model = Sequential()
model.add(Dense(15, activation = 'relu', input_shape = (784,)))
model.add(Dense(num_classes, activation = 'softmax'))

model.summary()
model.compile(loss = 'categorical_crossentropy',
              optimizer = SGD(lr = 0.01),
              metrics = ['accuracy'])
history = model.fit(x_train, y_train,
```

```
                batch_size = batch_size,
                epochs = epochs,
                verbose = 1,
                validation_data = (x_test, y_test))
print(history.history.keys())
```

画出训练过程的损失情况：

代码清单 5-6　将训练过程的损失情况画出

```
def plot_training(history):
    ### plot the training and validation loss for each epoch
    plt.plot(history.history['loss'])
    plt.plot(history.history['val_loss'])
    plt.title('model mean squared error loss')
    plt.ylabel('mean squared error loss')
    plt.xlabel('epoch')
    plt.legend(['training set', 'validation set'], loc = 'upper right')
    plt.show()

plot_training(history = history)
```

我们发现训练集和验证集的损失都呈现一个下降的趋势，并且大约在 20 个 Epoch 之后趋于稳定，并且趋近于 0.2，如图 5-16 所示。

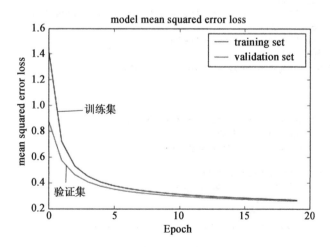

图 5-16　损失随训练周期的变化情况

接下来我们使用测试集来验证一下模型识别的精度：

```
score = model.evaluate(x_test, y_test, verbose = 0)
print('Test loss:', score[0])
print('Test accuracy:', score[1])
```

这个三层神经网络在"从未见过的"的手写数字（即测试集）上的识别精度为：

Test loss: 0.2586659453
Test accuracy: 0.9249

不难发现，这个"最简单的"神经网络模型在测试集上取得了 92% 的识别精度，还没有达到实用的程度。为了改进我们的模型来提高识别的精度，下面我们基于深度神经网络模型来改变代码，读者可能会对后面的代码产生困惑，但是不用担心，相关的理论知识将在深度学习相关章节中详细讨论。

5.4.2 三层网络的小变动——深度前馈神经网络

首先我们把原来的网络层数进一步加深，变成两个隐含层；同时将每一个隐含层的神经元数量扩大到 512 个，并在每一个隐含层的后面使用一种叫作 Dropout[5] 的正则化技术；最后，我们使用一种 SGD 的变体——RMSprop 算法作为模型的学习算法。

代码清单 5-7 第一个深层神经网络

```
from keras.layers import Dropout
from keras.optimizers import RMSprop

model = Sequential()
model.add(Dense(512, activation='relu', input_shape=(784,)))
model.add(Dropout(0.2))
model.add(Dense(512, activation='relu'))
model.add(Dropout(0.2))
model.add(Dense(num_classes, activation='softmax'))

model.summary()

model.compile(loss='categorical_crossentropy',
              optimizer=RMSprop(),
              metrics=['accuracy'])

history = model.fit(x_train, y_train,
                    batch_size=batch_size,
                    epochs=epochs,
                    verbose=1,
                    validation_data=(x_test, y_test))

### print the keys contained in the history object
print(history.history.keys())
plot_training(history=history)
model.save('model.json')

score = model.evaluate(x_test, y_test, verbose=0)
print('Test loss:', score[0])
print('Test accuracy:', score[1])
```

Keras 编译模型的过程中可以输出网络的结构和参数数量,如下所示:

```
Layer (type)                 Output Shape              Param #
=================================================================
dense_3 (Dense)              (None, 512)               401920
_____
dropout_1 (Dropout)          (None, 512)               0
_____
dense_4 (Dense)              (None, 512)               262656
_____
dropout_2 (Dropout)          (None, 512)               0
_____
dense_5 (Dense)              (None, 10)                5130
=================================================================
Total params: 669,706
Trainable params: 669,706
Non-trainable params: 0
```

训练过程中损失函数的变化如图 5-17 所示。

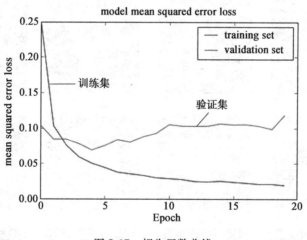

图 5-17 损失函数曲线

在测试集上的识别精度:

```
Test loss: 0.117383948493
Test accuracy: 0.9824
```

使用四层神经网络取得了 98% 的分类精度,比之前的三层网络确实好了很多,接下来我们抽取测试集的 16 张图片来看看模型识别的效果:

```
import numpy as np
result = model.predict(x_test[:16])
result = np.argmax(result, 1)
```

```
print('predict: ', result)
true = np.argmax(y_test[:16], 1)
print('true: ', true)
```

输出的验证结果为:

```
predict: [7 2 1 0 4 1 4 9 5 9 0 6 9 0 1 5]
true:    [7 2 1 0 4 1 4 9 5 9 0 6 9 0 1 5]
```

通过以下代码可以看到实际的手写数字图片（如图 5-18 所示）：

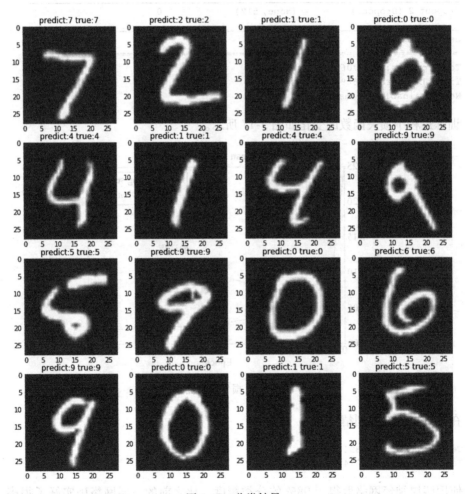

图 5-18　分类结果

```
fig2 = plt.figure(figsize=(12, 12))
for i in range(16):
    plt.subplot(4, 4, i+1)
    plt.imshow(x_test[i].reshape((28, 28)), cmap='gray')
```

```
plt.title('predict:'+str(result[i])+' true:'+str(true[i]))
plt.show()
```

5.4.3 小结

本章介绍了神经网络的基本原理,并基于 Keras 深度学习 API 实现了 MNIST 手写数字识别的神经网络代码。接下来我们将学习深度学习在无人驾驶感知模块的应用,以及基于深度学习的端到端无人驾驶技术。我们还会进一步探索深度神经网络和强化学习结合的理论和技术,并将之应用于无人驾驶中。

5.5 本章参考文献

[1] Lecun Y, Cortes C. The Mnist Database of Handwritten Digits[Z]. 2010.

[2] Ian Goodfellow, Yoshua Bengio, Aaron Courville. Deep Learning[M]. MIT Press. 2016.

[3] Rosenblatt F. The Perceptron: A Probabilistic Model for Information Storage and Organization in The Brain[J]. Psychological Review, 1958, 65(6):386-408.

[4] MIT 6.S094: Deep Learning for Self-Driving Cars[EB/OL]. https://selfdrivingcars.mit.edu/.

[5] Srivastava N, Hinton G, Krizhevsky A, et al. Dropout: A Simple Way to Prevent Neural Networks from Overfitting[J]. Journal of Machine Learning Research, 2014, 15(1):1929-1958.

[6] 李航. 统计学习方法[M]. 北京:清华大学出版社, 2012.

[7] Deep Learning Tutorials[EB/OL]. http://deeplearning.net/tutorial/.

[8] Zhou Y, Tuzel O. VoxelNet: End-to-End Learning for Point Cloud Based 3D Object Detection[J]. arXiv, 2017.

第 6 章
深度学习和无人驾驶视觉感知

第 5 章介绍了机器学习的基本概念，重点学习了神经网络这一机器学习模型。基于经验风险最小化策略，三层神经网络具有拟合任意函数的能力，因此我们可以使用神经网络进行模式识别。近期在学术领域存在许多批判深度学习的言论[1]，深度学习在一些学者看来并不是通往通用人工智能的道路。但是，作为关注行业应用的研究者和工程师，我们只需要知道深度学习到底能不能够解决我们领域的一些问题（通过传统的软件工程很难解决的问题）。就无人驾驶领域来说，答案是肯定的。依托机器学习和深度学习在模式识别领域取得的成功，基于深度学习的无人驾驶感知方法在近年来取得了一系列进展。本章将以尽可能直白的方式，从深度前馈神经网络切入，结合理论和实践来介绍深度学习在无人驾驶中的应用。

6.1 深度前馈神经网络——为什么要深

在第 5 章其实我们已经接触了深度前馈神经网络：我们使用一个四层神经网络来解决 MNIST 手写字识别问题，并取得了 98% 的识别率。简单来说，深度前馈网络就是早期的三层 BP 网络的"加深版"。

根据前面的神经网络的介绍我们知道，仅仅使用 3 个隐含层的神经网络，我们就能够拟合任意函数。那么为什么要加深网络的层数呢？原因有二：一是大数据下的模型训练效率；二是表示学习。

6.1.1 大数据下的模型训练效率

有人把深度学习的突破归结于三个要素：
- 神经网络理论（一直以来的理论基础）

- 大数据（得益于互联网的发展）
- 更强的并行计算能力（以 GPU 为代表）

大数据是深度神经网络在性能上取得成功的一个重要因素，传统机器学习算法在数据量增大到一定的数量级以后一般会陷入一个性能的瓶颈（尤其是基于结构风险最小化的支持向量机，其性能会在数据量到达一定程度以后饱和），但是神经网络似乎是可以不断扩容的机器学习算法，数据量增大时，可以通过增加神经元的个数以及隐含层的层数来训练更加强大的神经网络，其变化趋势大致如图 6-1 所示。

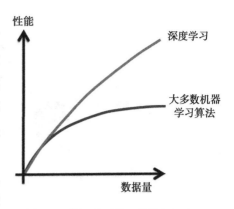

图 6-1 数据量对模型性能的影响

我们之前的文章也提到，仅仅是简单的三层神经网络，通过增加隐含层神经元数量，理论上也可以拟合任意函数。那么我们为什么不直接使用单纯的三层网络结构来拟合复杂问题呢？

单纯的增加单隐含层神经元数量可以增强模型的表示能力，但是相比于增加层数、每层使用相对少的神经元的策略，前者在实际训练中训练成功的难度更大，包含大量隐含层神经元的三层网络的过拟合问题难以控制，并且要达到相同的性能，深层神经网络往往要比三层网络需要的神经元更少。

6.1.2 表示学习

深度学习深度的作用可以解释为表示学习。"深度学习 = 深度表示学习（特征学习）"，图 6-2 是一个多层卷积网络在输入图像以后，隐含层神经元激活的可视化结果。

如图 6-2 所示，神经网络的前若干层实际上发挥了特征提取和表示建立的作用，这区别于传统机器学习方法的人为设计特征，神经网络的特征设计是伴随着神经网络的训练而进行的，是一个自动表示建立的过程。从图中我们还能发现，越靠近输入端的层（越底层）提取的特征越简单，层数越高建立的特征越复杂。例如，第一层提取了边缘特征，第二层提取了轮廓特征，第三层则通过组合简单的底层特征，综合出了更加高级的表示，提取的是识别目标的局部特征。通过对特征的逐层抽象化，神经网络的层数越多，其能够建立的特征表示也就越丰富。

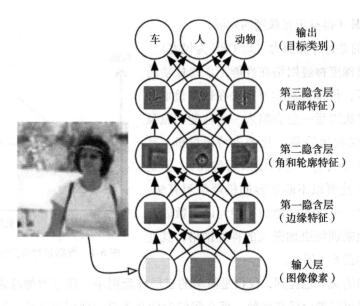

图 6-2 深度学习是一个自发建立表示的过程

6.2 应用于深度神经网络的正则化技术

当神经网络的隐含层数和神经元数量增大时,随之而来的是参数数量的大幅度增大,我们称之为神经网络的模型容量(Model Capacity)过大。神经网络尤其是深层神经网络的模型容量几乎总是过大的,过大的模型容量有利也有弊。一方面,更大的模型容量意味着更强的表示能力,我们可以使用神经网络学习更加复杂的映射关系;另一方面,过大的模型容量会使得模型的训练"不可控",即训练的模型会更倾向于过拟合,即模型在训练集上表现好,但是泛化能力差。在机器学习中,我们可以设计一些策略来减少测试误差和训练误差的差距(或者说提高模型的泛化能力,增强模型的鲁棒性等),这些策略被统称为正则化(Regularization)方法。下面介绍四种常见的正则化技术,它们分别是:

- 数据集增强(Data Agumentation)
- 提前终止(Early Stopping)
- 参数范数惩罚(Parameter Norm Penalties)
- 丢弃(Dropout)技术

6.2.1 数据集增强

增强机器学习鲁棒性（即提高模型的泛化能力）最直观的一个策略就是使用更多的数据来训练模型，即数据集增强。然而在现实情况下我们的数据是有限的，所以我们往往通过改造数据来增加数据集合。对于某些机器学习任务而言（如图像分类），改造数据非常简单，下面我们以 MNIST 手写字为例来说明，如图 6-3 所示。

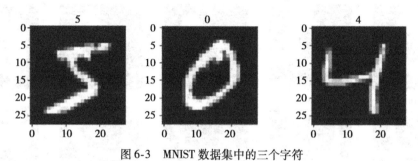

图 6-3　MNIST 数据集中的三个字符

图 6-3 中的三个字符是 MNIST 数据集的训练集中的三个数字，对于图像数据，我们可以进行简单的平移、旋转等来产生新的数据。

代码清单 6-1　数据扩充代码

```python
def expend_training_data(train_x, train_y):
    expanded_images = np.zeros([train_x.shape[0] * 5, train_x.shape[1], train_x.shape[2]])
    expanded_labels = np.zeros([train_x.shape[0] * 5])
    counter = 0
    for x, y in zip(train_x, train_y):
        expanded_images[counter, :, :] = x
        expanded_labels[counter] = y
        counter = counter + 1
        bg_value = np.median(x)   # this is regarded as background's value
        for i in range(4):
            # rotate the image with random degree
            angle = np.random.randint(-15, 15, 1)
            new_img = ndimage.rotate(x, angle, reshape=False, cval=bg_value)
            # shift the image with random distance
            shift = np.random.randint(-2, 2, 2)
            new_img_ = ndimage.shift(new_img, shift, cval=bg_value)
            # register new training data
            expanded_images[counter, :, :] = new_img_
            expanded_labels[counter] = y
            counter = counter + 1
    return expanded_images, expanded_labels
agument_x, agument_y = expend_training_data(x_train[:3], y_train[:3])
```

通过上述操作可以得到 5 倍于原数据集的新数据集，如图 6-4 所示。

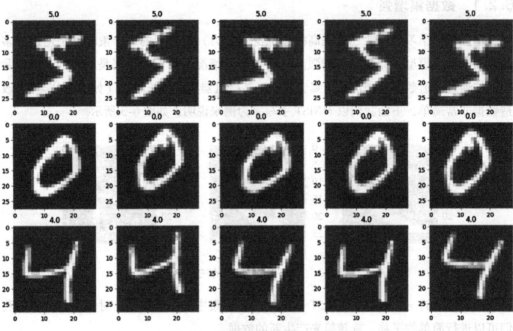

图 6-4 数据被扩充为原来的 5 倍

后面的四个图像是我们通过一定的变换得到的，并不是采集的新数据。通过改造数据，我们的数据集变成了原来的若干倍，这种处理方法能够显著提高神经网络的泛化能力，即使是具有平移不变性的卷积神经网络（我们后面会详述），使用这种简单处理方式得到的新数据也能大大改善模型的泛化能力。

6.2.2 提前终止

当训练的神经网络过于复杂时，神经网络总是倾向于过拟合，在这种情况下，训练误差会随着训练时间的推移逐渐降低，但是验证集的误差却会先降低后升高，如图 6-5 所示[3]。

基于这个现象，可以在每次观察到验证集误差有所改善以后保存一份模型的副本，如果误差恶化，则将耐心值加 1，当耐心值到达一个事先设定的阈值时终止训练，返回保存的最后一个副本，这样我们就能够得到误差最低的模型。

6.2.3 参数范数惩罚

许多正则化方法会向神经网络的损失函数 $L(\theta)$ 添加一个惩罚项 $\Omega(w)$，来约束模

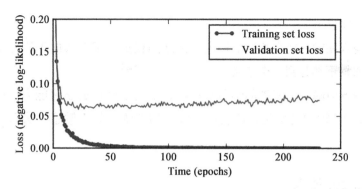

图 6-5 训练误差和验证误差随训练迭代的变化

型的学习能力,形式如下:

$$L'(\theta) = L(\theta) + \alpha\Omega(w)$$

其中 θ 是包括权重和偏置(w, b)在内的神经网络的参数,为什么称 $\Omega(w)$ 为"惩罚项"呢?神经网络学习的标准就是最小化损失函数,我们在损失函数中新增一项,也就是要"惩罚"那一项(我们要最小化它)。由公式可以看出,惩罚项 $\Omega(w)$ 是关于权重 w 的函数,也就是说我们要优化损失函数 $L'(\theta)$,实质上就是要通过调整(使用梯度下降算法)神经网络中的参数,最小化原损失函数 $L(\theta)$ 和这个关于权重 w 的函数 $\Omega(w)$。需要注意的是,惩罚项往往只对仿射变换中的权重(即 w)进行惩罚,偏置单元 b 不会被正则化,原因在于:每个权重明确表明了两个变量之间是如何相互作用的。要将权重拟合得很好,需要在各种不同的条件下观察这些变量。每一个偏置只会控制一个单独的变量,这也就意味着在保留不被正则化的偏置时,不需要引入过多的方差。同样,对偏置参数进行正则化会引入相当程度的欠拟合可能性,因此往往只对权重进行惩罚。

α 是一个需要人为设置的超参数,称为惩罚系数,当 α 为 0 的时候,表示没有参数惩罚,α 越大,则对应的参数惩罚也就越大。参数范数惩罚又分为 L1 范数和 L2 范数惩罚,其中 L2 范数惩罚又被称为权值衰减(Weight Decay)、L2 正则化[5]。我们以 L2 正则化为例进行讲解,在损失函数的后面添加的正则项为:

$$\alpha\Omega(w) = \frac{\alpha}{2}w^{\mathrm{T}}w$$

实际上也就是添加了所有权重的平方和,那么最小化权重的平方会带来什么结果呢?
- 神经网络将倾向于使所有的权重都很小,除非误差导数过大。
- 防止拟合错误的样本。
- 使得模型更加"光滑",即输入输出敏感性更低,输入的微小变化不会明显地反映到输出上。

- 如果输入端输入两个相同的输入，网络的权重分配会倾向于均分权重而不是将所有的权重都分到一个连接上。

L2惩罚一方面降低了权重的学习自由度，削弱了网络的学习能力，另一方面相对均匀的权重又能使模型光滑化，使模型对输入的细微变化不敏感，从而增强模型的鲁棒性。

6.2.4 Dropout 技术

参数范数惩罚通过改变神经网络的损失函数来实现正则化，而 Dropout（丢弃）技术则通过改变训练时神经网络的结构来增强网络的泛化能力，图 6-6 是一个神经网络训练时的结构。

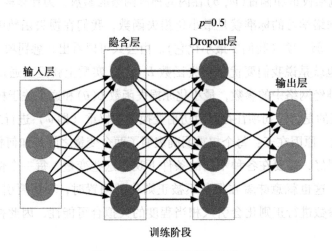

图 6-6 一般的神经网络结构

我们在第一个隐含层后面添加了一个 Dropout 层，Dropout 就是指随机地删除网络中某层的节点，包括该节点的输入输出的边，如图 6-7 所示。

这也等价于以一定的概率保留节点。在本例中，p 即保留节点的概率，我们设置为 50%，在实践中，保留概率通常设置为 [0.5, 1]。那么 Dropout 为什么有助于防止过拟合呢？简单的解释就是，运用了 Dropout 的训练过程相当于训练了很多个只有半数隐含层单元的神经网络（后面简称为"半数网络"），每一个这样的半数网络都可以给出一个分类结果，这些结果有的是正确的，有的是错误的。随着训练的进行，大部分半数网络都可以给出正确的分类结果，少数错误分类结果就不会对最终结果造成大的影

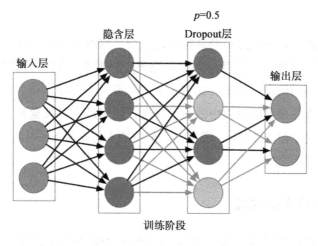

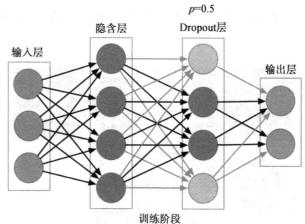

图 6-7　Dropout 方法随机删除神经网络中的连接

响。等到训练结束时，我们可以把这个神经网络看作很多个训练好的半数网络的集成模型，到应用网络的阶段，我们就不再使用 Dropout，网络的最终输出结果是所有半数网络的集成结果，其泛化能力自然就会更好。

6.3　实战——交通标志识别

在本节中，我们结合已经学习的深度学习知识来实战交通标志识别任务。交通标志，即使用文字或符号传递引导、限制、警告或指示信息的道路设施，又称道路标志、道路交通标志。让无人车具备交通标志的识别能力是确保无人车依据实际的交通规则行驶的重要前提。目前，在实际的无人驾驶系统研发中，交通标志的理解的解决思路分为以下两种：

- 直接将交通标志的信息写到高精度地图中：这种方案在高精度地图的绘制之时就将路段的交通标志信息写入语义地图中，那么车辆只需要拥有准确的定位，就能确定路段的交通规则（如限速多少、警告标识等）。
- 识别摄像头拍摄到的画面中的交通标志：使用计算机视觉技术（包括传统视觉方法、深度学习方法等），理解无人车摄像头传感器画面中是否包含交通标志，以及包含什么交通标志。

6.3.1 BelgiumTS 数据集

我们使用 BelgiumTS[4] 数据集（Belgium Traffic Sign Dataset）来进行神经网络的练习。BelgiumTS 是一个交通信号的数据集，包含 62 种交通信号，其中的数据如图 6-8 所示。

图 6-8　BelgiumTS 数据集

训练集的下载链接：http://btsd.ethz.ch/shareddata/BelgiumTSC/BelgiumTSC_Training.zip。

测试集的下载链接：http://btsd.ethz.ch/shareddata/BelgiumTSC/BelgiumTSC_Testing.zip。

下载数据后，解压，使用如下目录结构存放数据：

data/Training/
data/Testing/

该数据集的训练集和测试集均包含了 62 个目录，表示 62 种交通信号。我们使用 Python 编写函数以读取数据：

代码清单 6-2　数据读取函数

```
def load_data(data_dir):
    directories = [d for d in os.listdir(data_dir)
                   if os.path.isdir(os.path.join(data_dir, d))]
    labels = []
    images = []
    for d in directories:
        label_dir = os.path.join(data_dir, d)
        file_names = [os.path.join(label_dir, f)
                      for f in os.listdir(label_dir) if f.endswith(".ppm")]
        for f in file_names:
            images.append(skimage.data.imread(f))
            labels.append(int(d))
    return images, labels
# Load training and testing datasets.
ROOT_PATH = "data"
train_data_dir = os.path.join(ROOT_PATH, "Training")
test_data_dir = os.path.join(ROOT_PATH, "Testing")
images, labels = load_data(train_data_dir)
```

输出训练集的类别数和总的图片数量：

```
print("Unique Labels: {0} \nTotal Images: {1}".format(len(set(labels)), len(ima-
    ges)))
```

得到类别总数和样本图像总数：

```
Unique Labels: 62
Total Images: 4575
```

我们可显示每个类别的第一张图片：

代码清单 6-3　显示每个类别的第一张图片

```
def display_images_and_labels(images, labels):
    unique_labels = set(labels)
    plt.figure(figsize=(15, 15))
    i = 1
    for label in unique_labels:
        # Pick the first image for each label.
        image = images[labels.index(label)]
```

```
        plt.subplot(8, 8, i)  # A grid of 8 rows x 8 columns
        plt.axis('off')
        plt.title("Label {0} ({1})".format(label, labels.count(label)))
        i += 1
        _ = plt.imshow(image)
    plt.show()

display_images_and_labels(images, labels)
```

显示结果如图6-9所示。

图6-9　62类交通标志样本

显然，数据集的图片并不是统一的尺寸，为了训练神经网络，我们需要将所有图片调整到一个相同的尺寸，下面我们将图片尺寸调整到（32，32）：

代码清单6-4　使用skimage将图像尺寸统一为32×32

```
images32 = [skimage.transform.resize(image, (32, 32))
            for image in images]
display_images_and_labels(images32, labels)
```

调整后的样本如图6-10所示。

图6-10　调整后的图像样本

代码清单6-5　输出调整后的图片信息

```
for image in images32[:5]:
    print("shape: {0}, min: {1}, max: {2}".format(image.shape, image.min(), image.max()))
```

输出信息如下：

```
shape: (32, 32, 3), min: 0.0, max: 1.0
shape: (32, 32, 3), min: 0.13088235294117614, max: 1.0
shape: (32, 32, 3), min: 0.057059972426470276, max: 0.9011967677696078
shape: (32, 32, 3), min: 0.023820465686273988, max: 1.0
shape: (32, 32, 3), min: 0.023690257352941196, max: 1.0
```

图像的取值范围已经归一化了，下面使用 Keras 构造神经网络来训练一个深度前馈网络以识别这些交通信号。

6.3.2 数据预处理

我们对数据进行预处理，首先将三通道的 RGB 转换成灰度图：

代码清单 6-6　RGB 转灰度图

```
images_a = color.rgb2gray(images_a)
display_images_and_labels(images_a, labels)
```

使用 matplotlib 可视化我们转换的结果，如图 6-11 所示。

注意，这里显示的并不是灰度图，其原因在于我们使用了之前的 display_images_and_labels 函数，只需要在该函数的 imshow 部分添加 cmap = 'gray' 即可显示灰度图。

我们使用前面的方法对数据进行扩充（将数据扩充为原来的 5 倍），并可视化其中的三张图片，如图 6-12 所示。

然后我们对数据进行 shuffle 操作。"shuffle" 就是打乱我们数据集中样本的次序，实际上就是重新排列了样本的索引，shuffle 操作是随机梯度下降算法中必备的一步。我们简单地将数据集切分为训练集和验证集，前 20 000 张样本为训练集，后面的样本为测试集，最后我们对标签进行 one-hot 编码。

代码清单 6-7　数据准备

```
from sklearn.utils import shuffle

indx = np.arange(0, len(labels_a))
indx = shuffle(indx)
images_a = images_a[indx]
labels_a = labels_a[indx]

print(images_a.shape, labels_a.shape)

train_x, val_x = images_a[:20000], images_a[20000:]
train_y, val_y = labels_a[:20000], labels_a[20000:]
```

```
train_y = keras.utils.to_categorical(train_y, 62)
val_y = keras.utils.to_categorical(val_y, 62)
print(train_x.shape, train_y.shape)
```

图 6-11　RGB 三通道图像转换为灰度图

6.3.3　使用 Keras 构造并训练深度前馈网络

我们仍然使用前面提到的深度前馈神经网络，一方面验证其在更复杂问题中的性能，同时也能展示神经网络对模式识别问题的"通用性"，另一方面可理解我们之前提到的深度神经网络代码。

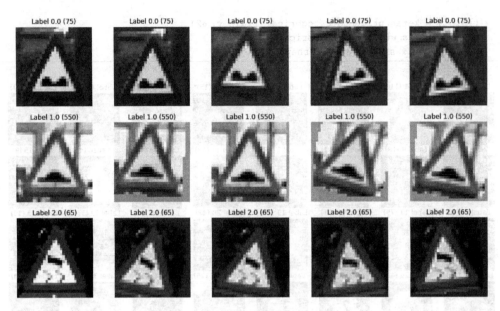

图 6-12　数据增强以后的数据集

代码清单 6-8　构造多层前馈神经网络

```
model = Sequential()
model.add(Flatten(input_shape = (32, 32)))
model.add(Dense(512, activation = 'relu'))
model.add(Dropout(0.5))
model.add(Dense(512, activation = 'relu'))
model.add(Dropout(0.5))
model.add(Dense(62, activation = 'softmax'))

model.summary()

model.compile(loss = 'categorical_crossentropy',
              optimizer = RMSprop(),
              metrics = ['accuracy'])

history = model.fit(train_x, train_y,
              batch_size = 128,
              epochs = 20,
              verbose = 1,
              validation_data = (val_x, val_y))

### print the keys contained in the history object
print(history.history.keys())
model.save('model.json')
```

网络的训练误差和验证误差的变化如图 6-13 所示。

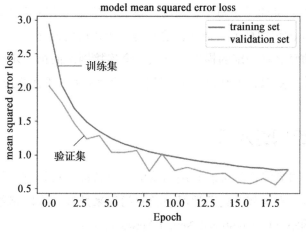

图 6-13 训练和验证误差曲线

加载测试数据集,查看精度:

('Test loss:', 0.8060373229994661)
('Test accuracy:', 0.7932539684431893)

这个简单神经网络在测试集上取得了 79% 的精度,几个测试样本的预测结果如图 6-14 所示。

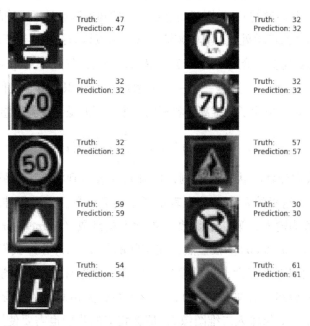

图 6-14 在测试数据集上的识别效果

我们之前应用于 MNIST 手写字识别的简单前馈神经网络在这个交通标志识别的任务中只取得了 79% 的识别精度。当然,这只是一个入门的网络,首先,它抛弃了三通道的图像,所以信息会有一定的损失;其次,全连接网络的第一步就是把图像向量化了。我们能不能使用更深、更符合图片二维特征的网络呢?下面将继续探讨!

6.4 卷积神经网络入门

上一节中我们讲到能否尽可能利用图像的二维特征来设计神经网络,以此来进一步提高识别的精度。在本节,我们学习一类专门用来处理具有网格结构数据的神经网络——卷积神经网络(Convolutional Neural Network,CNN)。

6.4.1 什么是卷积以及卷积的动机

卷积(Convolution)是一种特殊的线性运算,是对两个实值函数的一种数学运算。卷积运算通常用符号"$*$"来表示,为了便于理解,我们讨论一个一维离散形式的卷积。

假设我们的可回收飞船正在着陆,其传感器不断测量自身的高度信息,我们用 $h(i)$ 来表示 i 时刻的高度测量。这个测量是以一定频率发生的(即每隔一个时间间隔测量一次,所以测量 $h(i)$ 是离散的),受限于传感器,我们知道测量是不准确的,所以我们采用一种加权平均的方法来简单处理。具体来说,我们可以认为:越接近于时刻 i 的测量,越符合时刻 i 时的真实高度。给定测量 $s(i) = w_i h(i) + w_{i-1} h(i-1) + w_{i-2} h(i-2) \cdots$(其中的权重 $w_i > w_{i-1} > w_{i-2} \cdots$),这是一个一维离散形式的卷积,由于我们不可能从中得到"未来的测量",所以只包含了一维离散卷积的一半,下面是一维离散卷积的完整公式:

$$s(i) = (h * w)(i) = \sum_{j=-\infty}^{\infty} h(j) w(i-j)$$

其中 i 表示我们计算的状态(时刻,位置),j 表示到状态 i 的距离(可以是时间差、空间距离等),这里的 h 和 w 分别表示两个实值函数。在卷积神经网络的术语中,第一个函数 h 被称为输入,第二个函数 w 被称为核函数(Kernel Function),输出 s 被称为特征映射(Feature Map)。很显然,在实际的例子中,j(即我们考量的区间)一般不会是负无穷大到正无穷大,它通常是一个很小的范围。在深度学习的应用中,输入通常是高维度的数组(比如说图像),而核函数也是由算法(如随机梯度下降)产生的高维参数数组。如果输入二维图像 I,那么相应的我们也需要使用二维的核 K,则这个二维卷积可以写为:

$$S(m,n) = (I*K)(m,n) = \sum_i \sum_j I(i,j)K(m-i, n-j)$$

其中，(m, n) 是计算的像素位置，(i, j) 是考量的范围。我们用更加直观的形式来表示的话，二维卷积如图 6-15 所示。

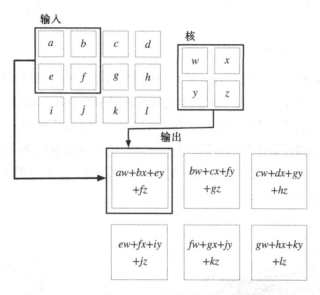

图 6-15　二维卷积运算

在回答了什么是卷积以后，我们看看为什么使用卷积这种线性运算。卷积神经网络的定义：卷积神经网络是指在网络中至少使用了一层卷积运算来代替一般的矩阵乘法运算的神经网络。在之前介绍的前馈神经网络中，我们使用全连接层作为网络的组成结构，全连接层中的输入实际上是上层的输入乘以权重的累加，本质上是一个矩阵乘法。卷积层实际上就是用卷积运算替代了全连接层中的矩阵乘法，卷积的出发点是通过下述三种思想来改进机器学习系统：

- 稀疏交互（sparse interaction）
- 参数共享（parameter sharing）
- 等变表示（equivariant representation）

6.4.2　稀疏交互

对于普通的全连接网络，层与层之间的节点是全连接的，如图 6-16 所示。
但是对卷积网络而言，下一层的节点只与其卷积核作用到的节点相关，如图 6-17 所示。

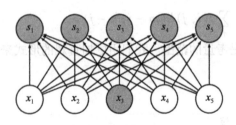 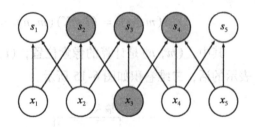

图 6-16　全连接层　　　　　　　　　图 6-17　卷积层

使用稀疏连接的一个直观的好处就是网络的参数更少了，我们以一张宽、高均为 200 个像素的灰度图为例，将它输入到全连接的神经网络中时，如图 6-18 所示。

假设这个网络的第一个隐含层有 4 万个神经元（对于输入样本为 40 000 维的情况，40 000 个隐含层节点是合适的），那么这个网络在这一层就有近 20 亿个参数。训练这样的模型的计算量是非常大的，且需要很大的存储空间。对于卷积网络而言，情况就有所不同了，如图 6-19 所示。

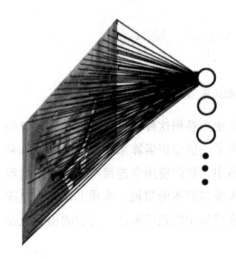 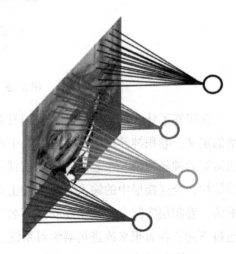

图 6-18　全连接层单个神经元的输入　　　　图 6-19　卷积层神经元的输入

这里我们仍然使用 40 000 个隐含层神经元，我们的卷积核（也被称为滤波）的大小为 10×10，这样的一层卷积的参数量只有约 4 000 000 个，参数数量远远小于全连接网络。

读者可能会有疑问：卷积的输出只与输入的局部产生关联，如果某种规律并不是建立在局部特征之上，而是与整个输入都有关联，那么通过卷积建立起来的表示是不是就不完整呢？并非如此。现代的卷积网络往往需要叠加多个卷积层，卷积网络虽然在直接连接上是稀疏的，但是在更深的层中单元可以间接地连接到全部或者大部分的输入图像，如图 6-20 所示。

注意 在卷积网络的相关文献中，存在术语：神经元（neuron）、核（kernel）和滤波器（filter），它们都指向同一个事物——核函数，在本书中我们统一称为卷积核。

6.4.3 参数共享

卷积核实际上就是卷积网络的参数，卷积核在输入图像上滑动窗口，这也就意味着输入的图像的像素点共享这一套参数，如图6-21所示。

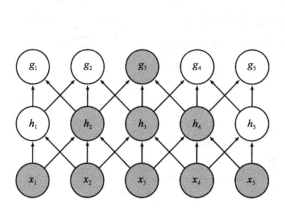

图6-20 卷积网络虽然是稀疏连接，但是可以通过增加层数建立起全局连接

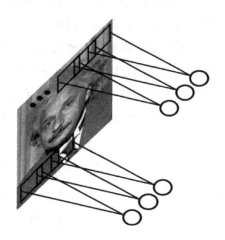

图6-21 共享参数

卷积网络中的参数共享使我们只需要学习一个参数集合，而不需要对每一个像素都学习一个单独的参数集合，它使得模型所需的存储空间大幅度降低。

6.4.4 等变表示

由于整个输入图片共享一组参数，那么模型对于图像中的某些特征平移具有等变性。这一性质在检测输入中的某些共有结构（比如边缘）时非常有用，尤其在卷积神经网络的前几层（靠近输入的层）。

6.4.5 卷积神经网络

由于以上三个特性，卷积运算实际上改进了全连接神经网络中单纯的矩阵运算。与全连接网络层一样，一个卷积神经网络层通常也包括激活函数，同时还发展出了一种新的传递结构——池化（Pooling）。图 6-22 是一个典型的卷积神经网络层（我们简称卷积层），传统的卷积层包含如下三个结构：

- 卷积运算
- 激活函数（非线性变换）
- 池化（Pooling）

卷积运算已经在前文中讨论过了，在图像处理问题中，我们通常使用的是二维的卷积运算，卷积层中的激活函数起着与全连接网络一样的非线性网络的作用，ReLU 是最常用的激活函数，在此也不再赘述，下面我们来详细讨论池化。

池化通常也被称为池化函数，池化函数的定义就是：使用相邻位置的总体统计特征来替换该位置的值，池化的理念有点像时序问题中的滑动窗口平均。图 6-23 表示一种池化方法——最大池化（Max Pooling）[6]。

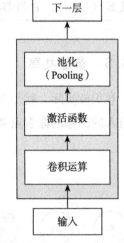

图 6-22 卷积层的一般形式

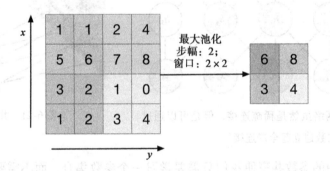

图 6-23 最大池化

图 6-23 表示一个 2×2 的最大池化，其步幅（Stride）为 2，我们可以理解为使用一个 2×2 的窗口，以 2 为步长在输入图像上滑动窗口，计算窗口之内输入元素的最大值并输出。我们不难发现，池化层并没有引入新的参数（权重），所以池化层仅仅是一个变换层，并不参与学习。经过这样一个池化函数以后，输入的尺寸被"压缩"了，也就意味着在后面的卷积层中需要的参数更少。因此，在使用池化以后，整个神经网络的参数数量能够进一步减少。下面是池化的输入输出尺寸计算公式。

假设输入的尺寸为 $w \times h \times d$，步幅为 s，窗口的大小为 $f \times f$，则输出的宽、高和深度分别为：

$$w_{\text{out}} = \frac{(w - f)}{s} + 1$$

$$h_{\text{out}} = \frac{(h-f)}{s} + 1$$

$$d_{\text{out}} = d$$

常用的池化函数主要有最大池化和平均池化（Average Pooling），分别是输出相邻的矩阵区域的最大值和平均值。无论是哪种池化，都对输入图像中目标的少量平移具有不变性，因而网络能够进一步学习到应该对哪些变换具有不变性。

6.4.6 卷积的一些细节

前面了解了什么是卷积，在卷积神经网络中，卷积计算还有一些细节问题要考虑，分别是：

- 填充（Padding）
- 输入输出尺寸
- 卷积核的深度

首先，我们分析一下卷积的输入输出尺寸换算，与前面的池化一样，我们假设输入的尺寸为 $w \times h \times d$，卷积的步幅为 s，卷积核的大小为 $f \times f$。对于边界问题（卷积核在滑动的时候是否越过边界、越过边界如何处理等），卷积网络中有一种被称为填充的处理方法，如果不想让卷积核越过图像的边界滑动，我们使用一种被称为有效填充（Valid Padding）的方法，令 p 为填充的像素数，则使用有效填充来处理边界时 $p = 0$。然而，在卷积网络的前几层中，需要保存尽可能多的原始输入信息，以便我们可以提取这些低阶特征。若想要应用同样的卷积层，但又想将输出量保持与输入相同的宽高，为了做到这一点，我们使用一定数量的"0"填充在边界的周围，使得卷积的输出和输入有着相同的宽高，我们称之为相同填充（Same Padding）。输出的宽、高和深度的计算为：

$$w_{\text{out}} = \frac{(w-f+2p)}{s} + 1$$

$$h_{\text{out}} = \frac{(w-f+2p)}{s} + 1$$

$$d_{\text{out}} = k$$

其中，k 表示卷积核的深度。

第二个需要考虑的因素即为卷积核的深度，通常来说，在一个卷积层中我们会使用多个卷积核，如图 6-24 所示。

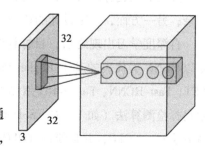

图 6-24 一个卷积层中使用多个卷积核

不同的卷积核会学习不同的特征，有些核学习的是颜色特征，有些核学习的是边缘、形状特征，图 6-25 是同一层中已经训练好的卷积神经网络的卷积核可视化效果[7]。

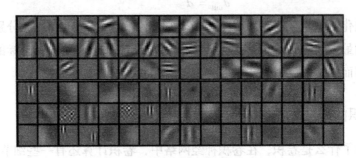

图 6-25　同一个卷积层中各个卷积核的可视化效果

卷积核的数量称为卷积核的深度，由图 6-25 可以看出，在训练的过程中，有些卷积核学习到的是形状（边缘）特征，有些卷积核学到的是颜色特征，这些特征就是神经网络学习到的对低阶特征的表示。

6.5　基于 YOLO 的车辆检测

YOLO（You Only Look Once）[9]是一种目标检测模型。在深度学习出现之前，传统的目标检测方法的步骤主要是：

- 提取目标的特征（Hist、HOG、SIFT 等）。
- 训练对应的分类器（训练一个能判断一张图像是否为目标的分类器，由于是二分类任务，所以通常使用 SVM）。
- 滑动窗口搜索。
- 重复和误报过滤。

其主要问题有两方面：一方面，滑窗选择策略没有针对性、时间复杂度高，窗口冗余；另一方面，手工设计的特征鲁棒性较差，分类器不可靠。

自深度学习出现之后，目标检测取得了巨大的突破，最瞩目的方向有两个：第一是以 RCNN 为代表的基于 Region Proposal 的深度学习目标检测算法（如 RCNN、SPP-NET、Fast-RCNN、Faster-RCNN 等）；第二是以 YOLO 为代表的基于回归方法的深度学习目标检测算法（如 YOLO、SSD 等）。下面我们介绍基于回归方法的深度学习目标检测方法——YOLO，并且使用 YOLO 的 tiny 版本来实现一个实时的车辆和行人检测的实例。

YOLO将目标检测看作一个回归问题,训练好的网络工作流程非常简单,如图6-26所示。

图6-26 YOLO的工作流程

作为End-To-End（端到端）方法,输入原始图像,输出即为目标的位置及其所属类别和相应的置信概率。不同于传统的滑动窗口检测算法,在训练和应用阶段,YOLO都是使用整张图片作为输入。使用YOLO来检测物体,可以分为如下三步:

- 将图像尺寸调整到448×448,作为神经网络的输入。
- 运行卷积神经网络,得到一些包围盒（bounding box）坐标、box中包含物体的置信度和分类概率。
- 进行非极大值抑制,筛选box。

YOLO网络架构借鉴了GoogleNet结构,网络总共24层,前22层用来提取特征,后面的两个全连接层用来预测概率和坐标。该网络的结构如图6-27所示。

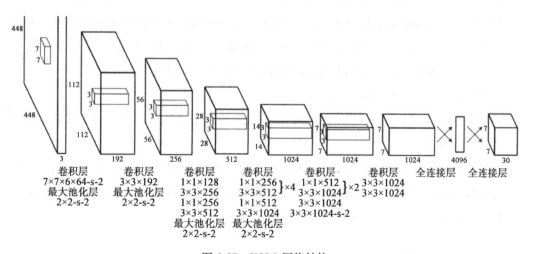

图6-27 YOLO网络结构

下面详细介绍YOLO的特征提取和训练过程。

6.5.1 预训练分类网络

首先使用图 6-27 中的前 20 个卷积层、一个最大池化层、一个全连接层，在 ImageNet 数据集上训练一个分类网络，这个网络的输入为 224×224，该模型在 ImageNet2012 的数据集上的 top 5 精度为 88%。

6.5.2 训练检测网络

接着就是将训练的分类网络用于检测，在预训练好的 20 个卷积层的后面再添加 4 个卷积层和 2 个全连接层（即结构图中的后 4 个卷积层和最后两个全连接层），在这里，网络的输入变成了 448×448，输出是一个 $7 \times 7 \times 32$ 的张量。

输入到检测网络的图片首先会被调整尺寸为 448×448，然后被分割成 7×7 的网格。如图 6-28 所示。

网络的输出为 $7 \times 7 \times 30$，即负责这 7×7 个网格的回归预测。首先来看看其中每个网格的 30 个

图 6-28 将输入图片分割成 7×7 的网格

输出构成。每个网格都要预测两个 bounding box，bounding box 即用来圈出目标的矩形（也就是目标所在的一个矩形区域），一个 bounding box 包含如下信息：

- 中心坐标(x, y)，即我们要预测的目标所在矩形区域的中心坐标值。
- bounding box 的宽和高(w, h)。
- 置信度：代表了所预测的 box 中含有对象的置信度和这个 box 预测得有多准这两重信息。

每个网格都要预测两个 bounding box，即 10 个输出。此外，还有 20 个输出代表目标的类别，YOLO 在训练时一共检测 20 类物体，所以一共有 20 个类别的输出，我们记做 C，合计每个网格的预测输出有 30 个数值。

6.5.3 YOLO 的损失函数

要很好地预测这 30 个数值，损失函数的设计就必须在 bounding box 坐标、宽/高、置信、类别之间达到一个很好的平衡。YOLO 使用如下函数作为检测网络的损失函数：

$$\lambda_{\text{coord}} \sum_{i=0}^{S^2} \sum_{j=0}^{B} \mathbb{1}_{ij}^{\text{obj}} (x_i - \hat{x}_i)^2 + (y_i - \hat{y}_i)^2$$

$$+ \lambda_{\text{coord}} \sum_{i=0}^{S^2} \sum_{j=0}^{B} \mathbb{1}_{ij}^{\text{obj}} (\sqrt{w_i} - \sqrt{\hat{w}_i})^2 + (\sqrt{h_i} - \sqrt{\hat{h}_i})^2$$

$$+ \sum_{i=0}^{S^2} \sum_{j=0}^{B} \mathbb{1}_{ij}^{\text{obj}} (C_i - \hat{C}_i)^2$$

$$+ \lambda_{\text{noobj}} \sum_{i=0}^{S^2} \sum_{j=0}^{B} \mathbb{1}_{ij}^{\text{noobj}} (C_i - \hat{C}_i)^2$$

$$+ \sum_{i=0}^{S^2} \mathbb{1}_{ij}^{\text{noobj}} \sum_{c \in \text{classes}} (p_i(c) - \hat{p}_i(c))^2$$

6.5.4 测试

在测试阶段，每个网格预测的类别信息和 bounding box 预测的置信度相乘就得到每个 bounding box 的类别置信得分（class-specific confidence score）。那么对整个图像的每个网格都做这种操作，则可以得到 $7 \times 7 \times 2 = 98$ 个 bounding box，这些 bounding box 既包含坐标等信息，也包含类别信息。

得到每个 box 的类别置信得分以后，设置阈值，过滤得分低的 box，对保留的 box 进行 NMS 处理，就得到最终的检测结果。

NMS（Non-Maximum Suppression）：非极大值抑制。它首先基于物体检测分数产生检测框，分数最高的检测框 M 被选中，其他与被选中检测框有明显重叠的检测框被抑制。在本例中，使用 YOLO 网络预测出一系列带分数的预选框，当选中最大分数的检测框 M 时，它被从集合 B 中移出并放入最终检测结果集合 D。与此同时，集合 B 中任何与检测框 M 的重叠部分大于重叠阈值 N_t 的检测框也将随之移除。

6.5.5 基于 YOLO 的车辆和行人检测

由于车辆和行人检测对实时性要求高，我们使用一种 YOLO 的简化版本：Fast YOLO。该模型使用简单的 9 层卷积替代了原来的 24 层卷积，牺牲了一定的精度，但处理速度更快，从而满足实时目标检测的需求。

使用 Keras 实现 Fast YOLO 网络结构。

代码清单 6-9　使用 Keras 构建 Fast YOLO

```
model = Sequential()
model.add(Convolution2D(16,3,3,input_shape = (3,448,448),border_mode = 'same',sub-
    sample = (1,1)))
model.add(LeakyReLU(alpha = 0.1))
model.add(MaxPooling2D(pool_size = (2, 2)))
model.add(Convolution2D(32,3,3,border_mode = 'same'))
model.add(LeakyReLU(alpha = 0.1))
model.add(MaxPooling2D(pool_size = (2, 2),border_mode = 'valid'))
model.add(Convolution2D(64,3,3,border_mode = 'same'))
model.add(LeakyReLU(alpha = 0.1))
model.add(MaxPooling2D(pool_size = (2, 2),border_mode = 'valid'))
model.add(Convolution2D(128,3,3,border_mode = 'same'))
model.add(LeakyReLU(alpha = 0.1))
model.add(MaxPooling2D(pool_size = (2, 2),border_mode = 'valid'))
model.add(Convolution2D(256,3,3,border_mode = 'same'))
model.add(LeakyReLU(alpha = 0.1))
model.add(MaxPooling2D(pool_size = (2, 2),border_mode = 'valid'))
model.add(Convolution2D(512,3,3,border_mode = 'same'))
model.add(LeakyReLU(alpha = 0.1))
model.add(MaxPooling2D(pool_size = (2, 2),border_mode = 'valid'))
model.add(Convolution2D(1024,3,3,border_mode = 'same'))
model.add(LeakyReLU(alpha = 0.1))
model.add(Convolution2D(1024,3,3,border_mode = 'same'))
model.add(LeakyReLU(alpha = 0.1))
model.add(Convolution2D(1024,3,3,border_mode = 'same'))
model.add(LeakyReLU(alpha = 0.1))
model.add(Flatten())
model.add(Dense(256))
model.add(Dense(4096))
model.add(LeakyReLU(alpha = 0.1))
model.add(Dense(1470))
```

注意　训练 YOLO 网络是一个漫长的过程，这里我们直接使用已经训练好的模型，将模型参数加载到 Keras 模型中，参数下载地址：https://pan.baidu.com/s/1o9twnPo。

加载参数文件到我们的网络中：

代码清单 6-10　加载预训练的权重

```
def load_weights(model, yolo_weight_file):
    tiny_data = np.fromfile(yolo_weight_file, np.float32)[4:]

    index = 0
    for layer in model.layers:
        weights = layer.get_weights()
        if len(weights) > 0:
```

```
        filter_shape, bias_shape = [w.shape for w in weights]
        if len(filter_shape) > 2:  # For convolutional layers
            filter_shape_i = filter_shape[::-1]
            bias_weight = tiny_data[index:index + np.prod(bias_shape)].reshape
                (bias_shape)
            index += np.prod(bias_shape)
            filter_weight = tiny_data[index:index + np.prod(filter_shape_i)].
                reshape(filter_shape_i)
            filter_weight = np.transpose(filter_weight, (2, 3, 1, 0))
            index += np.prod(filter_shape)
            layer.set_weights([filter_weight, bias_weight])
        else:  # For regular hidden layers
            bias_weight = tiny_data[index:index + np.prod(bias_shape)].reshape
                (bias_shape)
            index += np.prod(bias_shape)
            filter_weight = tiny_data[index:index + np.prod(filter_shape)].re-
                shape(filter_shape)
            index += np.prod(filter_shape)
            layer.set_weights([filter_weight, bias_weight])
```

从YOLO网络的输出中提取出车辆的检测结果:

```
def yolo_net_out_to_car_boxes(net_out, threshold=0.2, sqrt=1.8, C=20, B=2, S=7):
    class_num = 6
    boxes = []
    SS = S * S          # number of grid cells
    prob_size = SS * C  # class probabilities
    conf_size = SS * B  # confidences for each grid cell

    probs = net_out[0: prob_size]
    confs = net_out[prob_size: (prob_size + conf_size)]
    cords = net_out[(prob_size + conf_size):]
    probs = probs.reshape([SS, C])
    confs = confs.reshape([SS, B])
    cords = cords.reshape([SS, B, 4])

    for grid in range(SS):
        for b in range(B):
            bx = Box()
            bx.c = confs[grid, b]
            bx.x = (cords[grid, b, 0] + grid % S) / S
            bx.y = (cords[grid, b, 1] + grid // S) / S
            bx.w = cords[grid, b, 2] ** sqrt
            bx.h = cords[grid, b, 3] ** sqrt
            p = probs[grid, :] * bx.c

            if p[class_num] >= threshold:
                bx.prob = p[class_num]
                boxes.append(bx)

    # combine boxes that are overlap
```

```
boxes.sort(key = lambda b: b.prob, reverse = True)
for i in range(len(boxes)):
    boxi = boxes[i]
    if boxi.prob == 0: continue
    for j in range(i + 1, len(boxes)):
        boxj = boxes[j]
        if box_iou(boxi, boxj) >= .4:
            boxes[j].prob = 0.
boxes = [b for b in boxes if b.prob > 0.]

return boxes
```

在测试图片上的检测结果如图 6-29 所示。

图 6-29　Fast YOLO 在测试图片上的检测效果

在测试视频上的效果如图 6-30 所示。

图 6-30　Fast YOLO 在测试视频上的检测效果

6.6　本章参考文献

［1］Marcus G. Deep Learning: A Critical Appraisal［Z］. 2018.

［2］Russakovsky O, Deng J, Su H, et al. ImageNet Large Scale Visual Recognition Challenge［J］. International Journal of Computer Vision, 2015, 115(3):211-252.

［3］Ian Goodfellow, Yoshua Bengio, Aaron Courville. Deep Learning［M］. MIT Press, 2016.

［4］Radu Timofte*, Markus Mathias*, Rodrigo Benenson, et al. Traffic Sign Recognition-How far are we from the solution?［C］// International Joint Conference on Neural Networks (IJCNN 2013), 2013, Dallas, USA.

［5］Krogh A, Hertz J A. A Simple Weight Decay Can Improve Generalization［C］// International Conference on Neural Information Processing Systems. Morgan Kaufmann Publishers Inc. 1991:950-957.

［6］Stanford CS class CS231n: Convolutional Neural Networks for Visual Recognition［EB/OL］. http://cs231n.github.io/convolutional-networks/.

［7］A Krizhevsky, I Sutskever, G E Hinton. Imagenet Classification with Deep Convolutional Neural Networks［J］. Commun. ACM, 2017(60):84-90.

［8］Y LeCun, L Bottou, Y Bengio, et al. Gradient-based Learning Applied to Document Recognition［C］// Proceedings of the IEEE, 1998.

［9］Redmon J, Divvala S, Girshick R, et al. You Only Look Once: Unified, Real-Time Object Detection［Z］. 2015:779-788.

第 7 章
迁移学习和端到端无人驾驶

前面两章介绍了神经网络和深度学习的基础知识，本章将介绍迁移学习的概念，并将迁移学习应用于端到端无人驾驶模型。一般来说，大型深层神经网络的训练对计算资源要求较高。然而，很多普通开发者只拥有计算力低的深度学习计算环境，这成为阻碍深度学习广泛应用的瓶颈之一。例如，为了训练一个深度为 50 层的残差神经网络，利用 NVIDIA M40 GPU 需要大约 14 天才能完成模型训练。如果换成普通 PC 可能需要几十年的时间才能完成训练。对于此类问题，采用迁移学习是一种比较好的策略。

端到端无人驾驶是无人驾驶中的一项基本技术，在实施过程中仅利用无人车上装载的摄像头获取路况的图像数据来训练深层神经网络模型，之后将摄像头采集到的实时路况图像数据输入到训练好的深度模型，并输出控制参数来决定无人车的驾驶策略。端到端无人驾驶本质上是一个简化的无人车模型，而实际路况的处理可能非常复杂，但它可以很直观地帮助我们理解深度学习在无人驾驶中的应用。

7.1 迁移学习

深度学习在工业界得到越来越广泛的应用。但是，从头搭建并训练深度学习模型是一件耗时耗力的事情，工程师需要重新设计网络架构，并进行大量训练和测试实验才能得到合适的模型。一个好的策略是采用一个现有的深度学习模型，在原始模型的基础上进行微调来适应新的应用场景，这就是迁移学习（Transfer Learning）[1]。

因此，在开发深度学习应用时，并不一定需要从头开始训练模型。目前很多常见的应用场景都已经有相关的研究团队训练出了高精度的深度学习模型。ImageNet[2] 数据集是一个拥有 1600 万张图片的大规模数据集，这些图片数据已经由网上的大量志愿者进行了标记，该数据集涵盖了生活中很多重要的图像应用，因此是一个非常有价值的公开数据集。针对 ImageNet 数据集的识别分类等问题，最著名的是 ImageNet 挑战赛

(ImageNet Large Scale Visual Recognition Challenge，ILSVRC)。ImageNet 挑战赛虽然已经于 2017 年终止，但是其中涌现出了很多针对 ImageNet 数据集的优秀识别模型，如 AlexNet、VGGNet、Google Inception Net 和 ResNet 等。迁移学习可以方便地将这些经典模型移植到新的应用场景，这主要取决于两个因素：新应用的数据量大小、新应用和原始模型的相似度。一般来说，迁移学习主要适用于四种应用场景，如表 7-1 所示。

表 7-1 迁移学习的四种应用场景

数据集数量	应用相似度	模型训练方法
较大	较高	微调模型
较大	较低	微调或者重新训练
较小	较高	对全连接分类层进行修改训练
较小	较低	重新设计，重新训练模型

第一种情况是如果要开发一个常见且数据量大的物体识别应用，就可以直接借鉴这些成熟的优秀模型。在实际操作中，我们只需要下载这些模型的权值并载入模型，之后将新的数据集输入网络进行微调即可得到理想的模型。

第二种情况是新的应用数据集比较大，但是并没有合适的预训练模型。这种情况多出现于专用的应用场景，如医学图像识别。处理这种情况可以先选择一个深度学习模型，利用新数据进行微调，如果效果不理想就需要采用新数据重新训练该模型。

第三种情况是新的数据量比较小，但是已经有相似的识别模型。例如，要基于一个部门的几十名员工做一个人脸识别应用，可以简单地从网上下载训练好的基于卷积神经网络的人脸识别分类模型，然后将新数据输入该模型进行前向传播，在得到全连接层之前的数据输出以后，停止前向传播并将这些输出数据当作全连接层的输入、原始输出作为全连接层的输出进行训练。换句话说，在整个训练过程中，我们保持卷积层和池化层的参数不变，因此也保持了原网络的特征提取能力。全连接层实际上是对卷积层和池化层提取的人脸特征进行分类工作，因此，对全连接层的重新训练可以使得新模型能够适应新数据的分类情况。用于图像识别的深度卷积神经网络可能非常复杂，需要较长的训练时间，但是在该情况下整个训练过程实际的计算只有样本数据的一次前向传播过程和针对全连接层（通常不超过两层）的反向传播训练。因此，可以极大减少模型的训练时间，提高开发效率。

最差的情况是新的训练数据集比较少，同时也没有现成的相似模型可用。在此种情况下，一般可以考虑重新设计网络模型，并对新设计的网络模型进行训练，以求得最好的预测效果。因为没有成功模型的借鉴，无论网络设计还是模型训练都需要花费很多时间，但也因此使得重新设计训练的模型在本领域具有更高的学术和工程价值。

7.2 端到端无人驾驶

深度学习在无人驾驶领域扮演着重要角色，其中，基于深层神经网络的端到端无人驾驶技术就是很重要的一环。在实践中，一般先采用模拟器模拟端到端无人驾驶的效果。端到端无人驾驶的基本思路非常简单：首先通过人为操作车辆（模拟器）行驶来采集控制数据。在该过程中需要记录当前车辆前方的道路场景图像，这些图像通常由摄像头采集。在实践中，为了提高模型的泛化能力可以使用多个（如3个）摄像头同时采集不同角度的路况图像。在采集不同路况场景的同时，需要记录人在驾驶车辆（正确操作）时的控制参数，如方向盘的转角、刹车和油门等。在训练深层神经网络模型的时候，采集到的路况图像数据作为模型的输入参数，汽车的控制参数作为模型的输出数据。基于这些路况图像和控制参数训练完神经网络模型之后，该模型就具有一定的能力对当前摄像头采集到的路况场景进行预测，进一步可以给出车辆的控制参数，这些参数被输入到汽车线控单元（或者作为模拟器输入参数），从而达到控制车辆自动行驶的目的。

如图7-1所示，端到端无人驾驶的核心为深度学习模型。首先通过实时驾驶过程采集到不同路况场景的图像数据，同时记录不同路况下人类对汽车的控制参数。这些数据作为训练数据被输入到深度学习模型进行训练。在利用深度学习模型控制汽车自动驾驶时，通过摄像头采集实时路况图像，并将图像输入深度学习模型并得到汽车线控参数，这些参数可以控制汽车自动驾驶。因此，端到端无人驾驶实际上是一个非常简洁的无人驾驶模型，它忽略除摄像头以外的其他传感器采集的数据信息，仅仅根据摄像数据进行操作决策。这在实际无人驾驶中肯定是不合适的，但作为研究，我们可以测试深度学习模型对无人汽车的控制能力。

7.3 端到端无人驾驶模拟

在模拟端到端无人驾驶时需要几个组件，包括模拟器、图像处理、深度学习框架等。

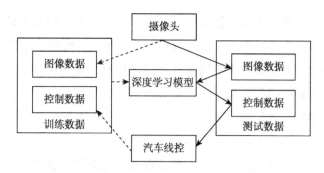

图 7-1 端到端无人驾驶示意图：虚线箭头代表训练过程，实线箭头为测试过程

7.3.1 模拟器的选择

为了模拟深度学习模型对无人车的控制，可以在 PC 上通过无人车模拟器来实现。Udacity[3] 是一个在线教育机构（非常适合于自学者），它也提供了无人驾驶汽车模拟器，有关该模拟器的细节我们可以在 GitHub 上找到详细说明[4]。GitHub 上还有很多开源的无人车模拟器可供研究使用，在实验的时候可以灵活地选择，但重要的是模拟器要能够实时采集路况图像数据和控制数据。在训练自动驾驶模型之前，需要先采集一遍训练数据，该训练数据由图像数据作为模型输入，相应的控制数据作为模型输出。为了简化问题，可以将模拟器的运行速度设置为固定值，在这种情况下，我们只需要方向盘的控制参数就可以控制汽车模拟器以进行无人驾驶。整体而言，构建这种深度学习模型最常见的就是卷积神经网络模型，输入为图片数据，输出为单个控制参数。

7.3.2 数据采集和处理

1）对于数据采集操作，有如下几个基本原则：
- 需要不断控制汽车回到道路中心位置。端对端无人驾驶就是让模型学习如何控制汽车行驶在道路中央，所以在采集数据时，需要稳定地控制汽车行驶在道路中心，并尽量保持平稳行驶，这样更符合人类对汽车的实际操控。
- 除了平稳的环境，还要让汽车尽量多地在弯曲道路行驶，从而使得模型可以对需要转弯的路况做出正确的控制操作。
- 应该尽可能让汽车尝试在更多路况下的驾驶。实际上我们需要采集更多的驾驶数据来泛化模型的操作能力，使得模型对更多的未知状况做出正确的控制预测，甚至可以采集倒车等情况下汽车的控制数据，使得模型在极端情况下也能做出正确反应。对于采用模拟器的情况,建议至少采集十圈以上的无人驾驶正确行驶状况下的操作数据来训练端到端模型,从而提高模型泛化能力。
- 可以采用多个摄像头收集不同角度的路况信息,如从汽车的左、中、右三个角度同时搜集路况图像数据,一方面可增加数据量,从而提高模型泛化能力;另一方面,不同角度的路况可以为模型提供更合适的决策判断。
- 图像采集帧率不宜太高,否则会采集到很多内容重复或者路况相似的数据。这种情况下部分测试集里的样本已经出现在训练集里,这将导致模型的测试精度虚高。另外,这不但会造成计算资源的浪费,还会使得训练好的模型频繁对模拟器发出相似的控制信号。一般情况下,路况图像的采集帧率应控制在 10 帧/秒左右。

2)对采集到的数据,应该执行如下预处理操作:
- 所有图像应该裁剪成合适大小,如 NVIDIA 无人驾驶模型标准为 66 像素高、200 像素宽。还应该裁剪掉一部分对模型决策不起作用的图像区域,如摄像头拍摄到图像下端的汽车底盘和上端的天空云彩等图像内容。一些深度学习库(如 Keras)已经自带了图像裁剪函数,而使用 GPU 会使得操作效率更高。
- 对图像像素值采用归一化操作,实际上,像素值范围为 0 到 255,因此可以按照下式将像素值 x 变换到 $[-1, 1]$ 的范围内。在该范围里,神经网络的激活函数可以更好地工作。在 Python 语言里,可以定义如下操作来归一化图像像素值:

```
lambda x: x / 127.5 - 1.0
```

7.3.3 深度神经网络模型构建

在构建端到端神经网络控制模型时,可以尝试多种神经网络结构,最常见的神经网络结构是全连接神经网络。首先可以尝试一个四层全连接神经网络模型(含两个隐含层),利用采集到的数据训练好模型以后,就可以利用训练好的模型输出控制参数到汽车模拟器。有些开源模拟器已经自带了无人驾驶模式,在这种情况下,只需要模拟器打开自动驾驶模式,就可以利用训练好的深度学习模型控制汽车以执行自动驾驶操作。

在实际操作中,四层全连接神经网络的效果并不好,需要设计合适的深度神经网络模型。根据之前的迁移学习理论,可以将一些经典图像识别模型迁移到该任务上,该任务属于数据集较大，但应用相似度较低的任务。因此，我们可以借鉴经典模型的结构，然后利用新采集的数据重新训练模型或者微调模型。

前面章节已经介绍了一些与卷积神经网络相关的内容。实际上，卷积神经网络特别适合处理二维图像问题。端到端无人驾驶模型的输入为路况图像，因此可以尝试采用卷积神经网络来构建模型。实际上，我们可以借鉴很多经典深度模型的设计经验，以迁移到端到端无人驾驶的深度模型构建中。

（1）LeNet 深度无人驾驶模型

很多经典的用于图像的神经网络模型都是基于卷积神经网络模型，LeNet[5]是最早用于商业手写数字识别的卷积神经网络模型，现在重构的 LeNet 和原来的结构有一些差别，但是一般仍保留两个卷积层和两个池化层的结构。需要注意的是，现在的 LeNet 一般采用 ReLu 系列激活函数取代原始的 Sigmoid 函数，ReLu 函数对图像特征提取具有更好的效果，同时可以极大地节省训练网络和激活网络的计算量。需要注意的另一点是，原生 LeNet 接收的输入为 32×32 的灰度（单通道）图像，而我们的模型输入为 66×200（高为 66，宽为 200）像素的彩色图像（三通道），因此模型的输入和原生 LeNet 并不相同。为了方便，在构建模型时卷积操作对输入特征图的填充方式采用相同填充且步长（stride）为 1，在这种情况下经卷积得到的特征图大小和输入特征图大小一致。池化层采用常见的宽、高均为 2 的池化方式且步长为 2，因此池化层可以起到降维的作用（输出特征图为输入特征图大小的四分之一）。在经过两层卷积和两层池化以后，模型连接两个节点数为 1024 的全连接层，紧接着是模型的输出节点。模型的实际输出不再是原始 LeNet 的分类函数，而是控制参数。在模拟端到端无人驾驶时，我们只输出一个控制汽车转向的参数（为了方便，我们固定汽车的行驶速度），因此整个模型只有一个输出节点。经过改造后的 LeNet 无人驾驶模型如图 7-2 所示。

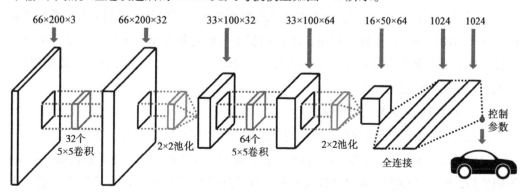

图 7-2　LeNet 端到端无人驾驶模型

目前有很多深度学习框架可以用来构建深度学习模型，如 TensorFlow、TFLearn、Theano、Caffe、PyTorch、MXNet 和 Keras 等。其中 Keras 是一个非常简洁的框架，其后端多采用 TensorFlow 或 Theano，目前 Keras 已经被 Google 官方支持。本章通过 Keras 库来构建端到端无人驾驶模型。利用 Keras 深度学习框架（后台采用 TensorFlow），我们仅仅需要十几行代码就可以构建并训练上述 LeNet 模型，代码如下：

```
model = Sequential()
model.add(Conv2D(32, (5,5), padding = 'same', activation = 'relu',
    input_shape = (32,32,3)))
model.add(MaxPooling2D(pool_size = (2,2)))
model.add(Conv2D(64, (5,5), padding = 'same', activation = 'relu',
    input_shape = input_shape))
model.add(MaxPooling2D(pool_size = (2,2)))
model.add(Flatten())
model.add(Dense(1024, activation = 'relu'))
model.add(Dense(1024, activation = 'relu'))
model.add(Dense(1))
model.compile(loss = 'mse', optimizer = 'adam')
model.fit(x_train, y_train, batch_size = 128, epochs = 10,
    verbose = 1, validation_data = (x_val, y_val))
model.save('selfdriver.h5')
```

其中模型的损失函数 loss 设置为均方误差（Mean Squared Error，MSE），其含义为模型对当前输入的路况图像 x 给出的控制参数与人类（正确）操作汽车时的控制参数之间的差值。优化算法采用自适应矩估计（Adaptive moment estimation，Adam[6]）算法，该算法为随机梯度下降（SGD）算法的优化版本。因为 Keras 和 TensorFlow 已经对此进行了封装，我们在此也无须深究细节。模型的具体训练只需要调用 fit 函数并传入训练数据即可，fit 函数会执行具体的 Adam 算法并完成自动微分等优化操作。模型训练好以后被保存到 selfdriver.h5 文件中，该文件会在模拟器执行无人驾驶时被调用。

在利用上述 LeNet 训练的模型执行无人驾驶模拟时，可以看出采用 LeNet 模型的表现要优于采用四层全连接神经网络，车辆的整个行驶过程也基本平稳。但是，从整个驾驶过程可以看出汽车并非如采集的训练数据那样总是行驶在道路中央的最优位置，因此还需要对模型进行改进。

（2）NVIDIA 深度无人驾驶模型

实际上，NVIDIA 公司发布了一种端到端无人驾驶模型[7]，如图 7-3 所示。

该模型依然采用 66×200（高为 66 像素，宽为 200 像素）的三通道彩色输入图像，不同的是，整个模型里不再出现池化操作。输入图像首先经过三次卷积操作，前三次卷积操作的卷积核固定为 5×5，卷积核的个数分别为 24、36、48，依次递增。因为前

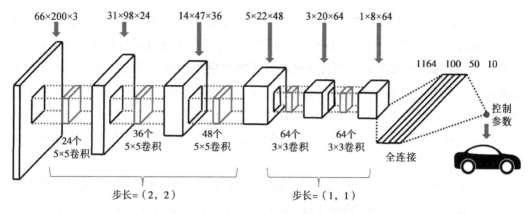

图 7-3 NVIDIA 端到端无人驾驶模型

三次卷积操作均采用 2×2 的步长，这相当于同时执行了池化操作，且特征图的维度从 66×200 降到 5×22。此后，卷积核的大小降为 3×3，卷积核个数设为 64，经过两次卷积操作之后特征图的维度降为 1×8，至此完成了输入图像的特征提取操作。为了输出合适的控制参数，最后 64 个 1×8 的特征图被拉平（Flatten）以后，连接了 4 个全连接层，每一层的隐含层节点个数分别为 1164、100、50 和 10，之后是一个输出控制节点。在实践中，为了提升模型的泛化能力，我们在每一个全连接层都使用了丢弃（Dropout）技术，且丢弃率设为 0.5。模型的优化依然采用均方误差和 Adam 优化算法。利用 Keras 提供的卷积 API，我们依然可以非常简洁地实现该模型，其代码如下：

```
model = Sequential()
model.add(Conv2D(24, (5, 5), strides = (2, 2), activation = 'relu',
          input_shape = (66,200,3)))
model.add(Conv2D(36, (5, 5), strides = (2, 2), activation = 'relu'))
model.add(Conv2D(48, (5, 5), strides = (2, 2), activation = 'relu'))
model.add(Conv2D(64, (3, 3), strides = (1, 1), activation = 'relu'))
model.add(Conv2D(64, (3, 3), strides = (1, 1), activation = 'relu'))
model.add(Flatten())
model.add(Dense(1164, activation = 'relu'))
model.add(Dropout(0.5))
model.add(Dense(50, activation = 'relu'))
model.add(Dropout(0.5))
model.add(Dense(10, activation = 'relu'))
model.add(Dropout(0.5))
model.add(Dense(1))
model.compile(loss = 'mse', optimizer = 'adam')
model.fit(x_train, y_train, batch_size = 128, epochs = 10,
    verbose =1, validation_data = (x_val, y_val))
model.save('selfdriver.h5')
```

在实践中，我们发现 NVIDIA 提供的无人驾驶模型具有很好的预测性能：经过充分地迭代训练以后，在模拟器里，汽车可以比较平稳地行驶在道路中央。但是，在一些非常崎岖的盘山公路上，长时间的无人驾驶模拟可能会出现操作失误的情况。此时，一方面我们需要采集更多无人驾驶路况场景来增加模型训练样本的数量，另一方面可以通过控制车的行驶速度来保持平稳。控制车的运行速度时，我们可以人为地将模拟器中的行驶速度设置为一个较低值，或者将车速当作一个控制参数由深度学习模型学习其规律。在这种情况下，深度学习模型的输出有两个节点，分别为转向控制和速度控制。

实际上，我们还可以将很多其他经典深度学习模型迁移到端到端无人驾驶模型的构建中。长短期记忆（Long Short Term Memory，LSTM）[8]网络因为可以记忆历史数据信息而被越来越多的学者研究。目前，将 LSTM 应用到端到端无人驾驶中是一种比较热门的研究方法。LSTM 的一个很好的特性是可以基于之前的场景来对后续的场景进行决策，从理论上讲也是一种非常适合于端到端模型构建的深度学习模型。一种更好的策略是结合 CNN 模型的图像特征提取功能和 LSTM 模型的时序记忆功能，组成混合深度学习模型并应用到端到端无人驾驶。利用 Keras 这种简洁的深度学习库，读者可以很容易地构建自己的端到端无人驾驶模型，具体内容本章不再赘述。

7.4 本章小结

本章主要讲述了迁移学习和端到端无人驾驶的内容。为了更快地开发新的深度学习应用，迁移学习策略经常被应用到工程实践中。虽然很多深度学习应用场景均具有较大的差异性，但是多数情况下我们可以通过微调或者重新训练模型达到新场景的应用目的。在最差的情况下，我们依然可以参考一些经典的深度学习模型来设计自己的深度学习应用模型。

端到端无人驾驶是一种非常直观的无人驾驶模型，它忽略了无人车的多种传感器数据，仅仅通过摄像头采集到的路况数据来模拟无人驾驶，从而简化了整个过程，可以作为无人驾驶研究的基础。在探讨端到端无人驾驶模型时，我们主要提到了三种深度学习模型：浅层神经网络模型、类 LeNet 卷积神经网络模型和 NVIDIA 端到端无人驾驶模型。但是需要明确的是，在真实的无人驾驶环境中，仅仅依靠摄像头采集到的路况图像信息进行驾驶决策显然是不安全的。因此，我们还需要综合考虑多种传感器采集到的数据来共同决策。

7.5 本章参考文献

[1] Pan S J, Yang Q. A Survey on Transfer Learning[J]. IEEE Transactions on Knowledge & Data Engineering, 2010, 22(10):1345-1359.

[2] Deng J, Dong W, Socher R, et al. ImageNet: A large-scale Hierarchical Image Database[C]. Computer Vision and Pattern Recognition, 2009 (CVPR 2009). IEEE Conference on. IEEE, 2009:248-255.

[3] 无人驾驶入门[EB/OL]. https://cn.udacity.com/.

[4] A Self-driving Car Simulator Built with Unity [EB/OL]. https://github.com/udacity/self-driving-car-sim.

[5] Lecun Y, Bengio Y. Convolutional Networks for Images, Speech, and Time Series[M]//The Handbook of Brain Theory and Neural Networks. MIT Press, 1998.

[6] Kingma D P, Ba J. Adam: A Method for Stochastic Optimization[J]. Computer Science, 2014.

[7] Bojarski M, Del Testa D, Dworakowski D, et al. End to End Learning for Self-Driving Cars[EB/OL]. https://images.nvidia.com/content/tegra/automotive/images/2016/solutions/pdf/end-to-end-dl-using-px.pdf.

[8] Graves A. Long Short-Term Memory[M]//Supervised Sequence Labelling with Recurrent Neural Networks. Springer Berlin Heidelberg, 2012:1735-1780.

第 8 章
无人驾驶规划入门

本章将重点介绍无人驾驶系统中的规划层。如第 1 章所述，无人驾驶系统规划层模块包括三层结构：任务规划、行为规划和动作规划。

在介绍规划系统之前，首先重点介绍一下 A* 算法，因为 A* 算法在任务规划的应用中非常广泛。作为离散空间搜索算法，A* 算法多用于离散空间最优路径搜索问题的解决。

行为规划是无人车系统决策的核心部分，通常使用有限状态机（FSM）来设计一个行为决策模型。除 FSM 以外，本章还将介绍在 DARPA 无人车挑战赛中应用并取得成功的分层有限状态机的相关内容。

本章还将介绍和使用样条插值法来实现简单的路径生成，并在此基础上进一步介绍 Moritz Werling 提出的基于 Frenet 坐标系的轨迹优化动作规划方法，本章还将使用 Python 实现一个简单的动作规划器。

8.1 无人车路径规划和 A* 算法

A* 算法在自动驾驶算法领域的多个层面都有应用，它是一个经典高效的离散空间路径搜索算法。在任务规划中，A* 算法可用来在城市路网中找到一条最短路线；在动作规划中，定制的 A* 算法也可用于局部最优路径的搜索。

A* 算法要解决的问题是：基于一张图，找到从起点（start）到终点（goal）之间的最短路径（Path），同时避开障碍物，并使算法尽可能高效。本节将通过演绎迭代的方式，逐步揭示 A* 算法的核心思路。首先，我们需要用一种数据结构将问题的核心——"图"表示出来。在自动驾驶的任务规划中，通常会针对一个路网定义文件（The Route Network Definition File，RNDF）进行路径规划，这个路网的数据是一张有向图。

8.1.1 有向图

一般情况下，A*算法的输入是一张有向图。简单有向图 D 由顶点集合 $V(D)$ 和边集合 $E(D)$ 构成，如图 8-1 所示，带有数字的圆圈表示顶点。圆圈之间的箭头代表边，边可以附带权重值，一般表示边的距离或长度。

在这幅有向图中，节点 12 的下一步能够直接通向节点 9，而节点 9 的下一步不能直接通向节点 12。在搜索问题中，一个核心思想就是找到某个节点能够直达的所有节点组成的集合，我们将该集合命名为 Neighbors。对于有向图中的每一个节点而言，都可以找到它的 Neighbors 列表。举例说明：

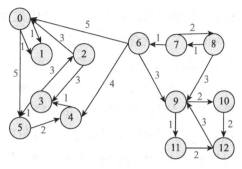

图 8-1 有向图的表示

```
Neighbors[3] = {5,2}
Neighbors[4] = {3}
Neighbors[6] = {0,4,9}
```

从某一个节点开始，先找到它的 Neighbors，再根据这些 Neighbors 找到 Neighbors 列表中每一个节点的其他 Neighbors。重复迭代这个过程，最后将整个图遍历一遍（只要该图是连通的），找到所有可行的方案，这就是路径搜索的基本思路。

为了简化推导算法的过程，我们使用一种方格图来代表我们的问题空间，默认所有边的权值为 1。图 8-2 左边的方格图本质上可以通过右边的有向图来表示。

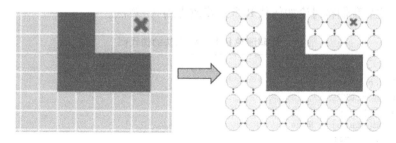

图 8-2 方格图就是有向图

8.1.2 广度优先搜索算法

本节首先介绍一下搜索算法的背景知识，为后续介绍 A* 和 hybrid A* 打下基础。常用搜索算法主要分为深度优先搜索（Depth-First-Search，DFS）和广度优先搜索（Breadth-

First-Search，BFS）算法。

广度优先搜索算法是指从起始节点开始，将它的所有 Neighbors 加入下一步要搜索的预备队列（Frontier）中。广度优先搜索算法通过先进先出（FIFO）的队列来表示 Frontier。广度优先搜索算法的核心思想是通过从起点开始不断扩散的方式来遍历整个图，因此它能够找到最短路径。可以证明，只要从起点开始的扩散过程能够遍历到终点，那么起点和终点之间一定是连通的，因此它们之间至少存在一条路径。由于 BFS 算法从中心开始呈放射状扩散的特点，因此它所找到的这一条路径就是局部最短路径。图 8-3 演示了 BFS 的扩散过程，五角星外的一圈方格表示目前扩散的边界 Frontier，它可以近似（由于图是离散的）地被看作围绕起始点的一个圆。

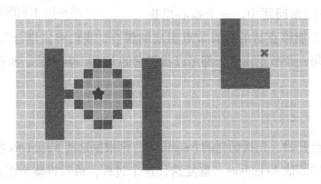

图 8-3　BFS 扩散过程

然而，BFS 算法搜索最短路径时需要遍历整个离散空间，搜索的效率相对较低，计算开销也较大。因此为了提高 BFS 的搜索效率，我们引入了 A* 算法。首先给出 A* 算法的伪代码，之后我们将讨论如何从 BFS 逐步改进到 A* 算法。

代码清单 8-1　A* 算法的伪代码

```
frontier = PriorityQueue()
frontier.put(start, 0)
came_from = {}
cost_so_far = {}
came_from[start] = None
cost_so_far[start] = 0
while not frontier.empty():
    current = frontier.get()
    if current == goal:
        break
    for next in graph.neighbors(current):
        new_cost = cost_so_far[current] + 1
        if next not in cost_so_far or new_cost < cost_so_far[next]:
            cost_so_far[next] = new_cost
            priority = new_cost + heuristic(goal, next)
```

```
frontier.put(next, priority)
came_from[next] = current
```

8.1.3 涉及的数据结构

下面介绍涉及的几个主要的数据结构。

1）Graph：一个有向图。对 Graph 的使用目的主要在于求解得到某一点的邻近点，在代码里通过调用 graph. neighbors(current) 即可，该函数返回当前 current 点周围的所有邻近点构成的一个列表，由 for 循环遍历这个列表。

2）Queue：使用队列的原因是基于先进先出（FIFO）的特点。如图 8-4 所示，假设此时 Frontier（Open List）队列为空，current 当前是 A 点，它的 Neighbors 将返回 B、C、D、E 四个点，在将这 4 个点都添加到 Frontier 中以后，在下一轮的 while 循环中，frontier.get() 将会先返回 B 点（根据 FIFO 原则，B 点最早入队，应当最早出队），此时再调用 Neighbors，则返回 g、f、A、h 四个点，除了 A 点，其他 3 个点又被添加到下一步的 Frontier（Open List）列表中。继续下一轮循环，此时 Frontier 中就有 C、D、f、g、h 这 5 个点，根据队列的 FIFO 原则，frontier.get() 将先返回 C 点。这样整个扩散过程就形成了由近到远、由内而外的现象，这也是广度优先搜索的原则。在代码中，frontier.get() 从队列中取出一个元素（该元素将从队列中被删除），frontier.put() 将 current 的邻近点添加进去，整个过程不断迭代重复，直到图中的所有点都被循环遍历结束。

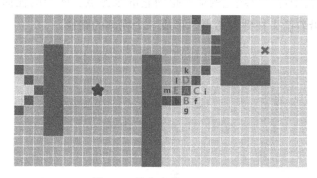

图 8-4 某个点的 Neighbors

3）Visited 列表：接着上面的讨论，graph. neighbors(A) 将返回 B、C、D、E 这 4 个点，随后这 4 个点被添加到 Frontier 中，下一轮 graph. neighbors(B) 将返回 A、h、f、g 四个点，假若此时 A 再被添加到 Frontier 列表中，就会导致遍历陷入死循环。为了避免这种状况出现，我们需要将已经遍历过了的节点添加到 Visited 列表当中用于备份，这样，在将节点放入 Frontier 之前，可以首先判断该点是否已经存在于 Visited 列表当中。

Visited 列表就相当于其他资料所描述的 Close List，把某个节点加入 Close List 列表中，表明该节点已经被遍历过了。

图 8-5 演示了 BFS 算法运行时的步骤，其中虚线方框代表 Neighbors 所返回的当前 current 节点的邻近点，深色方块代表当前 Frontier 队列中的节点，由于队列先进先出（FIFO）的特点，因此越早加入队列的节点（由图中方块的数字表示），越早被 while 循环中的 current = frontier.get() 遍历到。深色边框的方块表示已经加入到 Visited 列表中的节点。

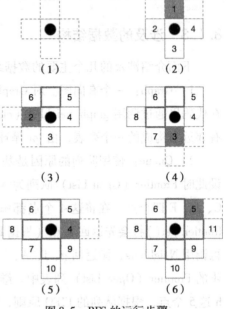

8.1.4 如何生成路线

由于上述算法能够对图中所有的节点进行遍历，因此只要图是连通的，就意味着一定能够扩展找到目标点，因此从起点到终点的路径

图 8-5 BFS 的运行步骤

必然存在。为了生成这一路径，需要对扩展的过程进行记录，保存每一个节点的来源（该节点由哪一个节点扩展而来），最后通过这些记录进行回溯，即可得出完整的路径。如图 8-16 所示，其中每个方块上的箭头指向它的来源点，图中的任何一个方块都可以通过连续不断地沿着箭头找到起始点，形成一个完整的路径。

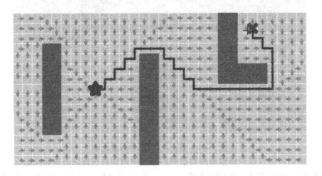

图 8-6 通过箭头来构造路线

8.1.5 有方向地进行搜索（启发式）

至此是使用 BFS 算法进行路径搜索的思路，该算法的扩展朝着所有方向前进，呈

同心圆状从起点向外扩展，遍历了以起点为中心点的周围每一个方块，非常蛮力地遍历完了整张图，直到终点出现。

在上面的算法运行过程中，Frontier 队列内部一般都会保持几个节点（每次 frontier.get() 取出一个节点，frontier.put() 向队列添加一个节点）。而 frontier.get() 返回这些节点中的哪一个决定了 BFS 扩展的方向。由于 Frontier 是一个先进先出的队列，因此越早加入 Frontier 的节点会越早被取出，因而产生了从起点同心圆式的辐射状扩展方式。

能否让扩展过程有侧重地进行呢？在这里需要注意的是，我们始终清楚地知道起点和终点的坐标位置，却没有充分利用这条有价值的信息。如果能够让扩展始终朝着终点方向扩展，是否会取得更好的效果？

我们知道 frontier.get() 返回了 Frontier 几个节点当中的一个，实际上，无论先从 Frontier 中取出哪个节点，最终都能够遍历整张图。为了"有方向"地进行扩展，可以让 frontier.get() 返回距离终点最近的节点。由于使用的是方格图，每个节点都有 (x, y) 坐标，通过两点的 (x, y) 坐标就可以计算出它们之间的距离（由于障碍物的存在，这个距离很可能不等于真实值，但它们是接近的，因此可以用这种方法来估算真实距离，得到的也会是非常接近的效果）。

接下来改变原来队列的 FIFO 模式，给不同的节点加入优先级，使用 PriorityQueue，其中 frontier.put(next, priority) 的第二个参数越小，该节点的优先级越高。显然，距离终点的曼哈顿距离越小的节点会越早从 frontier.get() 当中返回。

图 8-7 可以对比出广度优先搜索和启发式搜索算法到达终点时，遍历过的图中节点的次数。广度优先搜索算法总计遍历了 222 个节点，而启发式搜索仅仅遍历了 25 个节点就找到了终点，效率提高了将近 10 倍！

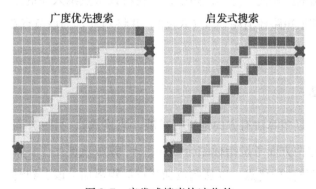

图 8-7　启发式搜索快速收敛

然而，启发式搜索算法也会产生新的问题，如图 8-8 所示。

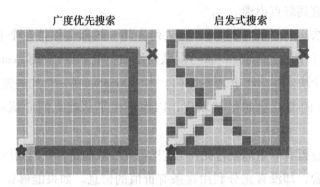

图 8-8　启发式搜索存在的问题

在这种情况下，启发式搜索算法虽然比广度优先搜索（BFS）算法遍历了更少的节点，但它绕了弯路，没有生成全局最短的路径。为了解决这个问题，可引入 Dijkstra 算法。

8.1.6　Dijkstra 算法

从起点到终点总会存在多条路径，前面的代码通过 Visited 数组来避免重复遍历同一个节点，然而这导致了先入为主地将最早遍历的路径当成了最短路径。为了兼顾效率和最短路径的需求，需要引入和参考 Dijkstra 算法的思想。

Dijkstra 算法的思路是从多条路径中选择最短的那一条：算法会记录每个节点从起点遍历到终点后它所花费的最小长度，当通过另外一条路径再次遍历到这个节点的时候，由于该节点已经被遍历过了，此时不再直接跳过该节点，而是比较一下目前的路径是否比该节点最初遍历的路径代价更小，如果是，就将该节点纳入新的路径当中。记录每个节点到起点的当前最短路径消耗 Cost（长度），并将 Cost 作为该节点在 PriorityQueue 中的优先级。

8.1.7　A* 算法

一方面，我们期望算法有方向地进行扩展（启发式），另一方面又需要得到尽可能最短的路径，将这两方面考量指标结合起来，A* 算法就诞生了。A* 算法结合了 Dijkstra 算法和启发式算法的优点，以从起点到该点的距离加上该点到终点的估计距离之和作为该点在 PriorityQueue 中的优先级。图 8-9 展示了 A* 算法的运行效果，由图可见，

A*算法成功克服了启发式搜索遇到的问题。

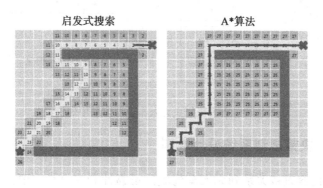

图 8-9　启发式搜索与 A*算法

这种 A*算法的约束用公式表示为：
$$f(n) = g(n) + h(n)$$
对应到代码中，也就指代以下代码：

```
priority = new_cost + heuristic(goal, next)
```

其中，$f(n)$ 是指从起点到当前节点的代价值，也就是 priority，总代价越低，priority 越小，优先级越高，越早被 frontier.get() 遍历到。$g(n)$ 指 new_cost，从起点到当前节点已知的代价值，$h(n)$ 是指从当前节点到终点所需代价的最终估算代价。

A*算法主要维护两个列表：Open List 和 Close List。Open List 指的是 Frontier，表示接下来有可能要遍历的一系列节点。Close List 包含所有已经遍历过了的节点。

8.2　分层有限状态机和无人车行为规划

行为规划又称为行为决策，是无人车规划模块三层体系（任务、行为、动作）的中间层，本节将主要介绍行为规划的基本概念和核心设计思路，同时对无人车行为规划方法——分层有限状态机进行介绍。

行为规划层处于无人车规划模块的中间，位于上层的任务规划层和底层的动作规划层之间，驾驶行为规划也被称为驾驶行为决策，这一层的作用主要是基于来自上层（任务规划层）的全局最优行驶路线轨迹，以及根据对当前的交通和环境感知信息的理解，来确定自身当前驾驶状态，在交通规则的约束和驾驶经验的指导下规划出合理的驾驶行为。图 8-10 是无人车行为决策层的信息流[7]。

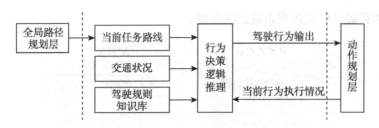

图 8-10　行为规划在无人车规划体系中的位置

8.2.1　无人车决策规划系统设计准则

行为规划的内容直接关系到无人车驾驶的可靠性和安全性，要设计出完全符合人类驾驶员驾驶习惯和交通规则的行为规划系统在目前看来仍然是一大挑战，实现行为规划的方法有很多，但其设计理念大致可以总结为两点：

- 合理性：无人车驾驶的合理性建立在两个基础之上，即交通法规和驾驶经验。其中交通法规的优先级又要高于驾驶经验，交通法规需要考虑的内容包括靠右侧车道行驶、不能超速、换道超车时应提前开启转向灯、对于感知到的交通信号灯和交通标志应按照其指示内容行驶、出现任何危险情况应当能够果断地执行紧急制动等。驾驶经验需要考虑的内容主要包括尽量保持在原车道，不应随心所欲地变道；城市路段行驶时不应随意加速，确保驾驶的舒适性；对于前车行驶缓慢而条件允许的情况下可以果断超车等。因此，在行为规划的系统设计上必须酌情考虑这两方面的因素。
- 实时性：任何无人驾驶系统中的行为规划都是实时的，行为规划应当能够处理复杂的动态交通场景，并且能够根据环境的变化快速地调整驾驶行为以避免危险发生。

8.2.2　有限状态机

目前在无人车行为规划层的实现上并没有一个"最佳解决方案"，当前普遍认可和采用的方法是分层有限状态机（Hierarchical Finite-State Machine，HFSM），分层有限状态机也是早期 DARPA 挑战赛中被许多队伍采用的行为规划方法，而有限状态机是分层有限状态机的基础。

有限状态机就是一个非常简单的抽象反应系统，它之所以简单是因为它只针对特定的外界输入产生数量有限的响应。在有限状态机中，我们只能构造出有限数量的状态，外界的输入只能让状态机在有限的状态集合中从一个状态转移到另一个状态。图 8-11 是一个简单的有限状态机示意图。

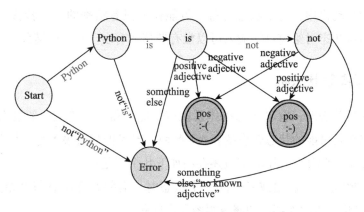

图 8-11　一个简单的有限状态机

一个有限状态机通常包含如下几部分[8]：

1）输入集合：通常也称为刺激集合，包含考虑到的状态机可能收到的所有输入。通常我们使用符号 Σ 表示这个集合。列举一个简单的例子，假设无人车上有启动、停止两个按钮（以 a、b 代替，不能同时被按下），那么以这两个按钮为输入的 FSM 的输入集合 $\Sigma = \{a, b\}$。

2）输出集合：即 FSM 能够做出的响应的集合，这个集合也是有限的，通常使用符号 Λ 来表示输出集合，很多情况下 FSM 并不一定有输出，即 Λ 为空集。

3）我们通常使用有向图来描述 FSM 内部的状态和转移逻辑，并使用符号 S 来表示有向图中状态的集合。

4）FSM 通常有一个固定的初始状态（不需要任何输入，状态机默认处于的状态），我们使用符号 s_0 表示。

5）结束状态集合，是状态机 S 的子集，其也有可能为空集（即整个状态机没有结束状态），通常使用符号 F 表示。

6）转移逻辑：即状态机从一个状态转移到另一个状态的条件（通常是当前状态和输入的共同作用），比如要从图 8-11 的 Python 状态转移到 Error 状态，需要的条件是：①状态机处于 Python 状态；②输入不是"is"。通常使用状态转移函数来描述转移逻辑，即 $\delta: S \times \Sigma \rightarrow S$。

接收器（Acceptor）和变换器（Transducer）：根据是否有输出可以将状态机分为两类，即接收器和变换器，其中接收器没有输出但是有结束状态，而变换器有输出集合。

FSM 可进一步分为确定型（Deterministic）和非确定型（Non-Deterministic）自动机。在确定型自动机中，每个状态对每个可能输入只有精确的一个转移。在非确定型自动机中，给定状态对给定可能输入可以没有转移或有多于一个的转移。

8.2.3 分层有限状态机

当存在大量状态时，有限状态机体系就有可能变得非常庞大，假设有限状态机有 N 种状态，那么其可能的状态转换就有 $N \times N$ 种，当 N 的数量很大时，状态机的结构也会变得更加复杂。此外，有限状态机还存在如下几个问题：

- 可维护性差：当新增或者删除一个状态时，需要改变所有与之相关联的状态，所以对状态机的大幅度的修改很容易出问题。
- 可扩展性差：当 FSM 包含大量状态时，有向图可读性很差，扩展性较差。
- 复用性差：几乎不可能在多个项目中使用相同的 FSM。

这时候就需要使用分层有限状态机（HFSM）了，把那些同一类型的状态机作为一个状态机，然后再做一个大的状态机，来维护这些子状态机，如图 8-12 所示。

相比于 FSM，HFSM 增加了一个超级状态（Super-state），其本质就是将同一类型的一组状态组合为一个集合（即图 8-12 中的方框），超级状态之间也有转移逻辑。这也就意味着 HFSM 不需要为每一个状态和其他状态建立转移逻辑，由于状态被归类，类和类之间存在转移逻辑，那么类和类之间的状态转移可以通过继承这个转移逻辑来实现，这里的转移继承就像面向对象编程中通过多态性让子类继承父类一样。

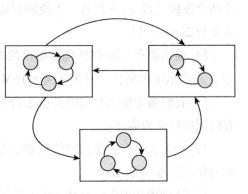

图 8-12 分层有限状态机

8.2.4 状态机在行为规划中的使用

那么为什么在无人车行为规划层使用状态机呢？无人车的行为规划层从某种程度上来说也是一种反应系统，无人车的决策是基于无人车当前所处的状态以及由来自感知模块的信息输入共同决定的。

下面以一个实际的应用案例来分析。Junior 是斯坦福大学在 2007 年参加 DARPA 城市挑战赛时的无人车[9]，它取得了无人车比赛第二名的成绩，Junior 的行为规划系统就是通过分层有限状态机实现的，Junior 团队将顶层的驾驶行为分成了 13 个超级状态，每个驾驶行为又对应一些子行为状态来完成这一行为。顶层行为由一个 FSM 管理，如图 8-13 所示。

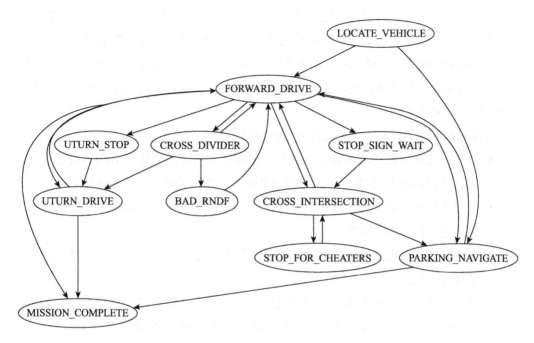

图 8-13　斯坦福 Junior 使用顶层有限状态机

下面简单地分析一下这个状态机：

- LOCATE_VEHICLE：这是 Junior 的初始定位状态，即在无人车出发之前确定其在地图中的位置。
- FORWARD_DRIVE：这个超级状态实际上包含了前向直行、车道保持和障碍物规避，当不在停车场（即无道路开放区域）时，这是状态机首选的状态。
- STOP_SIGN_WAIT：当无人车在停止标志处等待时，进入此状态（停止标志是美国十字路口的常见交通信号标志）。
- CROSS_INTERSECTION：在这个状态下处理"十字路口通过"这一场景，无人车会等待直到确认能够安全通过。
- UTURN_DRIVE：在 U 型弯调头时的状态。
- UTURN_STOP：在 U 型弯调头前的短暂停车状态。
- CROSS_DIVIDER：为避免局部堵塞，停止和等候对向来车之后，跨过黄线行驶状态。

- PARKING_NAVIGATE：停车场内的标准驾驶模式。
- BAD_RNDF：如果当前道路和系统的路网图不同时，即进入该状态，在这个状态下，无人车会采用 hybrid A* 算法完成车辆的路径规划。
- MISSION_COMPLETE：当任务完成后，无人车进入该状态，即状态机的结束。

在无人车正常行驶中，这个状态机几乎绝大部分时间处在标准驾驶模式状态（即 FORWARD_DRIVE 和 PARKING_NAVIGATE 这两个状态），系统通过阻塞检测来确定是否从标准驾驶状态转移至其他状态，在完成了相应动作以后，行为规划模块又会回到原来的标准驾驶模式。

这样的设计能够让无人车处以下复杂情况：

- 对于当前车道阻塞的场景，车辆会考虑驶入对向车道，如果对向车道也被阻塞了，则会启动 U 形转弯（UTURN_STOP/UTURN_DRIVE）等其他处理手段。
- 对于十字路口的交通阻塞问题，在等待时间结束以后，会调用 hybrid A* 算法找出最近出口并离开阻塞区域。
- 在单向通道阻塞的时候，如果路径规划失败也会调用 hybrid A* 算法规划至下一个任务路径点。
- 某些路径点在循环多次以后仍然无法到达，那么就跳过这个路径点，这是为了避免车辆为了抵达规划中某个不可行的路径点而进入死循环。
- 如果无人车长时间没有取得任何进展（指比赛的进展），车辆将会调用 hybrid A* 算法规划出通往附近的 GPS 路径点的路径，这个规划是无视交通规则的。

虽然 Junior 的策略是针对 DRAPA 挑战赛设计的，目的是为了尽可能赢得比赛，但是其设计理念至今仍然具有较高的参考价值。在实际的其他场景的无人驾驶应用中，状态机的实现将更为复杂。HFSM 比基础 FSM 更为模块化，但它仍存在很多缺点，如有限的可重用性、庞大的体系架构、复杂场景的行为决策问题仍然是目前无人驾驶研究中的一个重要课题。

8.3 基于自由边界三次样条插值的无人车路径生成

顾名思义，路径生成就是在给定起点和终点的情况下生成一个可行且高效的路径。有别于前文所述的 A* 和 hybrid A* 这类路径搜索算法，在路径生成问题中，起点和终点均已知。路径生成的一个基本要求即能够通过车辆的控制来执行该路径，一个简化的处理方法即保证生成路径的连续性和平滑性，在本节中将介绍使用基于三次样条函数生成路径的方法，并且使用 Python 实现一个简单的基于三次样条插值算法的路径生成。

8.3.1 三次样条插值

在讲解基于样条插值的路径生成之前，首先需要了解一下什么是样条（Spline）。样条插值最初用于函数拟合，那么什么是函数拟合呢？假设给定如图 8-4 所示的点[11]。

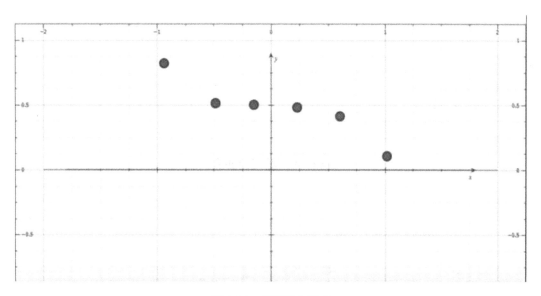

图 8-14　需要拟合的点

那么需要使用什么样的函数去拟合它以形成一条连接线段呢？最简单的方法就是使用直线来将离散的点相连，如图 8-15 所示。

很显然，这样拟合出来的线段不够"光滑"，折叠处不够流畅，为了让线条更加光滑，我们再使用二次曲线来连接每一个点，如图 8-16 所示。

由图 8-16 可以看出，拟合效果明显比一次曲线提升很多，既然使用了二次曲线，那么不妨再试试三次曲线来拟合，如图 8-17 所示。

由图 8-17 可以看出，三次多项式的曲线拟合效果似乎更好一些，但是以上拟合方法都是基于使用 N 次线条将所有点简单连接起来。下面使用三次样条插值算法来拟合这几个点，如图 8-18 所示。

对比简单的三次多项式拟合算法的连接方法，三次样条插值方法拟合出来的曲线更加符合车辆运动形态，并且更平滑。三次多项式的连接方法会在一些直线连接的线段处（如第一个点和第二个点之间）产生一个曲线弧度，这不是我们所期望的车辆运

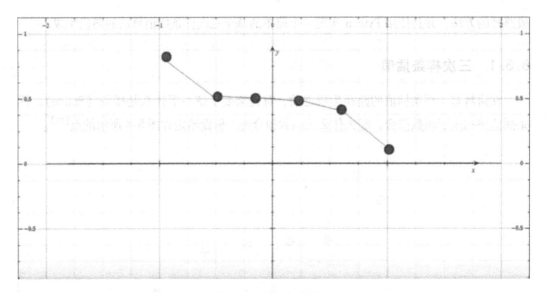

图 8-15　使用直线拟合

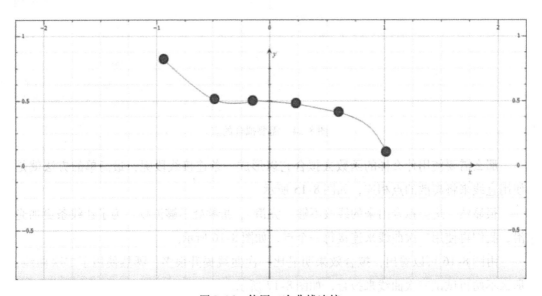

图 8-16　使用二次曲线连接

行特性，因为结合汽车运动学规律，汽车应该尽可能地走直线，只是在转变方向的地方形成一个符合汽车转弯特性的曲线路径，由此引出三次样条插值算法的一些性质：

- 三次样条曲线在衔接点处是连续、光滑的。
- 三次样条的一阶导数和二阶导数是连续可导的。
- 自由边界三次样条（Nature Cubic Spline）的边界二阶导数也是连续的。

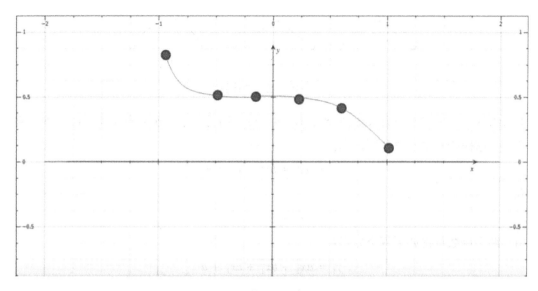

图 8-17 使用三次曲线连接

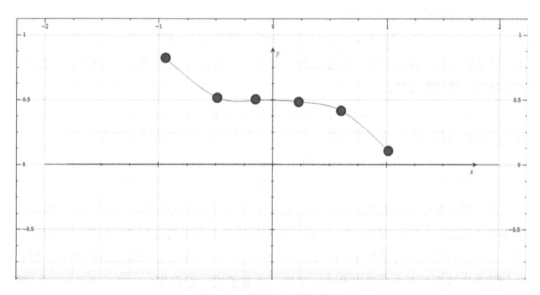

图 8-18 使用三次样条拟合

- 单个点并不会影响到整个插值曲线。

如图 8-19 所示是在衔接点的连续性区别。

图 8-19a 在衔接点处不连续，b 在衔接点连续，但是不光滑（即在衔接点处一阶导数不连续），c 在衔接点处光滑且一阶导数连续。那么如何计算样条曲线呢？假定有三个点需要拟合，三个点集表示为 $S_1 = (x_1, y_1)$、$S_2 = (x_2, y_2)$、$S_3 = (x_3, y_3)$。那么我

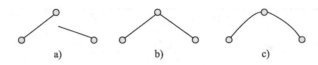

图 8-19 连续性比较

们可以使用一个三次函数来拟合(S_1, S_2)两个点，用另一个三次函数来拟合(S_2, S_3)两个点，这两个三次函数分别记作：

$$y = ax^3 + bx^2 + cx + d$$

和

$$y = ex^3 + fx^2 + gx + h$$

由这两个函数可得如下两个方程：

$$y_1 = ax_1^3 + bx_1^2 + cx_1 + d$$
$$y_3 = ex_3^3 + fx_3^2 + gx_3 + h$$

由于两条曲线都经过S_2，故可得：

$$ax_2^3 + bx_2^2 + cx_2 + d = ex_2^3 + fx_2^2 + gx_2 + h = y_2$$

由于样条曲线在衔接点处的导数也连续，即两个三次函数在S_2处的一阶导数也相等，对两边求一阶导数可得：

$$3ax_2^2 + 2bx_2 + c = 3ex_2^2 + 2fx_2 + g$$

如果是自由边界三次样条，那么要求在起点和终点的二阶导数也是连续的，即：

$$6ax_1 + 2b = 0$$
$$6ex_3 + 2f = 0$$

综合以上 6 个方程组以及给定的点集，通过代数方程来计算以确定两段三次样条的多项式系数(a, b, c, d, e, f, g, h)，在实际样条参数求解过程中，确定了一段样条的多项式系数以后（即确定a、b、c、d等参数），后面样条的求解就更简单了。那么如何编程实现呢？下文会使用 Python 实践，并在给定一组点集$(S_1, S_2, S_3, \cdots, S_i)$的情况下，使用三次样条生成曲线来拟合，而这个曲线拟合过程实际上就是一种简单的路径生成。

8.3.2 三次样条插值算法

在计算三次样条的系数时，我们使用的是代数方程求解方法，即用方程组代入求解，而在实际的算法实现中通常不是通过代数方程来求解。下面示范一个三次样条插值的计算机算法，考虑到该算法的推导过程涉及数值分析等数学基础，且与无人驾驶的主题相去甚远，故不讨论该算法的推导，感兴趣的读者可以自行扩展学习。

假设目前有 $n+1$ 个路径点，它们分别是 (x_0, y_0)、(x_1, y_1)、(x_2, y_2)、…、(x_n, y_n)，求解每一段样条曲线的系数 (a_i, b_i, c_i, d_i)，有如下方法[12]：

1）计算点与点之间的步长：
$$h_i = x_{i+1} - x_i, \quad i = 0, 1, \cdots, n+1$$

2）将路径点和端点条件（如果满足自由边界三次样条中的端点条件，即 $S'' = 0$）代入如下矩阵方程中：

$$\begin{pmatrix} 1 & 0 & 0 & & & \cdots & 0 \\ h_0 & 2(h_0 + h_1) & h_1 & 0 & & & \\ 0 & h_1 & 2(h_1 + h_2) & h_2 & & 0 & \\ 0 & 0 & h_2 & 2(h_2 + h_3) & h_3 & & \vdots \\ \vdots & & & \ddots & \ddots & \ddots & \\ & & 0 & h_{n-2} & 2(h_{n-2} + h_{n-1}) & h_{n-1} \\ 0 & \cdots & & 0 & 0 & 1 \end{pmatrix} \begin{pmatrix} m_0 \\ m_1 \\ m_2 \\ m_3 \\ \vdots \\ m_n \end{pmatrix} = 6 \begin{pmatrix} 0 \\ \dfrac{y_2 - y_1}{h_1} - \dfrac{y_1 - y_0}{h_0} \\ \dfrac{y_3 - y_2}{h_2} - \dfrac{y_2 - y_1}{h_1} \\ \dfrac{y_4 - y_3}{h_3} - \dfrac{y_3 - y_2}{h_2} \\ \vdots \\ \dfrac{y_n - y_{n-1}}{h_{n-1}} - \dfrac{y_{n-1} - y_{n-2}}{h_{n-2}} \\ 0 \end{pmatrix}$$

3）解矩阵方程，求得二次微分值 m_i。

4）计算每一段的三次样条曲线系数：
$$a_i = y_i$$
$$b_i = \frac{y_{i+1} - y_i}{h_i} - \frac{h_i}{2} m_i - \frac{h_i}{6}(m_{i+1} - m_i)$$
$$c_i = \frac{m_i}{2}$$
$$d_i = \frac{m_{i+1} - m_i}{6 h_i}$$

5）那么在每一个子区间 $x_i \leq x \leq x_{i+1}$ 内，其对应的样条函数表达式为：
$$f_i(x) = a_i + b_i(x - x_i) + c_i(x - x_i)^2 + d(x - x_i)^3$$

下面使用 Python 实现该算法。

8.3.3 使用 Python 实现三次样条插值进行路径生成

首先新建一个 Python 文件 cubic_spline.py，在文件中定义自由边界三次样条类 Spline。

代码清单 8-2　三次样条插值类

```python
# coding=utf-8
import numpy as np
import bisect

class Spline:
    """
    三次样条类
    """
    def __init__(self, x, y):
        self.a, self.b, self.c, self.d = [], [], [], []
        self.x = x
        self.y = y
        self.nx = len(x)  # dimension of x
        h = np.diff(x)
        # calc coefficient c
        self.a = [iy for iy in y]
        # calc coefficient c
        A = self.__calc_A(h)
        B = self.__calc_B(h)
        self.m = np.linalg.solve(A, B)
        self.c = self.m / 2.0
        # calc spline coefficient b and d
        for i in range(self.nx - 1):
            self.d.append((self.c[i + 1] - self.c[i]) / (3.0 * h[i]))
            tb = (self.a[i + 1] - self.a[i]) / h[i] - h[i] * (self.c[i + 1] + 2.0 *
                self.c[i]) / 3.0
            self.b.append(tb)

    def calc(self, t):
        """
        计算位置
        当 t 超过边界,返回 None
        """
        if t < self.x[0]:
            return None
        elif t > self.x[-1]:
            return None
        i = self.__search_index(t)
        dx = t - self.x[i]
        result = self.a[i] + self.b[i] * dx + \
            self.c[i] * dx ** 2.0 + self.d[i] * dx ** 3.0
```

```
        return result

    def __search_index(self, x):
        return bisect.bisect(self.x, x) - 1

    def __calc_A(self, h):
        """
        计算算法第二步中等号左侧的矩阵表达式 A
        """
        A = np.zeros((self.nx, self.nx))
        A[0, 0] = 1.0
        for i in range(self.nx - 1):
            if i != (self.nx - 2):
                A[i + 1, i + 1] = 2.0 * (h[i] + h[i + 1])
            A[i + 1, i] = h[i]
            A[i, i + 1] = h[i]
        A[0, 1] = 0.0
        A[self.nx - 1, self.nx - 2] = 0.0
        A[self.nx - 1, self.nx - 1] = 1.0
        return A

    def __calc_B(self, h):
        """
        计算算法第二步中等号右侧的矩阵表达式 B
        """
        B = np.zeros(self.nx)
        for i in range(self.nx - 2):
            B[i + 1] = 6.0 * (self.a[i + 2] - self.a[i + 1]) / h[i + 1] - 6.0 * (self.a
                [i + 1] - self.a[i]) / h[i]
        return B
```

其中函数 __calc_A 和 __calc_B 分别用于构建前述方程第二步中的左右矩阵，由于 m 为对角矩阵，这里可以直接使用 Numpy 库中的 linalg.solve 求解 m。接下来新建一个 test.py 文件来执行测试代码。

代码清单8-3　使用三次样条插值生成路径

```
import cubic_spline
import numpy as np
import matplotlib.pyplot as plt

def main():
    x = [-4., -2, 0.0, 2, 4, 6, 10]
    y = [1.2, 0.6, 0.0, 1.5, 3.8, 5.0, 3.0]
    spline = cubic_spline.Spline(x, y)
    rx = np.arange(-4.0, 10, 0.01)
    ry = [spline.calc(i) for i in rx]
    plt.plot(x, y, "og")
    plt.plot(rx, ry, "-r")
    plt.grid(True)
```

```
        plt.axis("equal")
        plt.show()

if __name__ == '__main__':
    main()
```

生成路径的结果如图 8-20 所示。

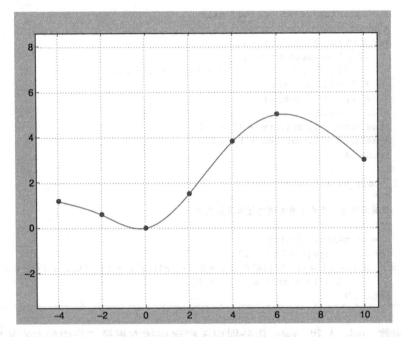

图 8-20　基于三次样条插值生成的路径

其中，圆点为需要拟合的点集，曲线为拟合出来的三次样条曲线。

注意　在实际中需要使用 C++ 来完成这些工作，通常不需要自己实现样条插值，有很多成熟的 Spline 开源代码可以借鉴，可以使用 http://kluge.in-chemnitz.de/opensource/spline/ 等提供的代码迅速地实现 C++ 的三次样条插值算法。

8.4　基于 Frenet 优化轨迹的无人车动作规划方法

上一节讨论了基于三次样条插值算法生成简单路径的方法，然而路径仅包含位置信息，没有包含将相应的控制信号传递给控制层执行。在本节中将讲解动作规划的概念,以及讲解如何将路径作为控制信号的输出层传递到控制层执行。

动作规划位于无人车规划模块的最底层,它的主要任务是根据当前配置和目标配置生成一系列动作,这些动作序列是控制层能够执行的运动轨迹。本节将重点讲解其中一种动作规划算法——基于 Frenet 坐标系的优化轨迹方法,该方法在高速情况下的辅助驾驶和无人驾驶中具有较强的实用性,是目前普遍采用的动作规划算法之一。

基于 Frenet 坐标系的动作规划方法[10]是由 Moritz Werling 提出的。在讨论基于 Frenet 坐标系的动作规划方法之前,首先需要了解什么是最优的动作序列。对于横向控制而言,假定车辆因为要躲避障碍物而变道等导致偏离了期望的车道线,那么此时最优的动作序列或者轨迹是指可在车辆动力学条件的约束下,实现一个相对安全、舒适、简单和高效的轨迹序列。

同理,对于纵向的最优轨迹也可以这么定义。如果车辆此时过快或者太接近前方车辆,那么就必须做减速操作。减速有急刹和舒适的减速,不同的操作可能会引起不同的感受,那么具体什么是"舒适"的减速呢?其实我们可以使用 Jerk 这个概念来定义,Jerk 即加速度的变化率,也即加加速度。为什么要研究这个物理量呢?通常来说,对于乘客而言,加速时引起不舒服并不是加速度的大小数值导致的,想象一下,飞机飞行时的加速度更大,然而我们并没有觉得不舒服。因此,物理学家使用了加速度的变化率,即加速度的导数、加加速度,来衡量加减速的舒适程度。一般情况下,过高的加加速度会引起乘坐者的不适,所以从乘坐舒适性而言,要解决的问题就是研究如何优化 Jerk 这个物理量。同时,引入轨迹的控制周期 T,即一个控制动作的操作时间:

$$T = t_{end} - t_{start}$$

下面我们来研究一下为什么要使用 Frenet 这个坐标系。

8.4.1 为什么使用 Frenet 坐标系

在 Frenet 坐标系中,我们一般把道路的中心线作为道路参考线,使用参考线的切线向量 t 和法线向量 n 建立一个坐标系,如图 8-21b 所示,这个坐标系即为 Frenet 坐标系。它是以起始道路中心线为原点,坐标轴相互垂直,分为 s 方向(即沿着道路参考线的方向,通常被称为纵向,Longitudinal)和 d 方向(即参考线当前的法向量方向,被称为横向,也即偏离道路中心线的距离,Lateral)。相比笛卡儿坐标系,Frenet 坐标系明显地简化了道路曲线拟合问题的求解。因为在公路环境下,我们总是能够简单地找到道路的参考线,即道路的中心线,那么基于参考线的车辆位置表示就可以简单地使用纵向距离(即沿着道路方向的距离)和横向距离(即偏离参考线的距离)来描述。同样，两个方向的速度（$\dot{s}$ 和 $\dot{d}$）的计算也相对简单。如果使用笛卡儿坐标系，假若道路环境扭曲复杂，那么我们需要拟合一条极其复杂的曲线来对道路进行建模，这将是事倍功半的事情，也不现实。

由此可知，当前的动作规划问题中的配置空间就分为三个维度：(s, d, t)，其中，t 是路径规划的每一个动作的时间点，轨迹和路径的本质区别就是轨迹考虑了时间这一维度。

基于 Frenet 坐标系的动作规划方法中的关键理念就是将动作规划这一高维度的优化问题分解为横向和纵向两个方向的、彼此独立的优化问题，具体如图 8-22 所示。

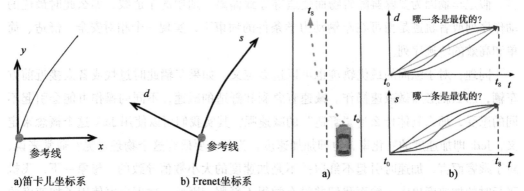

图 8-21　笛卡儿坐标系和 Frenet 坐标系比较　　图 8-22　将轨迹优化问题分割为横向和纵向

假设系统上层即行为规划层，要求当前车辆在 t_8 时刻越过虚线完成一次变道行为，即要求车辆在横向上完成一个 Δd 的动作，以及纵向上完成一个 Δs 的动作。

我们可以将 s 和 d 分别表示为关于 t 的函数：$s(t)$ 和 $d(t)$，如图 8-22b 所示，那么 d、s 关于时间 t 的最优轨迹应该选择哪一条呢？通过这种转换，原来的动作规划问题被分解为两个独立的优化问题，即对于横向和纵向的轨迹优化问题，我们选取损失函数 C，将使得 C 最小的轨迹作为最终规划的动作序列。基于 Frenet 坐标系方法中损失函数的定义也与前文所述的加加速度 Jerk 相关联。

8.4.2　Jerk 最小化和 5 次轨迹多项式求解

由于引入 Frenet 坐标系，将轨迹优化问题分解成 s 和 d 两个方向的独立优化问题，所以 Jerk 的最小化可以分别从横向和纵向进行，令 p 为我们想要考量的配置（即 $p = (s, d)$），则加加速度 J_t 关于配置 p 在时间段 $t_0 \sim t_1$ 内累计的 Jerk 的表达式为：

$$J_t(p(t)) = \int_{t_0}^{t_1} p(\tau)^2 \mathrm{d}\tau$$

这时的问题就简化为找出能够使得 $J_t(p(t))$ 最小的 $p(t)$，Takahashi 等人在其文章[13]中已经证明：任何 Jerk 最优化问题中的解都可以使用一个 5 次多项式来表示。

$$p(t) = \alpha_0 + \alpha_1 t + \alpha_2 t^2 + \alpha_3 t^3 + \alpha_4 t^4 + \alpha_5 t^5$$

要求解这个方程组，就需要一些初始配置和目标配置。以横向路径规划为例，初始配置为 $D_0 = [d_0, \dot{d}_0, \ddot{d}_0]$，即 t_0 时刻车辆的起始横向偏移量、起始横向速度和起始横向加速度分别为 d_0、$\dot{d}_0$、$\ddot{d}_0$，可得方程组：

$$d(t_0) = \alpha_{d0} + \alpha_{d1} t_0 + \alpha_{d2} t_0^2 + \alpha_{d3} t_0^3 + \alpha_{d4} t_0^4 + \alpha_{d5} t_0^5$$

$$\dot{d}(t_0) = \alpha_{d1} + 2\alpha_{d2} t_0 + 3\alpha_{d3} t_0^2 + 4\alpha_{d4} t_0^3 + 5\alpha_{d5} t_0^4$$

$$\ddot{d}(t_0) = 2\alpha_{d2} + 6\alpha_{d3} t_0 + 12\alpha_{d4} t_0^2 + 20\alpha_{d5} t_0^3$$

为了区分横向和纵向，本文使用 α_{di} 和 α_{si} 来分别表示 d 和 s 方向的多项式系数，同理，根据横向的目标配置 $D_1 = [d_1, \dot{d}_1, \ddot{d}_1]$ 可得方程组：

$$d(t_1) = \alpha_{d0} + \alpha_{d1} t_1 + \alpha_{d2} t_1^2 + \alpha_{d3} t_1^3 + \alpha_{d4} t_1^4 + \alpha_{d5} t_1^5$$

$$\dot{d}(t_1) = \alpha_{d1} + 2\alpha_{d2} t_1 + 3\alpha_{d3} t_1^2 + 4\alpha_{d4} t_1^3 + 5\alpha_{d5} t_1^4$$

$$\ddot{d}(t_1) = 2\alpha_{d2} + 6\alpha_{d3} t_1 + 12\alpha_{d4} t_1^2 + 20\alpha_{d5} t_1^3$$

我们通过令 $t_0 = 0$ 来简化这个方程组的求解，可直接求得 α_{d0}、α_{d1} 和 α_{d2} 为：

$$\alpha_{d0} = d(t_0)$$

$$\alpha_{d1} = \dot{d}(t_0)$$

$$\alpha_{d2} = \frac{\ddot{d}(t_0)}{2}$$

令 $T = t_1 - t_0$，剩余的三个系数 α_{d3}、α_{d4}、α_{d5} 可通过解如下矩阵方程得到：

$$\begin{pmatrix} T^3 & T^4 & T^5 \\ 3T^2 & 4T^3 & 5T^4 \\ 6T & 12T^2 & 20T^3 \end{pmatrix} \times \begin{pmatrix} \alpha_{d3} \\ \alpha_{d4} \\ \alpha_{d5} \end{pmatrix} = \begin{pmatrix} d(t_1) - (d(t_0) + \dot{d}(t_0)T + \frac{1}{2}\ddot{d}(t_0)T^2) \\ \dot{d}(t_1) - (\dot{d}(t_0) + \ddot{d}(t_0)T) \\ \ddot{d}(t_1) - \ddot{d}(t_0) \end{pmatrix}$$

该方程的解可以通过 Python 的 Numpy 中的 np.linalg.solve 简单求得。

至此，在给定任意的初始配置 D_0、目标配置 D_1 以及控制周期时间 T 的情况下，可以求解得到对应的 d 方向关于时间 t 的五次多项式的系数。同理，可使用相同的方法来求解纵向（即 s 方向）的五次多项式系数。那么问题来了，如何确定最优的轨迹呢？基于 Frenet 坐标系的方法的思路是通过一组目标配置来求得轨迹的备选集合，然后在备选集合中基于 Jerk 最小化的原则选择最优轨迹。下面仍然以 d 方向的优化轨迹为例讲解。

首先，可以选取如下目标配置集合来计算出一组备选的多项式集合：

$$[d_1, \dot{d}_1, \ddot{d}_1, T]_{ij} = [d_i, 0, 0, T_j]$$

对于优化问题而言，实际上就是希望车辆能够始终沿着参考线（即道路中心线）平行的方向行驶，那么 d_1 是一个常量，所以可令 $\dot{d}_1 = \ddot{d}_1 = 0$。目标配置只涉及 d_i 和 T_j 两个变量的组合，而这两个变量在无人驾驶的应用场景中实际上是受限的，可以通过定义 $(d_{\min}, d_{\max})$ 和 $(T_{\min}, T_{\max})$ 来约束目标配置的取值范围，通过 Δd 和 ΔT 来限制采样密度，从而在每一个控制制动周期获得一个有限的备选轨迹集合，如图 8-23 所示。

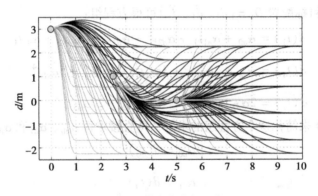

图 8-23　横向优化轨迹集

要在备选集合中选择最优轨迹（即图 8-23 中圆圈所在的轨迹），需要设计一个较好的损失函数。对于不同的场景，损失函数也不相同。以横向轨迹为例，在较高速度的情况下，损失函数可设计为：

$$C_d = k_j J_t(d(t)) + k_t T + k_d d_1^2$$

该损失函数包含三个惩罚项：

- $k_j J_t(d(t))$：惩罚 Jerk 较大的备选轨迹。
- $k_t T$：制动应当迅速，时间短。
- $k_d d_1^2$：目标状态不应偏离道路中心线太远。

其中 k_j、k_t 和 k_d 是这三个惩罚项的比例系数，也叫权重值，它们的数值大小决定了损失函数更加偏向哪一方面的优化,由此可以计算出所有备选轨迹的损失,然后选取损失最小的备选轨迹作为最终的横向轨迹即可。

值得注意的是,以上的损失函数仅适用于相对高速的场景。在极端低速的情况下,车辆的制动能力是不完整的,此时就不能再将 d 表示为关于时间 t 的五次多项式,损失函数也会有所不同。但是这种基于有限采样轨迹的思路,以及通过优化损失函数搜索最优轨迹的方法的基本原理仍然是相通的,在此不再赘述。

讨论了横向的轨迹优化问题之后,我们再看看纵向的轨迹优化。在不同的场景下纵向轨迹优化的损失函数也不尽相同,在基于 Frenet 坐标系的方法中将纵向轨迹的优化场景大致分成如下三类:

- 跟车
- 汇流和停车
- 车速保持

在本节中将详细讲述车速保持场景下的纵向轨迹优化,这在高速公路的辅助驾驶等应用场景中非常普遍。在这种场景下,目标配置中并不需要考虑目标位置(即 s_1),所以在该场景下,目标初始配置仍然是 $(s_0, \dot{s}_0, \ddot{s}_0)$,目标配置变成了 $(\dot{s}_1, \ddot{s}_1)$,损失函数为:

$$C_s = k_j J_t(s(t)) + k_t T + k_s (\dot{s}_1 - \dot{s}_c)^2$$

其中 $\dot{s}_c$ 是想要保持的纵向速度,第三个惩罚项的引入实际上是为了让目标配置中的纵向速度尽可能接近设定速度,该场景下的目标配置集为:

$$[\dot{s}_1, \ddot{s}_1, T]_{ij} = [[\dot{s}_c + \Delta \dot{s}_i], 0, T_j]$$

即优化过程中的可变参数为 $\Delta \dot{s}_i$ 和 T_j,同样,也可以通过设置 ΔT 和 $\Delta \dot{s}_i$ 来设置轨迹采样的密度,从而获得一个有限的纵向轨迹集合,如图 8-24 所示。

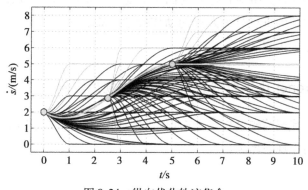

图 8-24 纵向优化轨迹集合

在图8-24中，带圆点的线条即为纵向最优轨迹。

以上我们分别讨论了横向和纵向的最优轨迹搜索方法，在应用中也可以将两个方向的损失函数合并为一个，即：

$$C_{\text{total}} = k_{\text{lat}} C_d + k_{\text{lon}} C_s$$

这样，就可以通过最小化 C_{total} 得到优化轨迹集合，不仅能得到"最优"的轨迹多项式参数，还可以得到"次优"、"次次优"轨迹等，可满足现实场景中的各种需求。

8.4.3 碰撞避免

显然，上文中的轨迹优化损失函数中并没有包含关于障碍物规避的相关惩罚，并且损失函数中也没有包含最大速度、最大加速度和最大曲率等控制约束限制，也就是说当前的优化轨迹集合并没有考虑障碍物规避和控制约束因素。没有将避障加入损失函数中的一个重要原因在于碰撞惩罚项的引入将会涉及大量需要人工调整的参数（即权重系数），使得损失函数的设计变得更复杂，基于Frenet坐标系的方法将这些因素的考量独立出来，在完成优化轨迹以后进行。具体来说，可以在完成所有备选轨迹的损失计算后进行一次轨迹检查，过滤不符合控制约束条件限制的、可能会碰撞障碍物的轨迹等，检查内容包括：

- 检查 s 方向上的速度是否超过设定的最大限速。
- 检查 s 方向的加速度是否超过设定的最大加速度。
- 检查轨迹的曲率是否超过最大曲率。
- 检查轨迹是否会引起碰撞（事故）。

通常来说，障碍物规避又与目标行为预测等相关联，两者都是一个复杂的课题，高级自动驾驶系统通常具备对目标行为的预测能力，从而确定生成的轨迹是否会发生碰撞事故。本节关注的重点是无人车的动作规划，故后文中的实例仅考虑静态障碍物避障和动作规划相关内容。

8.4.4 基于Frenet优化轨迹的无人车动作规划实例

由于规划器的代码篇幅过长⊖，在此仅讲解动作规划算法核心内容。本节仍然使用Python来实现该动作规划算法。

⊖ 本实例完整代码可通过华章网站（www.hzbook.com）下载。

首先，生成要跟踪的道路中心参考线以及静态障碍物模型，参考线的生成使用了前文提到的三次样条插值算法，代码如下：

代码清单8-4　生成参考线

```
#路线
wx = [0.0, 10.0, 20.5, 30.0, 40.5, 50.0, 60.0]
wy = [0.0, -4.0, 1.0, 6.5, 8.0, 10.0, 6.0]
#障碍物列表
ob = np.array([[20.0, 10.0],
               [30.0, 6.0],
               [30.0, 5.0],
               [35.0, 7.0],
               [50.0, 12.0]
               ])
tx, ty, tyaw, tc, csp = generate_target_course(wx, wy)
```

生成参考路径以及静态障碍物如图8-25所示。

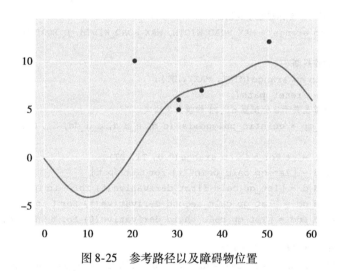

图8-25　参考路径以及障碍物位置

其中，红线是拟合的全局路径，蓝点为静态障碍物模型。接着定义一些道路、车辆控制属性等参数：

```
#参数
MAX_SPEED = 50.0 / 3.6  #最大速度 [m/s]
MAX_ACCEL = 2.0  #最大加速度[m/s²]
MAX_CURVATURE = 1.0  #最大曲率 [1/m]
MAX_ROAD_WIDTH = 7.0  #最大道路宽度 [m]
D_ROAD_W = 1.0 #道路宽度采样间隔 [m]
DT = 0.2  # Delta T [s]
```

```
MAXT = 5.0    #最大预测时间[s]
MINT = 4.0    #最小预测时间[s]
TARGET_SPEED = 30.0 / 3.6    #目标速度(即纵向的速度保持)[m/s]
D_T_S = 5.0 / 3.6    #目标速度采样间隔[m/s]
N_S_SAMPLE = 1    #目标速度的采样数量
ROBOT_RADIUS = 2.0    # robot radius [m]
#损失函数权重
KJ = 0.1
KT = 0.1
KD = 1.0
KLAT = 1.0
KLON = 1.0
```

使用基于 Frenet 坐标系的优化轨迹方法生成一系列横向和纵向的轨迹,并且计算每条轨迹对应的损失值:

```
def calc_frenet_paths(c_speed, c_d, c_d_d, c_d_dd, s0):
    frenet_paths = []

    #采样,并对每一个目标配置生成轨迹
    for di in np.arange(-MAX_ROAD_WIDTH, MAX_ROAD_WIDTH, D_ROAD_W):

        #横向动作规划
        for Ti in np.arange(MINT, MAXT, DT):
            fp = Frenet_path()
            #计算出关于目标配置di、Ti的横向多项式
            lat_qp = quintic_polynomial(c_d, c_d_d, c_d_dd, di, 0.0, 0.0, Ti)

            fp.t = [t for t in np.arange(0.0, Ti, DT)]
            fp.d = [lat_qp.calc_point(t) for t in fp.t]
            fp.d_d = [lat_qp.calc_first_derivative(t) for t in fp.t]
            fp.d_dd = [lat_qp.calc_second_derivative(t) for t in fp.t]
            fp.d_ddd = [lat_qp.calc_third_derivative(t) for t in fp.t]

            #纵向速度规划 (速度保持)
            for tv in np.arange(TARGET_SPEED - D_T_S * N_S_SAMPLE, TARGET_SPEED + D_T_
                S * N_S_SAMPLE, D_T_S):
                tfp = copy.deepcopy(fp)
                lon_qp = quartic_polynomial(s0, c_speed, 0.0, tv, 0.0, Ti)

                tfp.s = [lon_qp.calc_point(t) for t in fp.t]
                tfp.s_d = [lon_qp.calc_first_derivative(t) for t in fp.t]
                tfp.s_dd = [lon_qp.calc_second_derivative(t) for t in fp.t]
                tfp.s_ddd = [lon_qp.calc_third_derivative(t) for t in fp.t]

                Jp = sum(np.power(tfp.d_ddd, 2))    # square of jerk
                Js = sum(np.power(tfp.s_ddd, 2))    # square of jerk
```

```
            # square of diff from target speed
            ds = (TARGET_SPEED - tfp.s_d[-1]) ** 2
            #横向的损失函数
            tfp.cd = KJ * Jp + KT * Ti + KD * tfp.d[-1] ** 2
            #纵向的损失函数
            tfp.cv = KJ * Js + KT * Ti + KD * ds
            #总的损失函数为d和s方向的损失函数乘以对应的系数并相加
            tfp.cf = KLAT * tfp.cd + KLON * tfp.cv
            frenet_paths.append(tfp)
    return frenet_paths
```

其中，一个重要的类是五次多项式拟合类，用于拟合生成五次多项式系数，其定义如下：

```
class quintic_polynomial:
    def __init__(self, xs, vxs, axs, xe, vxe, axe, T):
        #计算五次多项式系数
        self.xs = xs
        self.vxs = vxs
        self.axs = axs
        self.xe = xe
        self.vxe = vxe
        self.axe = axe
        self.a0 = xs
        self.a1 = vxs
        self.a2 = axs / 2.0
        A = np.array([[T ** 3, T ** 4, T ** 5],
                      [3 * T ** 2, 4 * T ** 3, 5 * T ** 4],
                      [6 * T, 12 * T ** 2, 20 * T ** 3]])
        b = np.array([xe - self.a0 - self.a1 * T - self.a2 * T ** 2,
                      vxe - self.a1 - 2 * self.a2 * T,
                      axe - 2 * self.a2])
        x = np.linalg.solve(A, b)
        self.a3 = x[0]
        self.a4 = x[1]
        self.a5 = x[2]

    def calc_point(self, t):
        xt = self.a0 + self.a1 * t + self.a2 * t ** 2 + \
             self.a3 * t ** 3 + self.a4 * t ** 4 + self.a5 * t ** 5
        return xt

    def calc_first_derivative(self, t):
        xt = self.a1 + 2 * self.a2 * t + \
             3 * self.a3 * t ** 2 + 4 * self.a4 * t ** 3 + 5 * self.a5 * t ** 4
        return xt
```

```python
def calc_second_derivative(self, t):
    xt = 2 * self.a2 + 6 * self.a3 * t + 12 * self.a4 * t ** 2 + 20 * self.a5 * t ** 3
    return xt

def calc_third_derivative(self, t):
    xt = 6 * self.a3 + 24 * self.a4 * t + 60 * self.a5 * t ** 2
    return xt
```

这里的五次多项式系数的求解过程与前文所述的理论讲解是一样的,只不过在这里使用Numpy库中的np.linalg.solve(A, b)方法,很容易地将矩阵解算出来。最后,实现一个简单的障碍物规避算法:

```python
def check_collision(fp, ob):
    for i in range(len(ob[:, 0])):
        d = [((ix - ob[i, 0]) ** 2 + (iy - ob[i, 1]) ** 2)
             for (ix, iy) in zip(fp.x, fp.y)]
        collision = any([di <= ROBOT_RADIUS ** 2 for di in d])
        if collision:
            return False
    return True
```

由于已将障碍物规避问题简化为静态障碍物规避问题,所以在这里只需要简单地计算所有路径规划点到障碍物的距离,根据距离来推测是否会发生碰撞,下面是完整的优化轨迹检查函数:

```python
def check_paths(fplist, ob):
    okind = []
    for i in range(len(fplist)):
        if any([v > MAX_SPEED for v in fplist[i].s_d]):           #最大速度检查
            continue
        elif any([abs(a) > MAX_ACCEL for a in fplist[i].s_dd]):   #最大加速度检查
            continue
        elif any([abs(c) > MAX_CURVATURE for c in fplist[i].c]):  #最大曲率检查
            continue
        elif not check_collision(fplist[i], ob):
            continue
        okind.append(i)
    return [fplist[i] for i in okind]
```

由此可以看出,最终的优化轨迹的选择并不仅仅基于最小损失函数,轨迹检查还会过滤一些不符合约束的轨迹,所以使用基于Frenet的优化轨迹来实现无人车的动作规划,通常能够找到有限集的最优解,当最优解无法通过检查时,则会自动采用"次优解"甚至"次次优解"来替换。

图8-26展示了完整的动作规划效果,绿色点集代表最后求解的优化轨迹,可以看出该模型实现了障碍物规避和控制轨迹输出。

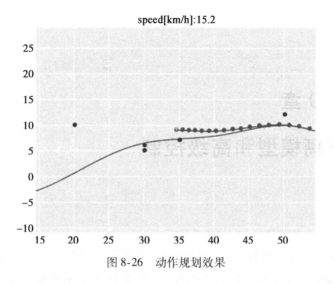

图 8-26 动作规划效果

8.5 本章参考文献

[1] Introduction to A*[EB/OL]. https://www.redblobgames.com/pathfinding/a-star/introduction.html.

[2] 有向图[EB/OL]. https://en.wikipedia.org/wiki/Directed_graph.

[3] A*[EB/OL]. https://en.wikipedia.org/wiki/A*_search_algorithm.

[4] Karl, Kurzer. Path Planning in Unstructured Environments[Z]2016.

[5] Dolgov D, Thrun S. Autonomous Driving in Semi-structured Environments: Mapping and Planning[C]. IEEE International Conference on Robotics and Automation. IEEE, 2009:3407-3414.

[6] Dmitri Dolgov, Sebastian Thrun, Michael Montemerlo, et al. Path Planning for Autonomous Vehicles in Unknown Semi-structured Environments[J]. The International Journal of Robotics Research. 2010.

[7] 杜明博. 基于人类驾驶行为的无人驾驶车辆行为决策与运动规划方法研究[D]. 合肥:中国科学技术大学, 2016.

[8] 有限状态机[EB/OL]. https://en.wikipedia.org/wiki/Finite-state_machine.

[9] Montemerlo M, Becker J, Bhat S, et al. Junior: The Stanford Entry in the Urban Challenge[J]. Journal of Field Robotics, 2009, 25(9):569-597.

[10] Werling M, Ziegler J, Kammel S, et al. Optimal Trajectory Generation for Dynamic Street Scenarios in a Frenét Frame[C]. IEEE International Conference on Robotics and Automation. IEEE, 2010:987-993.

[11] Function approximation with Cubic Splines[EB/OL]. https://www.youtube.com/watch?v=f4iNb-NRKZKU.

[12] 三次样条插值(Cubic Spline Interpolation)及代码实现(C语言)[EB/OL]. http://www.cnblogs.com/xpvincent/archive/2013/01/26/2878092.html.

[13] Takahashi A, Hongo T, Ninomiya Y, et al. Local Path Planning And Motion Control For Agv In Positioning[C]. IEEE/RSJ International Workshop on Intelligent Robots and Systems, 2002:392-397.

第 9 章
车辆模型和高级控制

作为无人车的实际动作执行模块,控制模块的设计目标在于让车辆尽可能地按照规划层规划的动作序列运动。本章将介绍无人驾驶汽车系统开发中需要的控制相关理论和技术,包括基本的车辆运动模型、PID 控制、模型预测控制等。

9.1 运动学自行车模型和动力学自行车模型

在了解高级的车辆控制算法之前,掌握车辆运动模型是非常有必要的。车辆运动模型就是一类能够描述车辆运动规律的模型。本节介绍两个广泛使用的车辆模型——运动学自行车模型(Kinematic Bicycle Model)和动力学自行车模型(Dynamic Bicycle Model)。

无人驾驶系统分成感知、规划和控制三层,规划层往往基于更高层(感知层、定位层)的信息和底层(控制层)的实时信息指定行驶的路径,那么从规划层输出的就是车辆的参考动作序列,控制系统需要做的就是严格按照这个参考动作序列来驾驶车辆。一般来说,可以使用多项式来描述这个路径曲线,如下所示的三次多项式就可以描述绝大多数的路径:

$$y = ax^3 + bx^2 + cx + d$$

无人车的控制依赖于一项称为模型预测控制的技术,这种控制的方法是产生一系列可行的(也就是说实际车辆能够做到的)控制输入,并基于一定的算法(往往是带约束的非线性优化算法)来调整这一系列控制输入,使得损失函数最小化。损失函数的求解依赖于车辆运动学或者动力学模型的输出和参考路径的差值,这些模型正是本节将要介绍的内容。

9.1.1 自行车模型

建立模型往往是为了简化问题。对于汽车运动描述的问题，自行车模型（Bicycle Model）是一种简单且有效的简化方式。自行车模型基于如下几个假设：

- 忽略车辆在垂直方向的运动，即假定车辆是一个二维平面上的运动物体（等价于天空中的俯视视角）。
- 假设车辆的结构就像自行车一样，即车辆的前面两个轮胎拥有一致的角度和转速等，后面的两个轮胎也是如此，那么前后轮胎就可以各用一个轮胎来描述。
- 假设车辆运动也与自行车一样，意味着前面的轮胎控制车辆的转角。

在一个二维平面上描述一个车辆，如图9-1所示。

其中，θ是偏航角（yaw），它是相对于x轴的逆时针方向的角度，v是θ方向的速度，L是车辆的轴距（前后轮胎的距离），(x, y)是车辆的坐标（在本节描述中，车辆的坐标指车辆后轮的中心坐标，车辆的速度指车辆后轮中心的速度）。

图9-2是该车辆的自行车模型。

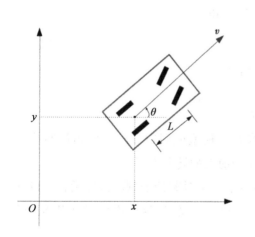

图9-1 二维平面上的车辆描述

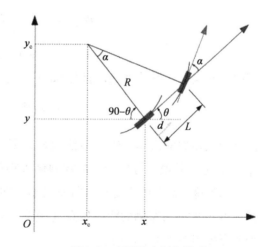

图9-2 车辆的自行车模型

9.1.2 运动学自行车模型

运动学自行车模型的控制量可以简化为(a, δ_f)，其中a是车辆的加速度，踩油门踏板意味着正的加速度，踩刹车踏板意味着负的加速度。δ_f是方向盘的转角，假定方向盘转角就是前轮当前的转角。这样，我们使用两个量描述了车辆的控制输入（control input)。然后定义模型中的状态量，运动学自行车模型使用四个状态量来描述车辆的当前状态：

- x：车辆当前的 x 坐标。
- y：车辆当前的 y 坐标。
- ψ：车辆当前的偏航角（用弧度来描述，逆时针方向为正）。
- v：车辆的速度。

一个简单的运动学自行车模型如图 9-3 所示[1]。

其中，l_f 和 l_r 分别为前轮和后轮到车辆重心的距离。根据运动学定理，运动学自行车模型中的各个状态量更新公式如下：

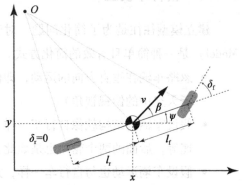

图 9-3 一个简单的运动学自行车模型

$$x_{t+1} = x_t + v_t\cos(\psi_t + \beta) \times dt$$

$$y_{t+1} = y_t + v_t\sin(\psi_t + \beta) \times dt$$

$$\psi_{t+1} = \psi_t + \frac{v_t}{l_r}\sin(\beta) \times dt$$

$$v_{t+1} = v_t + a \times dt$$

其中，dt 表示间隔时间，β 可以由如下公式计算求得：

$$\beta = \tan^{-1}\left(\frac{l_r}{l_f + l_r}\tan(\delta_f)\right)$$

由于绝大多数的汽车后轮都不能偏转，所以自行车模型就假定后轮的转角控制输入 $\delta_r = 0$，也就是说，方向盘上的控制输入都反映到前轮的转角上了。

基于这个简单的运动学自行车模型，在给定了一个时刻的控制输入以后，可以计算求得 dt 时间后车辆的状态信息（坐标、偏航角以及速度），这个模型就可以作为模型预测控制中的车辆模型了。

9.1.3 动力学自行车模型

前面的车辆运动学自行车模型其实还隐含着一个重要的假设，即车前轮的方向是车辆当前的速度方向。在实际车辆运动过程中，当车辆以相对高的速度行驶时，车轮的方向并不一定是车辆当前的速度方向，这个时候，需要引入车辆的动力学自行车模型。

车辆动力学自行车模型通过分析轮胎和路面之间的复杂相互作用来描述车辆的运

动。在动力学模型中,我们需要考虑各种各样的力的作用,它们大致分为两类:纵向力(longitudinal force)和侧向力(lateral force)。纵向力就是使车辆前后移动的力量,而侧向力则促使车辆横向移动,在力的相互作用过程中,轮胎起着决定性作用(根据物理规律,轮胎是车辆运动的一个重要的力的来源)。

我们仍然以图9-3为例,考虑一个简单的动力学模型,这个模型的各个状态量为$(\dot{x}, \dot{y}, \dot{\psi}, X, Y)$,其中$\dot{x}$和$\dot{y}$表示的是车身的纵向和侧向速度,$\dot{\psi}$表示的是偏航角速度,$(X, Y)$表示车身的当前坐标,这些状态量在时间尺度上的微分方程如下:

$$\ddot{x} = \dot{\psi}\dot{y} + a_x$$

$$\ddot{y} = -\dot{\psi}\dot{x} + \frac{2}{m}(F_{c,f}\cos\delta_f + F_{c,r})$$

$$\ddot{\psi} = \frac{2}{I_z}(l_f F_{c,f} - l_r F_{c,r})$$

$$\dot{X} = \dot{x}\cos\psi - \dot{y}\sin\psi$$

$$\dot{Y} = \dot{x}\sin\psi + \dot{y}\cos\psi$$

其中,m和I_z分别表示车辆的质量和偏航惯性(yaw inertia),$F_{c,f}$和$F_{c,r}$分别表示前后轮胎受到的侧向力,它们可以通过具体的轮胎模型求得,在简单的线性轮胎模型中,$F_{c,i}(i=f$或$r)$表示为:

$$F_{c,i} = -C_{\alpha_i}\alpha_i$$

其中,α_i是轮胎的偏转角,偏转角是指轮胎当前的朝向和当前速度的夹角,C_{α_i}被称为轮胎侧偏刚度(tire cornering stiffness)。

9.2 无人车控制入门

9.2.1 为什么需要控制理论

试想如下场景:当你驾驶一辆汽车通过如图9-4所示弯道时,你会如何操作车辆拐弯呢?

如果不是专业赛车选手,将无法做到一步到位的控制,通常需要一边观察车辆相对于路线的偏差,一边调整方向盘的角度和油门踏板的力度,这种基于环境反馈的控制方法被称为反馈控制。反馈控制是现代控制理论的基础,图9-5即反馈控制的一般思路。

图 9-4 弯道真实场景

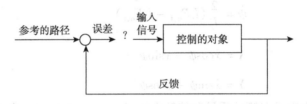

图 9-5 反馈控制的一般思路

控制模块的目的是让无人车能够按照规划好的路径行驶，需要将环境当前的反馈和规划的参考量进行比较，得到当前偏离参考量的误差，并基于这个误差设计一定的算法来产生输出信号，使得误差不断变小，直到为 0，如图 9-6 所示。

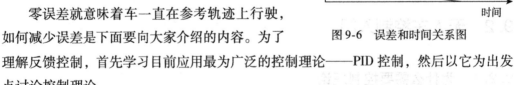

图 9-6 误差和时间关系图

零误差就意味着车一直在参考轨迹上行驶，如何减少误差是下面要向大家介绍的内容。为了理解反馈控制，首先学习目前应用最为广泛的控制理论——PID 控制，然后以它为出发点讨论控制理论。

9.2.2 PID 控制

PID 就是指比例（Proportion）、积分（Integral）和导数（Derivative），这三项表示如何使用误差来产生控制指令，整个流程如图 9-7 所示。

首先是根据反馈和参考值求出误差，根据具体的情况误差可以是各种度量；如果是控制车辆按照指定的路径行驶，那么就是车辆当前位置和参考线的距离；如果是控制车辆的速度为设定的值,那么就是当前速度和设定速度的差值。求出误差以后,再根据误差求比例、积分和导数三项,其中 K_p、K_i 和 K_d 是这三项的系数,它们决定着这三项对最后输出的影响的比重。PID 控制器将 P、I、D 三项求和作为最后的输出信号。下面分别讨论这三项的意义。

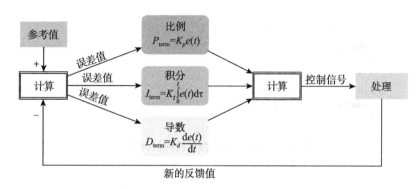

图 9-7　用误差来产生控制指令的整个流程

1. P 控制

考虑一个简单的情况,假设我们希望无人车按照图 9-8 中的线路行驶。

图 9-8　车辆和线路相对位置

假设控制输出是车辆的转角,如果按照固定的角度调整车辆的转向,那么车辆的轨迹将如图 9-9 所示。

显然,等值控制是震荡的。一个直观的解决方法就是使用比例控制。如图 9-10 所示,当偏差大的时候,就偏转更大的角度,反之则偏转小一点。

这就是一个比例控制器,通常也被称为 P 控制器,这里使用偏离航迹误差(Cross Track Error,CTE)作为误差度量。在这个例子中,CTE 就是车辆到参考线的距离。这个时候转角就变成了:

$$\text{steering angle} = K_p \cdot e(t)$$

其中 $e(t)$ 是车辆在 t 时刻的 CTE,在 P 控制器中系数 K_p 会直接影响实际控制效果,

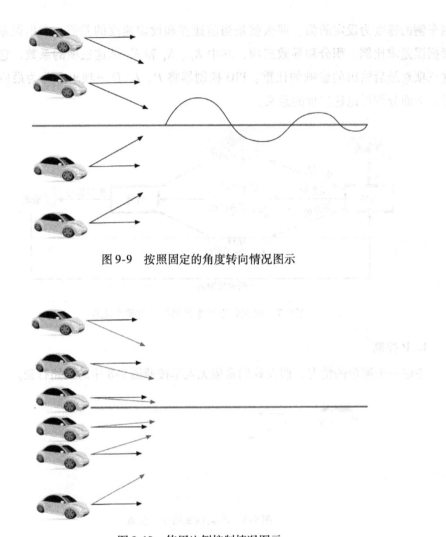

图 9-9　按照固定的角度转向情况图示

图 9-10　使用比例控制情况图示

在合理的数值范围内 K_p 越大,控制的效果越好(即越快地回到参考线附近),但是,当本身位置和参考线相距很远且 K_p 系数较大的时候,就会出现车辆失去控制的情况,如图 9-11 所示。

所以说,如果 K_p 参数设计合理,P 控制器比固定转角控制器控制得更好,但是由于 P 控制器容易受 0 值的影响,一个简单的 P 控制器无法达到我们对控制的要求,如图 9-12 所示。

此时车辆虽然在参考线上,但是并不是我们希望的状态(它在下一刻就会偏离),但是对 P 控制器而言,这是理想状态,此时控制转角为 0,因此,P 控制器会一次又一

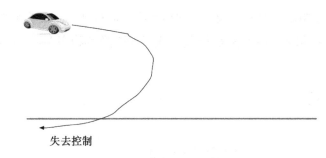

图 9-11　K_p 系数较大，车辆失去控制

图 9-12　车辆已经在参考线上时

次地超过参考线（overshot），为了校正这个问题，我们需要考虑一个额外的误差项——CTE 变化率。

2. PD 控制

CTE 的变化率描述了无人车向着参考线方向移动多快，如果无人车一直都完美地在参考线上运动的话，CTE 变化率就为 0，所以这一项（描述误差的变化率）可以用导数来表示。现在，控制输出就变成了比例项和导数项求和的形式：

$$\text{steering angle} = K_p \cdot e(t) + K_d \frac{de(t)}{dt}$$

其中，K_d 是导数项系数，它的大小决定了 CTE 变化率对于反馈控制的影响。这个控制器被称为 PD 控制器，在 PD 控制器中有两个系数需要人工调整，增大 P 系数会增大无人车向着参考线方向运动的倾向；增大 D 系数则会增大无人车转角快速变化的"阻力"，从而使得转向更加平缓。对于使用过大 P 系数、过小 D 系数的系统，我们称之为欠阻尼的（underdamped），这种情况的无人车将沿着参考线震荡前进；反之，如果 P 系数过小、D 系数过大，那么我们称之为过阻尼的（overdamped），这将使得无人车需要较长的时间才能纠正其误差。合适的 P 和 D 系数可以使无人车快速回到参考线上，同时可很好地维持在参考线上运动。

PD 控制器可以保证正常的控制需求，但是当环境存在扰动时，车辆在受力发生轻微偏移后，由于 PD 控制器中的 P 项倾向于向参考线方向运动，而 D 项则尝试抵消这种倾向，造成无人车始终都无法沿着参考线运动，这个问题称为稳态误差（steady state error），如图 9-13 所示。

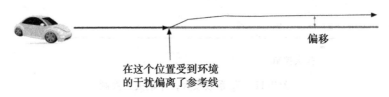

图 9-13　环境存在扰动的情况

为了解决这个问题，再引入一项——积分项。

3. PID 控制

将积分项加入控制输出函数中，无人车的转角输出可以表示为：

$$\text{steering angle} = K_p \cdot e(t) + K_d \frac{\mathrm{d}e(t)}{\mathrm{d}t} + K_i \int_0^t e(t)\,\mathrm{d}t$$

其中 K_i 是积分项系数，积分项本质上是车的实际路线到参考线的图形面积，加入积分项后，控制器会使车辆路线的积分尽可能小（也就是使车辆路线和实际运动参考线之间形成的形状的面积尽可能小），从而避免稳态误差情况。

同样，积分项系数的大小也会影响整个控制系统的稳定性，过大的 K_i 会使系统"震荡"运行，过小的 K_i 又会使控制的车辆在遇到扰动后（处于稳态误差状态）需要很长时间才能回到参考线上，这在某些情况下会使车辆处于危险的境况。

PID 控制就是由这三项共同决定的，所以 PID 控制器的实现也非常简单，但是三个系数的选择却很难，需要在实践中通过控制系统的实际表现来确定，下面给出基本 PID 控制器的 C++ 实现。

代码清单 9-1　PID 算法的 C++ 代码

```c++
#include <limits>
#include <iostream>
#include "PID.h"
//using namespace std;

PID::PID() {}
PID::~PID() {}

void PID::Init(double Kp, double Ki, double Kd) {
    parameter.push_back(Kp);
```

```cpp
parameter.push_back(Ki);
parameter.push_back(Kd);

    this->p_error = 99999999.;
    this->d_error = 0.0;
    this->i_error = 0.0;

    //twiddle parameters
need_twiddle = false;
    step = 1;
    // let the car run at first 100 steps, then in the next 3000 steps add the cte^2 to
      the total_error
val_step = 100;
test_step = 2000;

    for (inti = 0; i < 3; ++i) {
        // init the change rate with the value of 0.1* parameter
changes.push_back(0.1 * parameter[i]);
    }
index_param = 0;

best_error = std::numeric_limits<double>::max();
total_error = 0;
    // fail to make the total_error better times
fail_counter = 0;
}

void PID::UpdateError(double cte) {
if(step == 1){
p_error = cte;

    }
d_error = cte - p_error;
p_error = cte;
i_error += cte;

    if(need_twiddle){
if(step % (val_step + test_step) > val_step){
total_error += (cte * cte);
    }

if(step % (val_step + test_step) == 0){
std::cout << "==============   step " << step << " ==============" << std::endl;
std::cout << "P: " << parameter[0] << " I: " << parameter[1] << " D: " << parameter[2] <<
std::endl;
        if (step == (val_step + test_step)){
if(total_error < best_error){
best_error = total_error;

            }
parameter[index_param] += changes[index_param];
```

```cpp
            } else{
if(total_error < best_error){
best_error = total_error;
            changes[index_param] *= 1.1;
IndexMove();
            parameter[index_param] += changes[index_param];
fail_counter = 0;
            } else if(fail_counter == 0){
            parameter[index_param] -= (2* changes[index_param]);
fail_counter ++;
            } else{
            parameter[index_param] += changes[index_param];
            changes[index_param] *= 0.9;
IndexMove();
            parameter[index_param] += changes[index_param];
fail_counter = 0;
            }
        }
std::cout << "best_error: " << best_error <<" total_error: " << total_error << std::::
    endl;
std::cout << "change_index: " << index_param <<" new_parameter: " << parameter[index_
    param] << std::endl;
std::cout << std::endl;
total_error = 0;
        }
    }
    step ++;
}

double PID::TotalError() {
    return -parameter[0] * p_error - parameter[1] * i_error - parameter[2] * d_er-
ror;
}

void PID::IndexMove() {
index_param ++;
if(index_param >=3){
index_param = 0;
    }
}
```

代码清单 9-2 pid.h

```cpp
#c++
#ifndef PID_H
#define PID_H

#include <cmath>
#include <vector>
```

```cpp
class PID {
private:
int step;
std::vector<double> changes;
    double best_error;
    double total_error;
intindex_param;

intval_step;
inttest_step;

intfail_counter;

    void IndexMove();

boolneed_twiddle;

public:
    /*
    * Errors
    */
    double p_error;
    double i_error;
    double d_error;

    /*
    * Coefficients, the order is P, I, D
    */
std::vector<double> parameter;

    /*
    * Constructor
    */
PID();

    /*
    * Destructor.
    */
    virtual ~PID();

    /*
    * Initialize PID.
    */
    void Init(double Kp, double Ki, double Kd);

    /*
    * Update the PID error variables given cross track error.
    */
    void UpdateError(double cte);

    /*
    * Calculate the total PID error.
```

```
    * /
    double TotalError();
};

#endif /* PID_H */
```

4. 用法

使用时,在实际控制循环中调用代码清单9-3中的代码即可。

代码清单9-3　调用方法代码

```c++
PID pid;
pid.Init(0.3345, 0.0011011, 2.662);    //your init parameters

for (in your control loop) {
    pid.UpdateError(cte);
    steer_value = pid.TotalError();
})
```

9.3　基于运动学模型的模型预测控制

前面介绍了两种常见的车辆模型——运动学自行车模型和动力学自行车模型,本节基于运动学车辆模型引入一种新的控制理论——模型预测控制(Model Predictive Control,MPC)。传统的PID控制器简单并易于实现,因此被广泛应用,但由于PID控制器的延迟性,在实际无人车的横向控制(转向控制)中并不常使用。横向控制中通常使用优化控制方法,MPC就是一类追求短时间间隔内最优化控制的理论,它可以将控制延迟考虑到车辆模型中,从而避免PID控制器的延迟问题。

9.3.1　将PID控制应用于转向控制存在的问题

PID作为一种反馈控制方法,因其简单、易实现而被大量应用。但是在实际的车辆控制中,车辆往往不能立刻执行控制指令,这其中存在一定的延迟,也就是说,控制指令会在"未来的车辆状态下"被执行。但是由于PID是一种反馈控制,控制指令由当前车辆所处的状态决定,然而当制动的指令被执行时,由于存在一定的延迟,车辆已经处于"未来的状态"了,在这个"未来的状态下"使用该指令制动就会存在一定的危险性。这是在无人车转向控制中使用PID算法的最大问题。

模型预测控制(MPC)是一种将更长时间跨度、甚至于无穷时间的最优化控制问题分解为若干个更短时间跨度，或者有限时间跨度的最优化控制问题，并且在一定程度上仍然追求最优解的理论。模型预测控制由如下三个要素组成[2]：

- 预测模型：预测模型能够在短时间内很好地预测系统状态的变化。
- 在线滚动优化：通过某种最优化算法来优化未来一段时间的控制输入，使得在这种控制输入下预测模型的输出与参考值的差距最小。
- 反馈校正：到下一个时间点根据新的状态重新进行预测和优化。

下面分别从这三个方面来讨论模型预测控制理论。

9.3.2 预测模型

本节仍使用图 9-3 的运动学自行车模型作为预测模型，它的各个状态量的更新公式如下：

$$x_{t+1} = x_t + v_t \cos(\psi_t + \beta) \times dt$$

$$y_{t+1} = y_t + v_t \sin(\psi_t + \beta) \times dt$$

$$\psi_{t+1} = \psi_t + \frac{v_t}{l_r} \sin(\beta) \times dt$$

$$v_{t+1} = v_t + a \times dt$$

其中，β 可以由如下公式计算求得：

$$\beta = \tan^{-1}\left(\frac{l_r}{l_f + l_r} \tan(\delta_f)\right)$$

基于以上公式，在给定一个控制指令的情况下，这个预测模型能够根据运动学的规律计算出 dt 时间以后车辆的状态 (x, y, ψ, v)，自行车模型本身是建立在一定的假设前提下的，所以计算出来的状态只是理论上车辆的可能状态。

从图 9-14 的情况出发进行讨论，该图是一条 S 形路，图中的虚线是控制的参考线，控制的目标是让车辆尽量沿着参考线行驶。

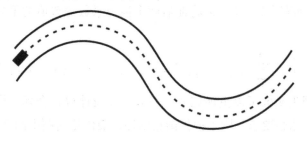

图 9-14 带虚线的 S 形路

选取 10 个 dt，假设 $dt=0.05s$，那么根据预测模型，在已知一组控制输入的前提下可以计算出车辆在未来 0.5s 的状态（间隔时间为 dt），如图 9-15 中的短虚线所示。

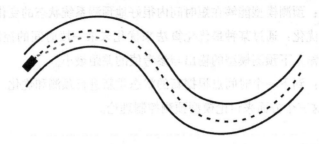

图 9-15 车辆在未来 0.5s 的状态

9.3.3 在线滚动优化

现在问题就变成了一个最优化的问题，参照在神经网络优化中的经验，首先需要定义损失函数，在本例中，损失函数就是模型预测的轨迹和参考线之间的 CTE，优化的目标就是找出一组控制量，即 (a, δ_f) 油门刹车系数和方向盘转角，使得损失函数最小化。

$$\text{Loss} = \text{CTE} = \sum_{i=1}^{10}(z_i - z_{\text{ref},i})^2$$

上文中我们只考虑未来 10 个时间间隔内的模型预测，所以 i 的取值范围是（1，10），$z_i - z_{\text{ref},i}$ 是预测点到实际参考线的距离。为了完善预测控制，可以给损失函数添加更多的项，比如，如果不仅仅想控制车辆按照参考线行驶，还想控制车辆在这个短时间范围内在每个点上的速度，那么就可以在损失函数中添加一项速度的平方差：

$$\text{Loss} = \sum_{i=1}^{10}\left[(z_i - z_{\text{ref},i})^2 + (v_i - v_{\text{ref},i})^2\right]$$

再进一步，损失函数还可添加许多项使控制变得更加平滑，如果希望油门系数不突变（即缓慢地踩油门和刹车），就可以将前后两个油门系数的差值的平方作为一项加入损失函数中：

$$\text{Loss} = \sum_{i=1}^{10}\left[(z_i - z_{\text{ref},i})^2 + (v_i - v_{\text{ref},i})^2 + (a_{i+1} - a_i)^2\right]$$

以此类推，损失函数可以更加完善，损失函数设计得越合理，模型预测控制的输出就越符合乘坐舒适性要求。除了损失函数以外，最优化问题中的变量还是带约束的，比如车辆的前轮转角 δ_f 的取值范围、车辆油门系数 a 的取值范围（通常取值为 -1 到

1，-1 意味着满刹车，1 意味着满油门）。PID 控制中遇到的制动延迟问题也可以通过添加约束来解决。具体来说：假设车辆的制动延迟是 100ms，本文中模型采用 10 步预测，每步间隔为 50ms，模型预测的前两步实际上在制动延迟的时间内，即这两步中车辆仍然在执行上一个状态的制动指令，为了让模型更加贴近实际情况，可约束这两步的制动指令，即（a，$delta_f$）为上一状态的指令，这样模型预测控制就将制动延迟考虑了进来。

9.3.4 反馈校正

图 9-16 是 MPC 的简化示意图，MPC 本质上还是一种反馈控制，当通过最优化方法得到一组控制输出以后（在本例中即未来 10 步的控制输出），车辆执行控制指令并且继续以一定的频率反馈当前车辆的状态 z_t。这个状态会被同时输入到路径规划模块以及 MPC 模块。路径规划模块会依据新的车辆状态，结合感知模块的信息以及地图信息重新做出规划。MPC 模块则根据新的参考路径和车辆当前状态进行新一轮的预测控制。需要注意的是，车辆真实状态的反馈并不是在一个预测时间段的控制执行完以后才进行的，反馈的时间间隔往往小于一个预测时间段（在本例中，预测时间段长度为 $0.05 \times 10 = 0.5s$）。

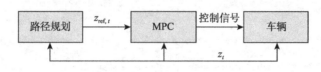

图 9-16 MPC 的简化示意图

综上，通过使用不同的预测模型和损失函数，可以构造出各种模型预测控制器，但是总的来说，模型预测控制往往可以分解成如下几步：

1）从 t 时刻开始，预测未来 n 步的输出信号。

2）基于模型的控制信号以及相应的输出信号，构造损失函数，并且通过调整控制信号最优化损失函数。

3）将控制信号输入系统。

4）等到下一个时间点，在新的状态重复步骤 1。

模型预测控制有其天然的多模型约束处理优势，能够与规划控制、感知过程的传感器数据预处理算法很好地结合，是在无人驾驶车辆控制过程中体现车辆运动学与动力学约束的理想方法。然而，在实际的开发过程中，车辆模型的复杂性受到车辆自由度的影响，当涉及大量自由度时，车辆模型会变得非常复杂。近年来，基于神经网络和深度学习的方法被应用于控制领域，在具有高维数据的控制系统中，引入深度学习具有一定的意义，深度学习自动学习状态特征的能力使得其在无人驾驶系统的研究中具有先天的优势。

9.4 轨迹追踪

对于无人车来说，规划好的路径通常由一系列路径点构成，这些路径点通常包含空间位置信息、姿态信息、速度和加速度等，这些路径点被称为全局路径点（Global Waypoint）。路径（Path）和轨迹（Trajectory）的区别在于，轨迹还包含了时间信息，轨迹点也是一种路径点，它在路径点的基础上加入了时间约束，通常将这些轨迹点称为局部路径点（Local Waypoint）。图 9-17 显示的是在地图中的序列全局路径点。

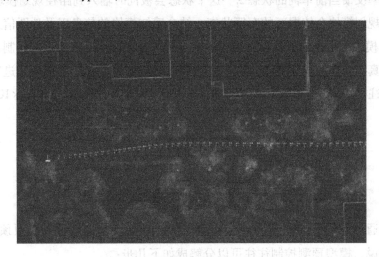

图 9-17　点云地图中的全局路径点

如何让无人车追踪这个轨迹？目前的主流方法分为两类：基于几何追踪的方法和基于模型预测的方法，在本节介绍一种简单且广泛使用的基于几何追踪的方法——纯追踪（Pure Pursuit）。

在论述纯追踪法之前，首先回顾一下自行车模型，图 9-18 是一个几何学自行车模型。

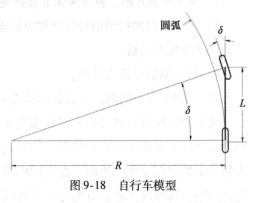

图 9-18　自行车模型

自行车模型实际上是对阿克曼转向几何的一个简化，自行车模型将4轮车辆简化成2轮模型，并且假定车辆只在平面上行驶。采用自行车模型的一大好处在于它简化了前轮转向角与后轴将遵循的曲率之间的几何关系，其关系如下式所示：

$$\tan(\delta) = \frac{L}{R}$$

其中 δ 表示前轮的转向角，L 为轴距（Wheelbase），R 则为在给定的转向角下后轴遵循着的圆的半径。这个公式能够在较低速度的场景下对车辆运动进行估计。

从自行车模型出发，纯追踪算法以车后轴为切点、车辆纵向车身为切线，通过控制前轮转向角 δ，使车辆可以沿着一条经过目标路径点的圆弧行驶，如图9-19所示。

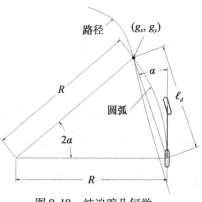

图9-19 纯追踪几何学

图9-19中 (g_x, g_y) 是下一个要追踪的路径点，它位于已经规划好的全局路径中，现在需要控制车辆使得车辆的后轴经过该路径点，l_d 表示车辆当前位置（即后轴位置）到目标路径点 (g_x, g_y) 的距离，α 表示目前车身姿态和目标路径点的夹角，那么根据正弦定理可以推导出如下转换式：

$$\frac{l_d}{\sin(2\alpha)} = \frac{R}{\sin\left(\frac{\pi}{2} - \alpha\right)}$$

$$\frac{l_d}{2\sin\alpha\cos\alpha} = \frac{R}{\cos\alpha}$$

$$\frac{l_d}{\sin\alpha} = 2R$$

上式也可以表示为：

$$\kappa = \frac{2\sin\alpha}{l_d}$$

其中 κ 是计算出来的圆弧的曲率，那么前轮的转向角 δ 的表达式为：

$$\delta = \tan^{-1}(\kappa L)$$

结合以上两式，可以得出纯追踪算法控制量 δ 的最终表达式：

$$\delta(t) = \tan^{-1}\left(\frac{2L\sin(\alpha(t))}{l_d}\right)$$

这里我们把时间考虑进来,在知道 t 时刻车身和目标路径点的夹角 $\alpha(t)$ 以及距离目标路径点的前视距离 l_d 的情况下,由于车辆轴距固定,可以利用上式估计出应该做的前轮转角 $\delta(t)$,为了更好地理解纯追踪控制器的原理,定义一个新的量,即车辆当前姿态和目标路径点在横向上的误差 e_l,由此可得夹角 α 正弦:

$$\sin(\alpha) = \frac{e_l}{l_d}$$

圆弧的弧度 κ 就可重写为:

$$\kappa = \frac{2}{l_d^2} e_l$$

考虑到 e_l 本质是横向上的 CTE,由上式可知纯追踪控制器其实是一个横向转角的 P 控制器,其 P 系数为 $\frac{2}{l_d^2}$,这个 P 控制器受参数 l_d(即前视距离)的影响很大,如何调整前视距离成为纯追踪算法的关键。通常来说,l_d 被认为是车速的函数,在不同的车速下需要选择不同的前视距离。

一种最常见的调整前视距离的方法就是将前视距离表示成车辆纵向速度的线性函数,即 $l_d = k v_x$,那么前轮的转角公式就变成了:

$$\delta(t) = \tan^{-1}\left(\frac{2L\sin(\alpha(t))}{kv_x(t)}\right)$$

那么纯追踪控制器的调整就变成了调整系数 k,通常来说,会使用最大、最小前视距离来约束前视距离,越大的前视距离意味着轨迹的追踪越平滑,越小的前视距离会使得追踪更加精确(当然也会带来控制的震荡),下面使用 Python 实现一个简单的纯追踪控制器。

在这个实践中,使用纯追踪控制器控制转向角度,使用一个简单的 P 控制器控制速度,首先定义参数数值如下:

代码清单 9-4 定义参数

```python
import numpy as np
import math
import matplotlib.pyplot as plt

k = 0.1         #前视距离系数
Lfc = 2.0       #前视距离
Kp = 1.0        #速度P控制器系数
dt = 0.1        #时间间隔,单位:s
L = 2.9         #车辆轴距,单位:m
```

在这里将最小前视距离设置为 2,前视距离关于车速的系数 k 设置为 0.1,速度 P 控制器的比例系数 Kp 设置为 1.0,时间间隔为 0.1s,车的轴距定为 2.9m。

下面定义车辆状态类。在简单的自行车模型中,只考虑车辆的当前位置 (x, y)、车辆的偏航角度 yaw 以及车辆的速度 v,为了在软件上模拟,通过定义车辆的状态更新函数来模拟真实车辆的状态更新:

代码清单 9-5　车辆状态和更新方法

```
class VehicleState:
def __init__(self, x=0.0, y=0.0, yaw=0.0, v=0.0):
self.x = x
self.y = y
self.yaw = yaw
self.v = v

def update(state, a, delta):
state.x = state.x + state.v * math.cos(state.yaw) * dt
state.y = state.y + state.v * math.sin(state.yaw) * dt
state.yaw = state.yaw + state.v / L * math.tan(delta) * dt
state.v = state.v + a * dt
    return state
```

在这个实践中,纵向控制使用 P 控制器,横向控制(即转角控制)使用纯追踪控制器,这两个控制器定义如下:

```
def PControl(target, current):
    a = Kp * (target - current)
    return a

def pure_pursuit_control(state, cx, cy, pind):
ind = calc_target_index(state, cx, cy)
    if pind >= ind:
ind = pind
    if ind < len(cx):
tx = cx[ind]
        ty = cy[ind]
    else:
tx = cx[-1]
        ty = cy[-1]
ind = len(cx) - 1
    alpha = math.atan2(ty - state.y, tx - state.x) - state.yaw
    if state.v < 0:  # back
        alpha = math.pi - alpha
    Lf = k * state.v + Lfc
    delta = math.atan2(2.0 * L * math.sin(alpha) / Lf, 1.0)
    return delta, ind
```

定义函数用于搜索最临近的路径点：

```
def calc_target_index(state, cx, cy):
    #搜索最临近的路径点
    dx = [state.x - icx for icx in cx]
    dy = [state.y - icy for icy in cy]
    d = [abs(math.sqrt(idx ** 2 + idy ** 2)) for (idx, idy) in zip(dx, dy)]
    ind = d.index(min(d))
    L = 0.0
    Lf = k * state.v + Lfc
    while Lf > L and (ind + 1) < len(cx):
        dx = cx[ind + 1] - cx[ind]
        dy = cx[ind + 1] - cx[ind]
        L += math.sqrt(dx ** 2 + dy ** 2)
        ind += 1
    return ind
```

主函数：

```
def main():
    #设置目标路径点
    cx = np.arange(0, 50, 1)
    cy = [math.sin(ix / 5.0) * ix / 2.0 for ix in cx]
    target_speed = 10.0 / 3.6  #[m/s]
    T = 100.0   #最大模拟时间
    #设置车辆的出事状态
    state = VehicleState(x=-0.0, y=-3.0, yaw=0.0, v=0.0)
    lastIndex = len(cx) - 1
    time = 0.0
    x = [state.x]
    y = [state.y]
    yaw = [state.yaw]
    v = [state.v]
    t = [0.0]
    target_ind = calc_target_index(state, cx, cy)
    while T >= time and lastIndex > target_ind:
        ai = PControl(target_speed, state.v)
        di, target_ind = pure_pursuit_control(state, cx, cy, target_ind)
        state = update(state, ai, di)
        time = time + dt
    x.append(state.x)
    y.append(state.y)
    yaw.append(state.yaw)
    v.append(state.v)
    t.append(time)
```

```
plt.cla()
plt.plot(cx, cy, ".r", label="course")
plt.plot(x, y, "-b", label="trajectory")
plt.plot(cx[target_ind], cy[target_ind], "go", label="target")
plt.axis("equal")
plt.grid(True)
plt.title("Speed[km/h]:" + str(state.v * 3.6)[:4])
plt.pause(0.001)

if __name__ == '__main__':
    main()
```

运行效果如图 9-20 所示。

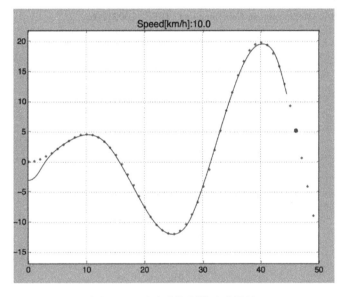

图 9-20 纯追踪控制器追踪效果

图 9-20 中,红点表示规划好的路径点,蓝线则表示车辆实际运行的轨迹,前面的绿点表示当前前视距离。在这段代码中,我们设置了最小前视距离为 2m,读者还可以进一步实验,比如将前视距离设置得更大些,那么纯追踪控制器就会表现得更加"平滑",更加平滑的缺点就是在某些急剧的转角处会存在转向不足的情况。

以纯追踪控制器为代表的几何路径跟踪器很容易理解和实现。本节介绍的几何方法实现了基本的路径跟踪,但是当存在显著的速度改变时会遇到瓶颈,纯追踪方法使用前视距离考虑路径信息,这种方法在低速情况下几乎不受路径形状的影响。但是,选择最佳前视距离的方法并不明确。将前视距离表示为速度的函数是一种常见的方法,然而，前视距离也可能是路径曲率的函数，甚至可能与纵向速度以外的 CTE 有关。所以纯追踪控制器的前视距离调整应该格外注意，很短的前视距离会造成车辆控制的不稳定甚至震荡，为了确保车辆稳定而设置较长的前视距离又会出现车辆在大转角处转向不足的问题。

9.5 本章参考文献

［1］ Kong J, Pfeiffer M, Schildbach G, et al. Kinematic and Dynamic Vehicle Models for Autonomous Driving Control Design［C］// Intelligent Vehicles Symposium. IEEE, 2015:1094-1099.

［2］ Xi W, Baras J S. MPC Based Motion Control of Car-like Vehicle Swarms［C］// Control & Automation, 2007. MED '07. Mediterranean Conference on. IEEE, 2002:1-6.

第 10 章
深度强化学习及其在自动驾驶中的应用

作为机器学习的一个重要分支，强化学习是一种通过与环境的不断交互学习而获得经验，同时学到一套完整策略的机器学习方法。自从 Google DeepMind 公司通过神经网络来模拟强化学习策略，并实现了在 Atari 游戏中超越人类玩家水平后，深度强化学习开始迅速发展且在控制领域取得了一系列突破。自动驾驶系统是一门融合了多个交叉学科技术的复杂系统，近年来，将强化学习应用于自动驾驶的研究引起了人们的广泛关注。本章首先深入浅出地解释强化学习基础及其工作原理，并通过近似理论解释神经网络在强化学习中的应用，最后将介绍一种基于策略梯度和深度确定性策略梯度算法的无人车控制方法，并在 TORCS 游戏中对车辆进行模拟控制。

10.1 强化学习概述

由前文介绍可知，机器学习通常被分为监督学习、无监督学习和强化学习三类，强化学习（Reinforcement Learning，RL）作为机器学习的子领域，其灵感来源于心理学中的行为主义理论，即智能体如何在环境给予的奖励或惩罚的刺激下，逐步形成对刺激的习惯性行为。通俗地讲就是根据环境学习一套策略，能够最大化期望奖励。该方法由于具有普适性而被很多领域采用，如自动驾驶、博弈论、控制论、仿真优化、多主体系统学习以及遗传算法等。强化学习相对于监督学习和无监督学习的主要区别在于：

- 相比于监督学习，RL 并不需要出现正确的输入/输出对，也不需要精确校正次优化的行为。它更加专注于在线规划，需要在探索（未知的领域）和利用（现有知识）之间找到平衡，其学习过程是智能体不断地与环境进行交互、不断进行试错的反复练习过程。
- RL 的不同之处在于其中没有监督者，只有一个奖励（reward）信号，而且反馈不是立即生成的，而是延迟的，因此时间在 RL 中具有非常重要的意义。
- RL 并不需要带标签的数据，有可交互的环境即可。

10.2 强化学习原理及过程

与传统机器学习相比，强化学习并不需要带有标签的数据集，它由环境、智能体和奖励尺度三部分组成，其组成和过程如图 10-1 所示。

图 10-1 强化学习示意图

智能体（agent）首先从环境中获取一个状态（state）O_t，然后根据 O_t 调整自身的策略做出一个行为（action，A_t）并反馈给环境，环境根据智能体的动作给予智能体一个奖励（R_t）。智能体和环境之间通过不断地交互学习，得到一个 $\{O_t, A_t, R_t\}$ 的交互历史序列。通常历史序列由状态、行为、奖励三部分组成，被定义为：

$$H_t = O_1, A_1, R_1, \cdots, O_t, A_t, R_t$$

状态被定义为函数 $f(\cdot)$ 的映射：$S_t = f(H_t)$，随后通过马尔可夫决策过程（Markov Decision Process，MDP）来描述交互序列。

10.2.1 马尔可夫决策过程

强化学习的本质是一个序列决策过程，通过不断地学习每个状态，最终得到一个最佳的序列（策略），这与马尔可夫决策过程解决的问题相似。在解释马尔可夫决策过程之前首先需要先了解两个名词。

马尔可夫性：指系统的下一个状态 S_{t+1} 仅与当前状态 S_t 有关，表示为

$$P[S_{t+1}|S_t] = P[S_{t+1}|s_1, s_2, \cdots, s_t]$$

马尔可夫过程：它是一个二元组 (S, P)，其中 S 为有限状态机，P 为状态转移概率矩阵，该矩阵为：

$$P = \begin{pmatrix} P_{11} & \cdots & P_{1n} \\ \vdots & \ddots & \vdots \\ P_{n1} & \cdots & P_{nn} \end{pmatrix}$$

以图 10-2 为例，如果给定状态转移概率矩阵 P（每个点到下一个点的状态转移概率），那么从 Start 出发到 End 结束存在多条马尔可夫链（路径），其中每条链上就是马尔可夫过程的描述。但马尔可夫过程中并不存在行为和奖励。因此，从 Start 到 End 是一个

序列决策问题，需要不断地选择路线以取得最大收益。

通常情况下，马尔可夫决策过程用元组 < S, A, P, R, γ > 描述，其中：

- S：有限状态集
- A：有限动作集
- P：状态转移概率
- R：回报函数
- γ：折扣因子，用来计算累计回报

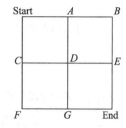

图 10-2　马尔可夫序列决策

继续上述的方格路径选择问题，我们关心的是它如何工作，即从 Start 开始，怎样选择路径，怎样依据不同状态转移概率和奖励走至 End 结束。假设为四元序列，在这个过程中会形成不同的结果，{(Start, East, P, $R1$), (A, East, P, $R2$), (B, South, P, $R3$), (E, South, P, $R4$), (End, South, P, $R5$)} 就是其中的一条路径，那么从 Start 到 End 走哪条路径能带来最大收益呢？这就需要一个策略。

10.2.2　强化学习的目标及智能体的要素

通常情况下策略被定义为从状态到行为的一个映射，直白地说就是在每个状态下指定一个动作概率，这个策略可以是非确定性的（只满足某种分布），也可以是确定性的。

- 非确定性策略：对于相同的状态，其输出的状态并不唯一，而是满足一定的概率分布，从而导致即使处于相同的状态，也可能输出不同的动作，表示为
$$\pi(a|s) = P[A_t = a | S_t = s]$$

- 确定性策略：在相同的状态下，其输出的动作是确定的，表示为
$$a = \mu(s)$$

如果给定一个策略，就可以计算最大化累计期望奖励了，而奖励分为及时奖励和累计期望奖励。

- 及时奖励：实时反馈给智能体的奖励 r_t，如当玩具直升机根据当前的状态做出一个飞行控制姿势时，好坏会立即得到一个奖励。
- 累计期望奖励：指一个过程的总奖励的期望，比如直升机从飞起到降落整个过程。

一般情况下，累计期望奖励被定义为：

$$G_t = R_1 + \gamma R_2 + \gamma^2 R_3 + \cdots + \gamma^{k-1} R_k = \sum_{k=0} \gamma^k R_{t+k+1}$$

假如在策略 π 下，从前文的 Start 出发，则有不同的路径

$$\text{Start} \to A \to B \to E \to \text{End}$$
$$\text{Start} \to C \to D \to G \to \text{End}$$

每个路径的累计回报 G_t 不同，且在随机策略下 G_t 是随机变量，但它们的期望是一个确定值，因此需要用值函数进行估计。

10.2.3 值函数

当智能体采用某个策略 π 时，累计回报服从一个分布，通常将状态 S 处的期望定义为状态-值函数，其数学表示为：

$$V_\pi(s) = E_\pi[R_1 + \gamma R_2 + \gamma^2 R_3 + \cdots + \gamma^{k-1} R_k | S_t = s]$$

其中 $\gamma \in [0,1)$ 是折扣因子，用来估算未来对现在的影响。如果 $\gamma = 0$，即短视，只看当前的而不关注长期的回报。仅仅在状态-值函数下求解期望奖励是不够的，我们还需要知道在某一个状态下采取某行为会带来的期望回报。用状态-行为值函数衡量当前行为的好坏，其数学表达式为：

$$q_\pi(s,a) = E_\pi\left[\sum_{t=0}^{\infty} \gamma^k R_{t+k+1} | S_t = s, A_t = a\right]$$

一般情况下，状态-值函数和状态-行为值函数之间的关系表示为：

$$V_\pi(s) = \sum_{a \in A} \pi(a|s) q_\pi(s,a)$$

具体的状态-值函数和状态-行为值函数之间的关系如图10-3所示。

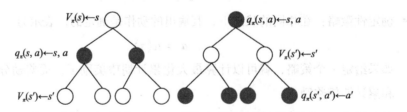

图10-3 状态-值函数与状态-行为值函数关系图

为了能够计算在某个状态 S 下的值函数，或者在状态 S 下采取行为的状态-行为值函数评估的累计期望奖励，根据图推导分别得到 v_π 和 q_π 的关系式如下：

$$q_\pi(s,a) = R_s^a + \gamma \sum_{a \in A} P_{ss'}^a v_\pi(s')$$

$$v_\pi(s') = \sum_{a' \in A} \pi(a'|s')q_\pi(s', a')$$

将上述公式互相代入得到：

$$v_\pi(s) = \sum_{a \in A} \pi(a|s)(R_s^a + \gamma \sum_{s' \in S} P_{ss'}^a V_\pi(s'))$$

$$q_\pi(s, a) = R_s^a + \gamma \sum_{s' \in S} P_{ss'}^a \sum_{a \in A} \pi(a'|s')q_\pi(s', a')$$

对上述公式进行归纳，得到状态-值函数和状态-行为值函数的 Bellman 方程：

$$v(s_t) = E_\pi[R_{t+1} + \gamma v(s_{t+1})]$$

$$q(s_t, a_t) = E_\pi[R_{t+1} + \gamma q(s_{t+1}, a_{t+1})]$$

计算值函数的目的是为了从数据中学到最优策略，每个策略对应一个值函数，最优策略对应最优值函数。当且仅当 $\pi \geqslant \pi^*$ 且 $V_\pi(s) \geqslant V^*(s)$ 时，最优状态-值函数 $V^*(s)$ 为所有策略中值函数最大的，表示为：

$$v^*(s) = \max_\pi v_\pi(s)$$

最优状态-行为值函数即所有策略中状态-行为值最大的，表示为：

$$q^*(s, a) = \max_\pi q_\pi(s, a)$$

同理得到（推导省略），最优的状态-值函数和状态-行为值函数如下：

$$V_\pi(s) = \max_a R_s^a + \gamma \sum_{s' \in S} P_{ss'}^a V^*(s')$$

$$q_\pi(s, a) = R_s^a + \gamma \sum_{s' \in S} P_{ss'}^a \max_{a'} q^*(s', a')$$

最后，如果已知最优状态-行为值函数，最优策略可以直接通过最大化 $q^*(s,a)$ 得到。

$$\pi^*(a|s) = \begin{cases} 1, & a = \arg\max_\pi q^*(s, a) \\ 0, & 其他 \end{cases}$$

10.3 近似价值函数

20 世纪初，在一大批杰出的数学家，包括瓦莱·普桑、H. L. 勒贝格等人的积极参与下，函数逼近理论取得了非常大的突破，同时也出现了很多函数逼近的数值方法。"近似"从字面上看就是无限逼近，同理近似价值函数就是无限逼近真实价值函数——状态-值函数 $V_\pi(s)$、状态-行为值函数 $Q_\pi(s, a)$，其数学表示为：

$$\hat{V}(s, w) \approx V_\pi(s)$$

$$\hat{Q}(s, a, w) \approx Q_\pi(s, a)$$

而函数近似的目的就是找到一个合适的参量 w 来近似值函数，w 可以是参数化逼近和非参数化逼近，非参数可以理解为通过核函数等方式。根据强化学习的输入，输出通常被表示为两种近似方法，如图 10-4 所示。

图 10-4a 表示根据状态本身，输出这个状态的近似价值；图 10-4b 表示根据状态-行为对，输出状态行为对的近似价值。我们可以将上述的两个矩形盒子视为黑盒子，它就是一个函数近似器，可以将其想象为任何东西，比如它是一个神经网络、决策树、泰勒多项式、线性函数等，或者为一切可描述或无法描述的东西。由于本章内容讲述的是深度强化学习，这里的深度主要是指用深层神经网络作为函数近似器进行函数近似模拟。

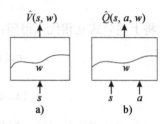

图 10-4 近似价值函数图

10.4 深度 Q 值网络算法

深度 Q 值网络（Deep Q Network，DQN）是 DeepMind 于 2013 年提出的一种深度强化学习方法，它利用神经网络近似强化学习取得了在 Atari 2600 游戏中超越人类水平的成绩。

10.4.1 Q_Learning 算法

Q_Learning 算法是 Watkins 于 1989 年提出的一种无模型的强化学习技术。它可以处理随机过渡和奖励问题，而无须进行调整。目前已经被证明，对于任何有限的 MDP，Q_learning 最终会找到一个最优策略，即从当前状态开始，所有连续步骤的总回报的期望值是最大值。在学习过程中，在每个时间 t，智能体选择一个动作 a_t，得到一个奖励 r_t，进入一个新的状态 S_{t+1} 和 Q 值更新。值函数根据以下进行迭代：

$$Q(s_t, a_t) \leftarrow Q(s_t, a_t) + \alpha \cdot [r_t + \gamma \max_\pi Q(s_{t+1}, a_t) - Q(s_t, a_t)]$$

其中 α 是学习率，γ 为折扣因子，算法执行伪代码如下，首先根据策略（使用了贪心策略）选取行为，并根据行为和环境交互得到奖励。

```
Initialize Q(s, a), ∀s∈S,a∈A(s),arbitrarily, and Q(terminal-state)=0
Repeat(for each episode):
    Initialize S
    Repeat(for each step of episode):
        Choose A and S using policy derived from Q(e.g. e-greedy)
```

```
    Take action A, observe R, A'
    Q(S,A)←Q(S,A)+α[R+γ max, (Q(S',A) -Q(S,A))]
                             a
    S←S'
Until S is terminal
```

10.4.2 DQN 算法

Atari 2600 游戏是一款非常经典的控制类游戏，本小节以 Atari 打砖块为例子，它是一个高维状态输入（原始图像像素输入）、低维动作输出（离散的动作：上下左右或者发射炮弹等）的游戏。在计算机处理图像的时候首先需要将图像读入计算机，通常采用卷积神经网络（CNN）读入图像，其结构如图 10-5 所示。

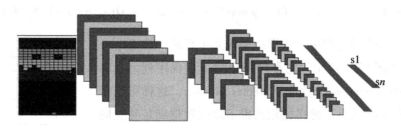

图 10-5　卷积神经网络读取 Atari 游戏画面结构图

首先从 Atari 游戏的一帧 RGB 图像提取出代表亮度（luminance）的 Y 通道，并调整尺寸成 84×84，将这样图像的连续 m 帧作为输入，经过卷积池化后得到 n 个状态，最终经过神经网络逼近会输出 K 个离散的动作，在神经网络中可以表示为，如图 10-6 所示。

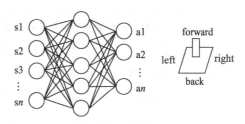

图 10-6　DQN 算法神经网络近似

（1）奖励函数

奖励作为强化学习非常重要的一部分，对其进行合理的设置对学习过程和收敛速度有着非常大的影响，在 Atari 游戏中，在当前时间 t、状态 s 下采取行动 a 之后游戏的分值变化取值为 r_t，即

$$r_t = \begin{cases} 1, & \text{增大} \\ 0, & \text{不改变} \\ -1, & \text{减少} \end{cases}$$

而长期累计折扣奖励则定义为：

$$R_t = \sum_{k=0}^{T} \gamma^k r_{t+k+1}$$

(2) 目标函数

DQN 的核心是如何确定 θ（θ 是神经网络参数）来近似值函数，目前比较优秀的方法就是采用梯度下降最小化目标函数来不断地更新网络权重 θ，DQN 算法的目标函数被定义为：

$$L_i(\theta_i) = E_{(s, a, r, s^i) \sim U(D)} [(r + \gamma \max_{a'} Q(s', a^i; \theta_i^-) - Q(s, a; \theta_i))^2]$$

其中，θ_i^- 是第 i 次迭代的目标网络参数，θ_i 是 Q-network 网络参数，通过梯度下降法对损失函数求取梯度得到：

$$\frac{\partial L_i(\theta_i)}{\partial \theta_i} = E_{(s, a, r, s^i) \sim U(D)} [(r + \gamma \max_{a'} \hat{Q}(s', a^i; \theta_i^-) - Q(s, a; \theta_i)) \nabla_{\theta_i} Q(s, a; \theta_i)]$$

另外，在学习过程中，将训练的四元组存进一个 Replay Memory，如图 10-7 所示，它存储每个学习过程序列，且在学习过程中以 min-batch 读取该 Replay Memory，这样可以打乱数据之间的相关性，使得使用梯度下降时数据满足独立同分布。

图 10-7　Replay Memory 存储池

注意　在 DQN 算法中用到了两个非常重要的思想：经验回放和目标网络。

1) 经验回放：其将系统探索环境得到的数据存储起来，然后随机采样样本更新深度神经网络的参数。作为有监督学习模型，深度神经网络要求数据满足独立同分布，该学习序列得到的样本前后是有关系的。为了打破数据之间的关联性，经验回放方法通过存储-采样的方法将这个关联性打破了。在本问题中由于样本是从游戏的连续帧中获得的，这与简单的强化学习相比，样本的关联性大了很多，如果没有经验回放，算法在连续一段时间内基本朝着同一个方向做梯度下降，那么同样的步长下这样直接计算梯度就有可能不收敛。因此经验回放是从缓冲池中随机选取一些序列数据再求梯度，从而避免了这个问题。另外连续样本的相关性会使参数更新的方差比较大，该机制可减少这种相关性。注意这里用的是均匀随机采样。

2) 目标网络：在训练学习过程中，某段时间内目标 Q 值一直保持不变，这一定程度降低了当前 Q 值和目标 Q 值的相关性，提高了算法稳定性。使用另外一个副本目标网络产生 Target_Q 值。具体地，$Q(s, a; \theta_i)$ 表示当前网络 MainNet 的输出，其用来评估当前状态动作对的值函数；$Q(s, a; \theta_i^-)$ 表示 TargetNet 的输出。

在满足独立同分布后，智能体可以从 Replay Memory 中使用梯度下降进行学习并不断更新网络权值，从而逼近最优值函数和策略。具体 DQN 算法执行的伪代码如下：

算法 1：基于经验回放的 DQN 算法

```
初始化回放缓存 D 和容量 N
初始化动作 - 值函数 Q 和网络权重 θ
初始化目标动作 - 值函数 Q̂, 网络权重为：θ⁻ = θ
for episode = 1, M do
    初始化序列 s₁ = {x₁} 和预处理序列 φ₁ = φ(s₁)
    for t = 1, T do
        以概率 ε 选取一个随机动作 aₜ
        否则选取动作 aₜ = argmaxₐ Q(φ(sₜ), a; θ)
        在模拟器中执行动作 aₜ, 获得奖励 rₜ, 图像 xₜ₊₁
        设置 sₜ₊₁ = sₜ, aₜ, xₜ₊₁ 和预处理 φₜ₊₁ = φ(sₜ₊₁)
        将过程 (φₜ, aₜ, rₜ, φₜ₊₁) 存储在 D 中
        随机以 minibatch 从 D 中选取 (φⱼ, aⱼ, rⱼ, φⱼ₊₁) 进行训练
        设置 yⱼ = { rⱼ                                      如果终止在第 j+1 步
                  { rⱼ + γmaxₐ' Q̂(φⱼ₊₁, a'; θ⁻)           其他
        在网络参数 θ 上执行 (yⱼ - Q(φⱼ, aⱼ; θ))² 梯度下降过程
        每 C 步重置 Q̂ = Q
    end for
end for
```

10.5 策略梯度

在上文的 DQN 算法中，我们使用一个神经网络对卷积处理后得到的特征进行逼近，并通过计算值函数达到了最优策略，对于一部分离散动作的 Atari 游戏来说，这可以完美地解决。然而在一些连续性控制的机器人或者动作空间特别大的情况下它就会学习得特别慢。在此基础上科学家提出利用单独的神经网络来逼近策略梯度。通过直接计算策略可能的更新方向，我们定义目标函数 $J(\theta)$，根据其轨迹的期望回报可以得到

$$J(\theta) = E_{\tau \sim \pi_\theta(\tau)}[r(\tau)] = \int_{\tau \sim \pi_\theta(\tau)} \pi_\theta(\tau) r(\tau) d\tau$$

根据对数求导对该目标函数的策略进行求导得到

$$\nabla_\theta J(\theta) = \int_{\tau \sim \pi_\theta(\tau)} \pi_\theta(\tau) \nabla_\theta \log \pi_\theta(\tau) r(\tau) d\tau$$

$$= E_{\tau \sim \pi_\theta(\tau)}[\nabla_\theta \log \pi_\theta(\tau) r(\tau)]$$

但是存在一个问题,即在计算梯度的过程中 $\nabla_\theta \log \pi_\theta(\tau)$ 很难计算,通过最大似然和蒙特卡洛法计算梯度得到最终梯度公式:

$$\nabla_\theta J(\theta) = \frac{1}{N} \sum_{i=1}^{T} \left[\sum_{t=0}^{T} \nabla_\theta \log \pi_\theta(a_i, t | s_i, t) \left(\sum_{t=0}^{T} r(s_i, t, a_i, t) \right) \right]$$

到此就可以计算策略梯度 $\nabla_\theta J(\theta)$ 和更新策略梯度为

$$\theta = \theta + \alpha \nabla_\theta J(\theta)$$

在以上基础上,以及保持独立同分布的前提下就可以使用神经网络逼近策略梯度。

10.6 深度确定性策略梯度及 TORCS 游戏的控制

10.6.1 TORCS 游戏简介

TORCS 是一款在 Linux 操作系统上广受欢迎的开源 3D 赛车模拟游戏,是用 C 和 C++ 编写的具有 50 种车辆、20 条赛道和简单视觉效果的一款游戏。其释放在 GPL 协议下,一些接口控制和说明如表 10-1 所示。

表 10-1 接口控制和说明

编号	名称	范围	描述
1	ob. angle	$(-\pi, +\pi)$	汽车方向与轨道轴方向之间的角度
2	ob. track	$(0,200)/m$	19 个测距传感器矢量:每个传感器在 200m 范围内返回跑道边缘和汽车之间的距离
3	ob. trackPos	$(-\infty, +\infty)$	汽车与轨道轴线之间的距离。该值被标准化为到轨道宽度:汽车在轴上时为 0,大于 1 或 -1 的值表示汽车在轨道外
4	ob. speedX	$(-\infty, +\infty)/(km/h)$	汽车沿汽车纵轴的速度(良好的速度)
5	ob. speedY	$(-\infty, +\infty)/(km/h)$	汽车沿横向轴线的速度
6	ob. speedZ	$(-\infty, +\infty)/(km/h)$	汽车沿着 Z 轴的速度
7	ob. wheelSpinVel	$(0, +\infty)$	代表旋转的 4 个传感器的矢量
8	ob. rpm	$(0, +\infty)/(r/min)$	汽车发动机每分钟转数

10.6.2 TORCS 游戏环境安装

本部分实验依赖环境为:Ubuntu 16.04、TensorFlow 1.3、Python 2.7、Keras 1.1。

直接使用代码块在对应的计算机环境中执行即可安装 TORCS,安装效果如图 10-8 所示。

```
sudo apt-get install xautomation
// 安装numpy包
sudo pip install numpy
// 安装gym游戏环境
sudo pip install gym
git clone https://github.com/ugo-nama-kun/gym_torcs.git
cd gym_torcs/vtorcs-RL-color/src/modules/simu/simuv2/
sudo vim simu.cpp
// annotation lines -64 and add the following codes
// if(isnan((float)(car->ctrl->gear)) ||isinf(((float)(car->ctrl->gear)))) car-
   >ctrl->gear = 0;
cd  gym_torcs/vtorcs-Rl-color
// 安装依赖包
sudo apt-get install libglib2.0-dev libgl1-mesa-dev libglu1-mesa-dev freeglut3
    -dev libplib-dev libopenal-dev libalut-dev libxi-dev libxmu-dev libxrender
    -dev libxrandr-dev libpng12-dev
./configure
// 编译安装游戏环境
make
sudo make install
sudo make datainstall
// 启动游戏环境
torcs
```

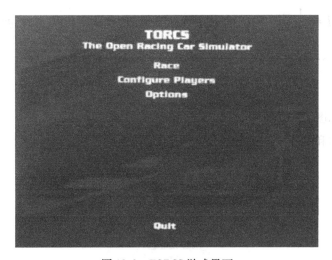

图 10-8　TORCS 游戏界面

本文使用 TORCS 游戏进行模拟，采用深度确定性策略梯度算法进行实验模拟赛车运行。原因是对于游戏中的参数来说，油门、刹车板等变量都是连续性变量，而如原始的 DQN 算法在连续性策略上的表现并不是特别优秀。2015 年，David Sliver 证明了确定性策略梯度的存在后，利用深度神经网络实现了深度确定性策略梯度算法，它在处理连续性、状态空间特别大的场景下具有优秀的表现。本部分的深度确定性策略梯度算法使用了 Actor-Critic 框架进行学习,同时采用了异策略方法,即 Actor 采用了随机策略进行探索环境,而 Critic 网络则采用了确定性策略进行函数逼近。

10.6.3 深度确定性策略梯度算法

(1) 深度确定性策略梯度算法原理

DDPG(Deep Deterministic Policy Gradient,深度确定性策略梯度)算法同样使用了 DQN 算法的经验回放和目标网络这两个重要思想来消除强化学习在数据采集中的相关性。所谓的 AC 框架就是演员—评论家(Actor-Critic)框架,相当于一个演员在舞台上跳舞,下面的评论家告诉演员他所做动作的好坏,然后演员逐渐改善自己的动作,其中采用的异策略(off-policy)即 Actor 通过随机策略进行探索,而 Critic 则采用确定性策略,整体结构如图 10-9 所示。

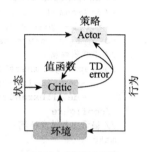

图 10-9 Actor-Critic 结构图

Actor 的随机策略的梯度:

$$\nabla_{\theta^\mu} J \approx \frac{1}{N} \sum_i \nabla_a Q(s, a | \theta^Q) |_{s=s_i, a=\mu(s_i)} \nabla_{\theta^\mu} \mu(s | \theta^\mu) |_{s_i}$$

Critic 的更新方式:

$$L = \frac{1}{N} \sum_i (y_i - Q(s_i, a_i | \theta^Q))^2$$

算法执行结构如图 10-10 所示。

将算法结构和游戏画面进行融合,结构如图 10-11 所示。

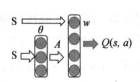

图 10-10 DDPG 算法简化结构图

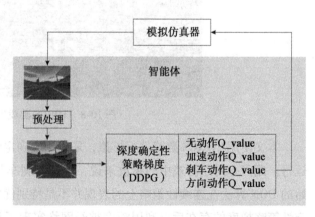

图 10-11 DDPG 算法与 TORCS 游戏控制结构图

（2）奖励函数设置

相对于前文的 Atari 游戏模拟环境，其中的奖励函数是为了让人们找到游戏乐趣，意味着小奖励可以帮助玩家找到正确的方向，这正是强化学习擅长的。而延迟奖励是强化学习最困难的问题之一，因为不仅需要做很多探索性工作，而且面临一个困难的信度赋值问题。也就是说，对强化学习而言，游戏是一个非常好的设定，因为其中有明确的奖励函数，并且在一般情况下你会经常获得奖励。但现实中这不可能实现，不管你有多少数据。

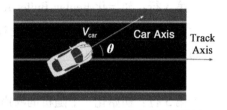

图 10-12　汽车转角与奖励系统结构图

如图 10-12 所示，本节的奖励基于赛车前进的速度和偏转角度进行设定，奖励函数被定义为：

$$R_t = V_x\cos(\theta) - V_x\sin(\theta) - V_x|\text{TrackPos}|$$

在环境奖励函数和算法原理的基础上，DDPG 算法的执行伪代码如下：

算法 2：深度确定性策略梯度

```
随机以权重 θ^Q 和 θ^μ 分别初始化 Critic 网络 Q(s,a|θ^Q) 和 Actor 网络 μ(s|θ^μ)
以权重 θ^Q' ← θ^Q, θ^μ' ← θ^μ 初始化目标网络 Q' 和 μ'
初始化回放缓冲区 R
for episode =1, M do
    给动作探索初始化一个随机的过程 N
    得到初始化观察状态 s_1
    for t =1, T do
        根据当前的策略和探索噪声选择动作 a_t = μ(s_t θ^μ) + N_t
        执行动作 a_t, 并且观察奖励 r_t, 以及新的状态 s_{t+1}
        存储过程 (s_t, a_t, r_t, s_{t+1}) 到 R 中
        从 R 中随机采样抽取 N 个最小批次的 (s_t, a_i, r_i, s_{t+1})
        设置 y_i = r_i + γQ'(s_{t+1}, μ'(s_{i+1}|θ^μ')|θ^Q')
        通过最小化损失更新 Critic 网络:
                    L = (1/N) Σ_i (y_i - Q(s_i, a_i|θ^Q))^2
        使用采样策略梯度更新 Actor 策略梯度:
              ∇_{θ_μ} J ≈ (1/N) Σ_t ∇_a Q(s, a'|θ^Q)|_{s=s_i, a=μ(s_i)} ∇_{θ^μ} μ(s|θ^μ)|_{s_i}
        更新目标网络
                    θ^Q' ← τθ^Q + (1-τ)θ^Q'
                    θ^μ' ← τθ^μ + (1-τ)θ^μ'
    end for
end for
```

具体的算法执行过程（从第 1 行依次往下）解析如下：

步骤1：初始化网络

第1行：随机初始化 Actor 网络 $\mu(s|\theta^\mu)$ 和 Critic 网络 $Q(s, a)$。

第2行：初始化目标网络，它的结构和参数与 Actor 和 Critic 一样，初始化相当于复制。

第3行：初始化 Replay Buffer R，因为强化学习的马尔可夫序列之间的数据具有非常大的关联性，采用 R 的目的就是打乱数据之间的相关性，使得数据之间满足独立同分布。

步骤2：训练 episode

第5行：初始化一个随机的噪声 N，它相当于动作空间的探索度。

第6行：获得观察值 $s1$。

第8行：选取行为，这个动作是由 μ 和 σ 两部分组成一个连续分布。

第9行：执行代码，根据观察值和行为，执行行为，得到对应的奖励 R 和 S'。

步骤3：存储和读取 Replay Buffer R

第10、11行：将学习的序列存储到 R 中，然后随机批量地读取 R 中的序列进行学习。

注意 由于强化学习过程的序列之间有相关性，一般随机批量的 batch – size = 64，128，256，原因是与计算机内存或者显存信息一致。

步骤4：更新 Critic 网络结构

第12、13行：首先定义使用了 RMSE（Root Mean Square Error），更新的时候直接更新值函数的损失。

步骤5：更新 Actor 网络结构

第15行：此处直接更新的也是 Actor 策略梯度。

步骤6：更新目标网络的参数

最后两行采用了 DQN 的 soft-updating 方式更新目标网络，即用 τ 来延迟更新。

（3）代码及运行

在讲解完算法原理和伪代码后，执行如下代码，运行效果如图10-13所示。

```
pip install keras
pip install tensorflow
git clone https://github.com/yanpanlau/DDPG-Keras-Torcs.git
cd DDPG-Keras-Torcs
```

```
cp *.* ../gym_torcs
cd ../gym_torcs
python ddpg.py
```

图 10-13　TORCS 游戏运行效果图

10.7　本章小结

自动驾驶系统是一个非常复杂的系统工程，主要包括感知、规划和控制三部分。感知通常经由传感器（摄像头、Lidar、GPS/IMU、雷达和声呐等）获取当前环境的信息。规划是对下一个行为的控制方案（包括路由规划、行为规划等）的预测，控制则是多大油门、多大力度刹车或者转多大角度方向等一系列对汽车的控制动作，这一切均与如何在道路上安全行驶有关。本章首先介绍了强化学习的基本概念和原理，然后介绍了 TORCS 游戏及模拟实验。由于自动驾驶系统工程庞大且安全要求级别高，其控制过程受多级安全防护。本章仅基于模拟环境对方向盘转向角、油门大小控制等进行探讨，并对该过程利用强化学习进行建模和模拟实验。由于自动驾驶系统涉及很多安全性考虑和道德约束，因此希望通过强化学习控制 TORCS 游戏来模拟自动驾驶的应用，从而展示出强化学习在无人驾驶中的应用价值。

10.8　本章参考文献

[1]　Yuxi Li. Deep Reinforcement Learning：An Overview[EB/OL]. https：//arxiv.org/pdf/1701.07274.pdf.

[2] Kai Arulkumaran, Marc Peter Deisenroth, Miles Brundage. A Brief Survey of Deep Reinforcement Learning[EB/OL]. https://arxiv.org/abs/1708.05866.

[3] Using Keras and Deep Deterministic Policy Gradient to play TORCS [EB/OL]. https://github.com/yanpanlau/DDPG-Keras-Torcs.

[4] Human-level Control through Deep Reinforcement Learning [EB/OL]. https://web.stanford.edu/class/psych209/Readings/MnihEtAlHassibis15NatureControlDeepRL.pdf.

[5] Continuous Control With Deep Reinforcement Learning [EB/OL]. https://arxiv.org/pdf/1509.02971.pdf.

[6] 冯超. 强化学习精要：核心算法与TensorFlow实现[M]. 北京：电子工业出版社，2018.

[7] 郭宪，方勇纯. 深入浅出强化学习原理入门[M]. 北京：电子工业出版社，2018.

[8] 周志华. 机器学习[M]. 北京：清华大学出版社，2016.

推荐阅读

机器学习：从基础理论到典型算法（原书第2版）

作者：（美）梅尔亚·莫里 阿夫欣·罗斯塔米扎达尔 阿米特·塔尔沃卡尔
译者：张文生 杨雪冰 吴雅婧　ISBN：978-7-111-70894-0

本书是机器学习领域的里程碑式著作，被哥伦比亚大学和北京大学等国内外顶尖院校用作教材。本书涵盖机器学习的基本概念和关键算法，给出了算法的理论支撑，并且指出了算法在实际应用中的关键点。通过对一些基本问题乃至前沿问题的精确证明，为读者提供了新的理念和理论工具。

机器学习：贝叶斯和优化方法（原书第2版）

作者：（希）西格尔斯·西奥多里蒂斯　译者：王刚 李忠伟 任明明 李鹏
ISBN：978-7-111-69257-7

本书对所有重要的机器学习方法和新近研究趋势进行了深入探索，通过讲解监督学习的两大支柱——回归和分类，站在全景视角将这些繁杂的方法一一打通，形成了明晰的机器学习知识体系。

新版对内容做了全面更新，使各章内容相对独立。全书聚焦于数学理论背后的物理推理，关注贴近应用层的方法和算法，并辅以大量实例和习题，适合该领域的科研人员和工程师阅读，也适合学习模式识别、统计/自适应信号处理、统计/贝叶斯学习、稀疏建模和深度学习等课程的学生参考。

推荐阅读

人工智能：原理与实践

作者：（美）查鲁·C.阿加沃尔　译者：杜博　刘友发　ISBN：978-7-111-71067-7

本书特色

本书介绍了经典人工智能（逻辑或演绎推理）和现代人工智能（归纳学习和神经网络），分别阐述了三类方法：

基于演绎推理的方法，从预先定义的假设开始，用其进行推理，以得出合乎逻辑的结论。底层方法包括搜索和基于逻辑的方法。

基于归纳学习的方法，从示例开始，并使用统计方法得出假设。主要内容包括回归建模、支持向量机、神经网络、强化学习、无监督学习和概率图模型。

基于演绎推理与归纳学习的方法，包括知识图谱和神经符号人工智能的使用。

神经网络与深度学习

作者：邱锡鹏　ISBN：978-7-111-64968-7

本书是深度学习领域的入门教材，系统地整理了深度学习的知识体系，并由浅入深地阐述了深度学习的原理、模型以及方法，使得读者能全面地掌握深度学习的相关知识，并提高以深度学习技术来解决实际问题的能力。本书可作为高等院校人工智能、计算机、自动化、电子和通信等相关专业的研究生或本科生教材，也可供相关领域的研究人员和工程技术人员参考。